寰宇投資策略 245

資產配置投資策略

All About Asset Allocation

Richard A. Ferri, CFA / 著　黃嘉斌 / 譯

寰宇出版股份有限公司

US	Boston　Burr Ridge, IL　Dubuque, IA　Madison, WI　New York San Francisco　St. Louis
International	Bangkok　Bogotá　Caracas　Kuala Lumpur　Lisbon　London Madrid　Mexico City　Milan　Montreal　New Delhi　Santiago Seoul　Singapore　Sydney　Taipei　Toronto

CONTENTS　　　　　　　　　　　　　**目 錄**

Part III

投資組合管理

附　錄

FOREWORD　　　　　　　　　　　推薦序

　　1929年秋天，亞佛雷·考利斯三世（Alfred Cowles III）碰到一個尋常而嚴重的問題。問題之所以尋常，因為就如同很多其他美國人一樣，他也受到股票市場最近崩跌的傷害。問題之所以嚴重，則不但因為他是《芝加哥論壇報》（Chicago Tribune）的繼承人，而且他還是管理者。

　　這位聰明絕頂的年輕人，很認真看待這個問題，花很多時間閱讀全國各經紀商、保險公司與金融評論機構的分析資料。可是，一切都是徒然；沒有任何資料預先提到股票市場即將發生的崩跌。為什麼這些最精明的金融分析專家們都沒有察覺相關的威脅呢？

　　隨後三年內，股票市場的崩跌走勢，幾乎勾消了90％的總市值，也引發了經濟大蕭條，整個慘況甚至到了今天還繼續威脅著金融市場。現代投資人如果忽略了考利斯及其追隨著汲取的教訓，那就注定要重踏災難的覆轍。

　　關於考利斯與其追隨者所做的一切，只不過是移除了金融投資的無知與迷信，使其立足在科學基礎上。經由全國最頂尖經濟學家的協助，考利斯建立了「計量經濟學協會」（Econometric Society），傳奇人物為**班傑明·葛拉罕**（Benjamin Graham）（**其相關著作，請參閱寰宇出版公司《智慧型股票投資人》及《葛拉罕&陶德之證券分析》**）也參與其中，因為他也深受1929年股災的影響。考利斯開始收集金融資料，並做最詳細、最透徹的分析。事實上，他與追隨者在後續70多年的時間裡，把金融投資從占星學與騙子的手中，轉移到天文與物理學的領域（實際上正是如此：現代的金融研究學者，很多都是出身於物理學界）。

　　很不幸地，現在當我們拿起金融雜誌、看CNBC的節目、或打電話給經紀人，時光似乎為退回到1929年之前的歲月。沒錯，我們等於是靠著占星術下賭注，或是如罕見癌症患者求教於只仰賴《今日美國》（USA Today）汲取新知識的醫生一般。

　　如同大多知識革新一樣，現代投資學在很多方面的立場，是違反直覺的。各位認為是否可以透過謹慎選股，而讓投資組合的績效勝過整體市場？雖然資料顯示某些投資人可以辦到這點，但這基本上都屬於隨機現象——換言之，純屬運氣。有些人會因為買彩券而發財，也有很多駕駛人沒有因為不繫安全帶而受罰；可是，這兩種行為都未必是明智的。各位是否認為少數幾支股票構成的投資組合，更有機會創造傑出的績效？或讓自己有更大的機會累積財富？事實上，這種可能性確實存在，

但退休之後靠著貓罐頭過活的機會也大增。另外，千萬不要搞錯：這場遊戲的目的不在於發財，而在於如何避免陷入貧困！

　　本書準備把各位帶回現代，把最近70多年來金融研究者彙整的投資知識，以最周詳、最淺顯的方式引用到各位的投資組合上。

　　就性質上來說，資產配置很像建構摩天大樓。我們需要藍圖：買進哪些資產類別？剔除掉什麼？每種類別的成分應該多少？另外，我們也需要建築材料：買進什麼？向誰買？瑞克‧費利（Rick Ferri）同時提供這兩方面的知識。

　　不幸地，每個人建構金融摩天大樓的過程中，有些地方是任何金融專家或外人都很難幫上忙的：暴露在30多層高的鋼骨結構上，耳邊狂風吹襲，我們是否有足夠勇氣按照藍圖行事？配備著本書，各位就知道自己正在執行最合理的設計、採用最棒的建材、身上綁著最安全的繩索。

威廉‧伯恩斯坦（William Bernstein）

PREFACE　　　　　　　　　　　　前 言

　　本書介紹的資產配置策略，會按部就班地完成一項艱困的工作。投資人一旦瞭解資產配置決策對於投資組合績效表現的重要性，就會花必要的時間來設計符合自己需要的投資組合。

　　本書討論的投資組合管理概念，提供最符合邏輯結構的投資策略，任何讀者都會覺得相關解釋很容易瞭解。簡言之，資產配置就是把投資風險分散到多種不同形態之證券的方法，藉以降低投資組合的整體風險，並且提升投資組合的報酬績效。

　　相關策略很容易瞭解，也很容易執行，但很難維持。金融市場有太多誘人分心的雜物或雜訊，由金融新聞報導，乃至於投資產品推銷。投資人很容易被引導到岔路，因此而忘掉資產配置之所以存在的理由。很多人拋棄簡單而有用的東西，去追求模稜兩可的非理性計畫。如果我們想要的是長期的財務安全，這絕非明智之舉。

　　處在財務DIY的時代，很多初學投資人會擱置無趣的資產

配置程序，寧可去追求更刺激的玩意兒：挑選股票、債券與共同基金。套句洋人的說法：把馬車擺到馬匹前面。沒有藍圖，恐怕很難建構摩天大樓；同樣地，沒有資產配置計畫，很難建構恰當的投資組合。

關於投資組合管理，最單純、最直接的方法，通常也就是最好的辦法。當我們在不熟悉的環境裡開車，最好沿著主要道路駕駛，因為這通常是最安全的路徑，而且也不至於浪費太多時間。沒錯，主要幹道通常雖然不是最節省時間的路徑，但往往最可靠。如果想要抄捷徑，很可能會跑到我們不想到的地方。金融投資的情況也是如此，最好走在幹道上，採用歷經時間考驗的投資策略。遵循資產配置計畫的投資人，承擔的風險較小，比較不需要進出調整，最終也可以享有較高的投資績效。

瞭解如何建構適當的資產配置，這是創造財富的基礎。如果各位正準備做長期投資規劃，那麼本書確實是最恰當的參考讀物。本書將告訴各位，如何建構與執行最穩當、最可靠的投資計畫。

專家的建議

如果想瞭解一個人，最好的辦法有兩個：或是與這個人結婚，或是管理他的資金。我與全世界最棒的女人結婚，而且也很幸運能夠透過投資組合管理而認識很多其他人。

　　身為投資顧問，我有職責瞭解客戶的財務狀況，根據他與家人的需要設計適當的投資組合，協助他執行與維持投資計畫。我發現，每位投資人的情況都不盡相同，所以每個人需要的投資組合也有所差異。

　　某些財務顧問機構只利用幾種共同基金設計投資組合，然後像罐頭食品一樣餵食投資人。這種方法或許適用於大型機構投資人，但對於一般投資人則不適用，因為後者涉及太多問題，太多特殊狀況。要設計一套適當的資產配置，首先必須考量、分析所有的事實，如此才能找到適合特定狀況的適當投資組合。

　　每個人都有不同的投資需求、不同的投資經驗，對於風險的感受也不相同。這些差異使得投資組合設計必須面臨多方面的挑戰。所以，本書所做的投資建議，都只是參考基準，不是不可變更的事實。讀者應該根據自己的需要，自行設計最恰當的投資組合。

　　資產配置的最根本觀念，實際上很簡單。把投資對象分散到幾個不相關的市場，藉以降低投資組合發生虧損的風險，同時提升賺錢的機會。投資對象可以包含（但不侷限於此）：美國股票與債券、海外股票與債券，以及房地產。住宅本身也是一項重要投資。對於退休計畫來說，住宅投資扮演很重要的角色，尤其是在生活水準偏高的地區。

　　每個人的一輩子當中，能夠賺取多少投資報酬，有90％取決於如何配置股票、債券、房地產或及他資產類別。所以，資

產配置決策可以算得上是最重要的投資決策,每個人都應該花點時間在這方面。

不同的資產配置策略

資產配置策略有三種不同的形態,其中兩種需要預測未來市場的報酬,另一種則否。這些策略分別為:

1. **策略性資產配置**(strategic asset allocation)

2. **戰術性資產配置**(tactical asset allocation)

3. **市場時效**(market timing)

策略性資產配置之宗旨,是設計一套符合個人需要的投資組合,而且能夠持續運用於各種市況條件。一旦把資產分配於股票、債券、房地產與現金之後,整個根本結構就會持續很長一段時間。可是,由於市場條件會產生變化,策略性資產配置可能會慢慢脫離原先設定的目標。基於這個緣故,投資人偶爾需要「重新調整」(rebalance)投資組合,讓每種資產之間的分配恢復原來的設定。經過重新調整,投資組合才能繼續符合投資人的目標與需要,協助控制投資風險。

戰術性資產配置允許投資人根據某種市場狀況,讓投資組合脫離靜態的配置。這種配置策略又稱為積極投資組合管理,需要預測各種資產類別的報酬狀況,然後調整每種資產類別的資金配置比率。報酬預測可能採用基本面變數,例如:盈餘與利率預測;經濟變數,例如:通貨膨脹預測;技術面變數,例

如：最近的價格趨勢；或者前述變數的混合。戰術性資產配置
會增加某種資產類別的資金配置，減少另一種資產類別的資金
配置。

　　市場時效是最極端的戰術性資產配置策略，需要預測資產
報酬狀況，然後針對資產類別做「全有或全無」的配置。譬如
說，年初的時候，把所有資金都配置於公債，年底則把所有資
金移到股票。

　　貪婪與恐懼的情緒，使得投資人傾向於拿捏市場時效。沒
有人喜歡賠錢，沒有人喜歡留在場外觀看多頭市場。如果能夠
精準拿捏市場時效，就能同時解決這兩種問題。可是，很多學
術研究資料顯示，投資人不能有效拿捏市場時效。雖然某些投
資人相信，有些策略可以讓他們成功地進出市場，但很少人能
夠實際辦到，而且這些人之所以能夠辦到，也可能是純屬運氣
而非技巧。

　　本書只打算討論一種類型的資產配置策略，也就是策略性
資產配置。沒有人可以未卜先知，沒有人能夠明確知道各種資
產類別的表現好壞。持續採用某種配置得當的投資組合，其長
期成功機率應該勝過某些持續根據市況調整資金配置的策略。

　　所以，本書將告訴各位，如何根據自己的需要挑選正確的
資產類別組合，然後在每種資產類別內，挑選成本最低的投資
工具，適當地執行與維繫策略。本書採用的事實與圖形，都儘
可能透過最單純的方式表達。某些資料涉及一些技術性知識，
我也會以簡單、易懂的方法說明。當各位讀完本書所有章節的

內容，瞭解每章談論的重要概念之後，就擁有充分的知識與工具，可以自行設計符合自己需要的資產配置組合。

各章內容摘要

本書總共分為三個部分，三個部分的內容都同等重要。因此，閱讀最好是由第一頁開始，然後按照順序讀到最後一頁。

本書第I篇解釋為何需要投資計畫，以及資產配置策略的基本理論。第1章說明投資計畫的重要性，解釋投資計畫與資產配置的關係。第2章談論投資風險。風險有各種不同的定義，例如：虧錢或投資組合報酬波動。第3章採用兩種資產類別，藉以說明資產配置的一些技術性內容，包括基本的公式，並由歷史角度探討市場之間的關係。第4章介紹多種資產類別的投資。增加投資組合內的資產類別，可以降低風險，提升長期報酬。

本書第II篇探討投資機會。第5章討論資產類別與形態的劃分方法。第6章討論美國股票市場與其各種成分。第7章討論全球市場，說明海外投資如何幫助美國投資人。第8章討論美國固定收益市場與其各種成分。第9張討論房地產投資，包括自用住宅。第10章解釋另類資產類別，例如：商品與避險基金。各章都列舉可供投資之共同基金的一些樣本。閱讀本書第II篇之後，各位已經有一份可供建構投資組合的潛在對象清單。

本書第III篇討論投資組合管理。第11章探討各種市場風

險、報酬的預測方法，包括作者本身提供的估計值。第12章談
論投資的生命週期概念，並提供幾種投資組合範例。第13章的
主題很有趣，談論有關行為財務方面的內容。所謂正確的資產
配置，是符合需要與個性的投資組合。第14章討論一些相關議
題，包括：費用、稅金、指數型基金與聘請專業管理顧問的優
點與缺失。附錄提供一些有用的資訊，包括資產配置方面的書
目、網站，以及成本較低廉之共同基金。

ACKNOWLEDGMENTS　　　　謝　辭

　　我要特別感謝威廉・伯恩斯坦博士幫本書寫了一篇精彩的
前言。另外，很感謝投資專家與著名作者史考特・賽門（Scott
Simon）與比爾・舒賽斯（Bill Schultheis）。特別感謝先鋒集團
（Vanguard）的前董事長約翰・鮑格（John Bogle），他也是這家
平價共同基金公司的創辦人。感謝先鋒、晨星（Monrningstar）
與彭博（Bloomberg）等機構的同業協助我收集、整理資料。誠
摯感謝晨星留言板（Morningstar.com）的網路好友，尤其是先鋒
死硬派（Vanguard Diehards）。感謝我在投資組合方法公司
（Portfolio Solutions, LLC）的同事，包括：史考特・沙拉斯基
（Scott Salaske）、安妮・惠珀（Anne Whipple）、肯・卡伯（Ken
Carbaugh）與史塔羅斯・畢札斯（Stavros Bezas），協助我校正本
書草稿。最後，我要感謝我的妻子黛莉兒（Daria）給我的支
持。我感覺德州牧場已經距離愈來愈近了。

Part I
資產配置基本觀念

投資計畫

重要概念

■ 投資計畫是決定長期投資成功與否的關鍵。

■ 資產配置是投資計畫的最重要成分之一。

■ 執行一套策略，必須要有嚴格的紀律，以及一貫的承諾。

■ 達到財務安全的目標，沒有捷徑可言。

投資成功取決於三個步驟：擬定合理的投資計畫，執行該計畫，嚴格遵守計畫。一套合理、有效的計畫等於是地圖或藍圖，通常可以讓我們取得公平合理的投資結果。

對於任何投資計畫，資產配置都是主要課題：這是指我們如何分配手頭擁有的資金（資產），多少比率分別擺在股票、債券、房地產與現金。投資報酬與風險——長期而言——主要是由資產配置決定。

各位是否有投資策略？考慮下列兩個投資計畫，看看哪個

比較能夠符合各位的長期投資目標？

A計畫：購買未來幾年內會有傑出表現的資產。如果某些投資不能賺錢，把它們賣掉，轉換為其他資產。

B計畫：根據自己的長期財務需要與風險容忍程度，買進、並繼續持有多種不相關的低成本投資對象。

對於一般投資人來說，A計畫看起來應該挺熟悉的。可是，A計畫有個問題，因為它不像是「計畫」，而比較像是直覺判斷程序。關於在什麼時候、應該買進什麼，A計畫沒有提供明確的準則，而且也完全沒有提到風險或風險控制。另外，「賺錢」不是一種量化觀念。這段陳述沒有明確指出，賺多少錢才算得上成功的投資，也沒有說明投資成敗應該以多少持有期間來做判斷。

身為專業投資顧問，我曾經與數以千計的人談論投資組合。非常有趣的，很多人宣稱他們有明確的投資計畫，但其持有的投資組合卻沒有顯示對應的證據。所謂的投資組合，大多是隨機選取的投資對象，以及一些處理剩餘的零頭證券或畸零股。

投資人體認到自己需要按照長期財務目標來設計一套合理的投資計畫，這是很重要的認知。投資人需要具備資產配置方面的基本知識，才能設計一套符合自己需要的計畫。擬定計畫需要花點時間，但絕對是值得的。一套好計畫，不需要經常做調整。

投資計畫擬妥之後，需要整理為書面格式。書面格式比較

明確。計畫執行之後，定期「保養」也是很重要的。換言之，我們需要定期評估投資組合，確定資金在各種資產類別的配置比率沒有因為行情變化而脫離原先設定的目標（或至少不能脫離太遠）。一套好計畫的擬定、整理為書面格式、執行與保養，都是重要步驟。

　　對於每個人來說，投資計畫與投資組合資產配置都是獨特的，必須符合個人的需要與風險偏好。很多金融投資機構試圖把投資計畫商品化，想要利用少數幾種投資組合來因應所有客戶的需要，這是不恰當、也不切實際的。

　　本書的三個部分，將協助各位瞭解與體會資產配置原理，詳細分析一些讀者可能覺得有用的資產類別。本書談論數種不同的資產類別，以及我們建議考慮的相關共同基金。另外，本書第13章將解釋投資組合管理的情緒部分，也就是所謂的「行為財務學」（behavioral finance）；投資計畫的設計過程，如何處理行情波動是很重要的問題。一旦瞭解資產配置與風險容忍的基本概念之後，就擁有適當的工具，可以設計、執行與保養投資組合，通常也能夠因此貫徹投資目標。

沒有捷徑

　　如果各位跟大多數人一樣，就難免始終被財務問題困擾著。一般人永遠都會擔心「錢」的問題。我們是否已經擁有足夠的錢呢？將來夠用嗎？我們的兒女們夠用嗎？打拼的歲月

裡，我們拼命賺錢，除了維持生計之外，還希望能夠儲存一些財富供將來使用。瀕臨退休的光景，我們開始煩惱退休之後，是否可以繼續維持過去的生活水準。即使是垂垂老矣，還要擔心沒花完的錢如何處理，應該留給誰。

錢財問題會造成很大的壓力。投資決策就是這類壓力之一。人的一輩子，愈早學習如何管理錢財，不論在財務上或情緒上，通常都愈好。不幸地，一般大眾通常沒有機會學習適當的投資原理。不論是高中或職業學校，通常都沒有規定投資方面的課程；即使是大學、法學院或醫學院，也沒有標準的投資課程。談到金融財務教育，一般人都靠自修，而且是採取不斷碰撞的嘗試錯誤管道。

嘗試錯誤的學習程序，通常需要長年累月承擔失望情緒與不彰績效，最後或許勉強得以區別有用與無用的資訊。學習過程中，多數人的表現都遠遠不如市場平均水準。當然，我們可以請求專業協助，但效果也很有限。絕大多數的投資顧問都沒有辦法迴避自身利益的問題；換言之，他們會推銷一些對於本身有利的產品，藉以賺取佣金或手續費收入。

某些人一旦發現自己的投資進度顯著落後之後，往往會採取更積極或冒進的手段，想要加快趕路的速度。這種作法的效果，通常適得其反。投資人不能期待更積極的態度，就能讓原本不當的方法變成適當。我們經常在報章媒體看到這類的報導或故事。

2001年與2002年期間，報章雜誌經常報導一些高科技、通

訊或其他高成長產業工作者的相關故事。很多人把畢生儲蓄投資於服務公司的股票。後來，當那斯達克股票市場崩盤，以及幾家大型企業申請破產保護，數以萬計的中年員工不只喪失退休與終生儲蓄，也失掉的工作。

恩隆公司（Enron Corporation）倒閉事件廣受媒體報導，很多人在接近退休年齡也受到拖累。當時，我們隨便拿起報紙或雜誌，幾乎都會讀到恩隆公司員工悲慘遭遇的故事，很多人因為公司瓦解而損失畢生積蓄，甚至被迫賣掉房屋來清償帳款。有些人根本不知道將如何面對將來的生活。這些報導通常都提供受害者處於絕境狀況下的照片。

由於相關損害造成的嚴重性，恩隆事件已經成為所有投資過度集中之案例的代表。可是，恩隆實際上只是冰山露出水面的一角。當時，還有數以千、百計的破產或瀕臨破產企業，其傷害波及無數退休員工的儲蓄。這些企業當中，有些甚至是美國人長久以來熟悉的名稱。

2004年，《紐約時報》曾經報導康寧公司（Corning, Inc.）員工的故事。康寧是一家歷史悠久的玻璃產品製造商。除了玻璃產品之外，康寧也製造電訊光纖纜線（fiber-optic cable）。1990年代，全球電訊業者在各地普遍架設光纖纜線。康寧銷售大量的光纖纜線，業績非常亮眼。康寧股價也跟著水漲船高，這為機械工人哥登·卡斯特藍（Gordon Casterline）帶來不少財富。哥登·卡斯特藍與康寧的其他資深員工們認為，只要把大部分儲蓄用來購買公司的股票，就可以提早退休了。

2000年代初期，電訊類股票行情崩跌，卡斯特藍提早退休的夢想也隨之破滅。光纖纜線行情幾乎是在一夜之間就消失了。買方取消訂單，破產者也無力清償過去的債務。康寧股價在短短一年之內，由每股$113高價跌到幾美分。情況演變非常快，當地的某位酒保表示，投資康寧股票還不如買一箱啤酒而拿空罐退錢。哥登‧卡斯特藍與其他員工們幾乎賠光了所有的積蓄。他們勢必要留在康寧繼續工作很多年，才能彌補一些損失，但前提是他們必須先保住工作。

某些人認為，只要尋求專業建議，就能避免錯誤投資。不幸地，投資顧問產業提供的服務，並不特別值得信賴。想要成為專業投資顧問，不需具備太多條件，而且這些條件也與投資管理技巧無關。因此，很多持有正式執照的投資顧問，並沒有受過良好訓練，甚至根本完全不適任。

2000年初，當股票市場處在最高峰價位，保德信證券（Prudential Securities）的地方代表邀請東俄亥俄瓦斯公司（East Ohio Gas Company）員工參加退休基金展延講習會。根據《紐約時報》報導，這位年輕人建議把退休金投資於股票組合，藉以迅速累積財富。他表示，高科技、醫療保健與金融服務等類股，勢必會因為美國人口結構的變化而快速成長。

這位經紀人說服了十幾位東俄亥俄瓦斯公司的退休員工開立展延帳戶，全部退休金都採用相關的積極策略。至於最後的結果如何，各位應該都猜得出來。

隨後兩年內，這些帳戶的平均報酬率為 - 60%。這些退休

人員損失超過85％的資金；他們幾乎都不知如何因應，等到回過神來，帳戶內剩餘的資金甚至不夠支付一般生活費用。

這位保德信證券經紀人的不當投資建議，引起好幾樁訴訟案件。這些當事人與保德信證券取得和解，但同意不對外談論和解的條件。可是，根據慣例，這方面糾紛達成的和解，受害者取得的補償通常不會超過實際損失的60％，而且還沒有考慮訴訟與其他成本。另外，由於情緒上承受的壓力，這些退休者的損失遠超過金錢所能衡量。法律訴訟也讓他們犧牲了幾年的退休清閒生活。

除非生在富貴人家，否則財務安全沒有捷徑可言。那些試圖尋找捷徑的人，結果通常都適得其反。只要一項錯誤的投資決策，就可能勾消多年謹慎的投資與儲蓄。我們經常聽到一些暴起暴落的故事，但很少聽到那些每天發生的平凡投資錯誤。可是，這些小錯誤也會累積為重大損失，尤其是那些不知道自己犯錯的人。

罕見的高超投資技巧

前述那位保德信證券經紀人之所以沒有辦法取得優異績效，理由很簡單：想要取得優異績效，投資人需要掌握不尋常的資訊，而且還要有運用這些資訊的高超技巧。類似如那位保德信證券經紀人的專業顧問，通常都不能掌握不尋常的資訊。他們掌握的資訊，與一般人沒有差異。事實上，如果每天在家

裡留心CNN或其他金融新聞報導，我們擁有的資訊甚至會超過那些每天忙著推銷產品的經紀人。退一步說，即使專業顧問確實能夠掌握最即時的資訊，也未必有能力可以藉此賺錢。

2004年，在伯克夏·哈莎威公司（Berkshire Hathaway）的股東大會上，該公司的副董事長、也是傳奇性投資專家查理·孟格爾（Chralie Munger）解釋華倫·巴菲特為何總是能夠挑選績效表現最棒的股票。孟格爾提到，巴菲特具備天生的能力，曉得如何由無數資訊中篩選那些能夠驅動行情的最重要資料。至於一般的投資人（包括專業投資人在內），總是把時間花在那些無關緊要的資料上，完全疏忽最關鍵的資料，或是不知如何運用。

即使欠缺交易技巧，人們也有很多方法可以藉由不尋常資訊而賺錢。我們都還記得瑪莎·史都華（Martha Stewart），她因為運用內線消息賺錢而入牢。任何人如果得知足以顯著影響證券價格的內線消息，則他不得運用該內線消息賺錢，也不得傳達該內線消息給其他人而賺錢。即使是傳達內線消息而取得間接利益，也是法律所禁止的。此處所謂的利益，包括商業利益與社會利益。

證券交易法明白規定，任何有關投資的消息，都必須由公司統一公布，通常都是透過某家大型通訊社對外發佈。新公布消息的效應，幾乎會立即反映在股價上。除非能夠早一步得到消息，否則不太可能運用資訊獲利。

由事後角度觀察，賺錢是很容易的。我們只需要投資賺錢

能力很強的公司股票。可是，怎麼辦到這點呢？1980年代初期，只有很少數人相信家庭電腦能夠真正普及化。當時，很多人誤以為「微軟」是某種衛生紙的品牌。有誰知到微軟竟然後來會成為20世紀最成功的企業？在微軟發展初期，《通俗科學雜誌》（Popular Science）預測，家庭航行器會在21世紀取代目前的汽車。這些飛行器可以在家門口垂直升降，完全解決交通擁塞的問題。截至目前為止，我們還看不到這類的飛行器，但微軟已經發展為全球最重要的企業之一，也是市值最高的美國企業。

熱騰騰的資金與冷冰冰的報酬

很多投資人會根據績效評估來預測共同基金的未來表現。事實上，篩選共同基金的第一個準則，就是參考《晨星》（Morningstar）的評等。換言之，評等最高的共同基金，經理人想必很精明，所以投資人應該買進這類最具潛力的基金。很多研究資料都顯示，新成立的共同基金，其資金大多會流向《晨星》5顆星評等的基金，也就是過去投資績效表現最佳的基金。

不幸地，5顆星高績效評等通常沒有辦法持續很久，尤其是在大量新資金流入之後。今年表現最棒的基金，有些可能成為明年最爛的基金。這種追捧熱門投資的心態，導致相當嚴重的問題，使得證管會規定共同基金的廣告都必須特別註明：過

去績效並不代表未來表現。

順勢操作也是很危險的。1990年代末期,高科技類股票價格飆漲,人們爭先恐後地買進。股價漲得愈凶,人們買得更多。投資人相信這些代表「新經濟」的股票,價格會永遠不斷上漲。報章媒體上的投資專家也堅信,評估股票價格的舊模型已經不適用,我們必須習慣所謂的「新標準」。對於那些近期內股價翻了2、3倍的股票,很少人認為其投資風險將因此增加。

我們不需要太多的想像力,就可以猜測後續的發展。2000年到2002年之間,高科技類股價格暴跌超過80%,一般散戶投資人損失慘重。華爾街的分析家們雖然也大多因此而失業,但他們已經孕育了美國歷史上最大規模的資產重新分配,並領取的數以百萬計的分紅支票。

誰具備技巧？

絕大多數的股票經紀人或專業投資顧問都會試圖說服我們,希望我們相信他們具備華倫‧巴菲特之類的投資技巧。這通常是赤裸裸的謊言。這個領域的工作者有數萬人,包括股票經紀人、獨立作業的投資顧問、共同基金經理人、信託帳戶經理人、避險基金經理人……等。這些人當中,只有很少數能夠掌握而有效運用不尋常的資訊。其餘的人,都是混口飯吃而已。問題是,我們沒有辦法判別何者為何者。

1998年,聯邦準備銀行主席亞倫‧葛林斯班提出嚴重警

告，反對那些試圖擊敗市場而規劃的新投資觀念。他在美國眾
議院的銀行與財務委員會表示：

> 近10年來，某些精明的人自以為可以設計比較好的
> 「捕鼠器」，穩定地從金融市場賺取異常報酬。其中的某些
> 人，確實取得暫時的成功。可是，金融市場雖然偶爾會有
> 脫序現象，但這類異常報酬不可能持久。

> 這些人試圖藉由價格脫序現象而獲利，但這種行為很
> 快就會被模仿，使得可以被利用的機會愈來愈少，甚至很
> 快就會消失。這類的交易計畫不論多麼深思熟慮，就長期
> 角度來看，唯有承擔異常風險才可能賺取異常報酬[1]。

除非承擔更大的風險，否則很難擊敗市場。某些人確實可
以辦到這點，但這並不表示我們或我們所投資的共同基金也可
以。即使華倫·巴菲特願意徹底透露他的投資哲學，這並不表
示聽眾就可以像巴菲特一樣地投資賺錢；現實世界並非如此運
作的。異常的投資績效，必須掌握異常的資訊，以及運用這些資
訊的異常技巧，但你、我或尋常人並不具備這些資訊與技巧。

擊敗市場並不容易，只有很少數人能夠真的辦到這點。這
些人當中，絕大部分是純屬運氣，只有極少數人具備華倫·巴
菲特之類的技巧。對於一般人來說，我們只有仰賴資產配置。

一項有效而無趣的解決辦法

本書提供的資產配置資訊，屬於很容易瞭解、很容易執行

的可靠長期投資規劃。雖說如此，但資產配置也不是全無缺點。第一，資產配置是一種很無趣的策略。學習其中的基本知識之後，我們進行投資，嚴格執行計畫，然後等著收穫成果。這是一種沒有什麼花俏、一板一眼的投資組合管理方法，絕對能夠讓我們安眠入睡。可是，我們將看不到全壘打，也沒有什麼值得誇耀的故事可供吹牛。第二，這絕對不會是績效第一的策略。其他某些策略的績效總會勝過資產配置，但沒有人預先知道這究竟是些什麼策略，而且這些策略也不會有年復一年的穩定表現。

　　各位是否已經決定接受這些無趣的東西？是否願意每年都當第二名？各位如果決定採用本書提供的策略，恐怕沒有什麼值得談論的「戰績」可以在聚會裡炫耀。這種投資組合績效永遠都不會是最好或最壞，而是永遠「不錯」。這不會是萬眾矚目的焦點，但確實能夠賺錢。資產配置相當於龜兔賽跑中的烏龜。步調穩定而緩慢的烏龜永遠會贏，但兔子的精彩表現看起來更刺激。

　　經過長期考驗之後，各位的資產配置投資組合表現，最終很可能會超越友人的投資組合；所以，各位終究還是有值得誇耀之處。各位可以向友人解釋你的表現為何較理想，理由是因為他們的投資不恰當，而不是你比較高明。一旦各位認定實際收穫的重要性勝過虛幻的榮耀，資產配置將成為各位終生不渝的投資策略。

投資優先順序會隨著時間改變

隨著時間經過而年齡增長，我們的財務需求會有所不同，對於投資的態度也會產生變化。因此，投資組合的資產配置架構也要隨著各種便動作調整。本節準備討論這方面的一些議題。第12章會更深入討論投資生命週期。

年輕投資人擁有的最大優勢，就是時間。他們可以做各種投資嘗試，承受得起錯誤，因為有很多時間可以做彌補。另外，一般年輕人沒有什麼可供損失的。25歲的年輕人，$10,000帳戶發生$3,000損失，情況要遠勝過55歲的人，其$100,000帳戶發生$30,000的損失。

隨著時間經過，年輕人的夢想會慢慢被中年人的現實取代。事業逐漸有些成就，家庭成員也慢慢增加，每天生活形態變得相對固定。一旦踏入中年階段，人們大概都能瞭解自己的事業潛能，也約略能夠掌握長期財務概況。甚至也會開始考慮退休生活，於是能夠更明確地規劃儲蓄與投資。

到了50幾歲或60歲，一般人的賺錢能力可能處於最顛峰狀態。這個時候，兒女大概也完成大學教育，甚至已經獨立了。所以，到了這個階段，生活重心又回到自己身上，有條件擬定比較明確的退休計畫。這個時候，一般人也已經累積足夠的退休資產，資產配置架構需要重新調整，準備進入退休階段。

我們不可能永遠年輕。一旦踏入老年階段，就需要重新檢討投資組合。這個時候，資產配置的考量或許可以做延伸。如

果我們擁有的資產數量已經超過本身的需要,則超出部分可以根據子孫或繼承人的需要做投資。所以,處在生命週期的最後階段,資產配置策略可能變得稍微積極一點。

對於生命週期的每個階段,資產配置都是投資組合管理的關鍵。相較於年紀較長的投資人,年輕人的資產配置確實有不同的考量,但這並不代表年輕人就應該採行風險較高的積極策略。每個人究竟適合採行哪種策略,很大成份取決於個性。換言之,資產配置是純屬個人的決策。可是,對於生命的每個階段,我們還是可以根據自己的需要與風險偏好設計正確的資產配置策略。

資產配置的運作方式

資產類別是投資工具的廣泛分類,例如:股票、債券、房地產與貨幣市場基金。每種資產類別還可以進一步分類。舉例來說,股票可以劃分為美國股票與國外股票。債券可以在劃分為課稅與免稅債券。房地產也可以劃分為自用住宅、出租住宅或商用房地產。

任何資產類別還可以根據各種條件來做分類。舉例來說,根據性質來看,股票可以劃分為成長型或價值型股票,大型股與小型股。債券也可以分為投資等級與非投資等級債券。另外也可以根據部門來做劃分,例如:工業類股與房地產類股;或根據地區來做劃分,例如:太平洋地區股票與歐洲股票;或根

據發行者來做劃分，例如：房地產抵押貸款債券、公司債、公債等。適當的投資組合應該涵蓋所有的資產類別，而且也應該涵蓋多種不同性質、部門或條件的資產類別。

投資人應該研究所有資產類別與其各種不同成份，如此才能瞭解各種資產類別之間的差異。我們需要瞭解各種不同資產類別之間的報酬關係，評估每種資產類別的優點與缺失。資產類別的節稅效率也可能是重要考量。投資人應該要清楚哪些類別的資產應該擺在節稅帳戶，哪些應該擺在課稅帳戶。

資產配置是任何謹慎投資計畫的基石，也是有關投資組合的最重要決策。一旦瞭解資產配置的基本觀念與相關的分類，投資人就可以著手思考適當的投資組合。

資產配置可以大致決定投資組合的風險—報酬關係。如果投資組合的資產配置能夠適當反映個人的需求，通常都能提供不錯的表現，能夠在可接受的風險容忍程度內，滿足個人的投資目標。

學術觀點

2001年1月／2月的《財務分析師雜誌》（Financial Analysts Journal）刊載羅傑·伊博森（Roger Ibbotson）與保羅·卡布蘭（Paul Kaplan）的一篇論文。伊博森是耶魯大學財務教授與伊博森公司總裁，卡布蘭則是伊博森公司的首席經濟學家。這篇傑出論文的標題是[2]：「資產配置策略可以解釋投資績效的

40％、90％或100％？」這篇文章試圖回答一個廣泛引起爭議的問題：投資組合的績效，主要是取決於資產配置，或取決於經理人選股或挑選債券的能力？這份研究報告引用的資料顯示，投資組合的長期報酬變動，有90％可以由資產配置來解釋。投資報酬變動只有很小一部份，是由經理人的股票或債券挑選能力來解釋。

伊博森與卡布蘭的報告，其依據是來自蓋瑞‧布林森（Gary Brinson）、藍道夫‧福德（L. Randolph Hood）與季伯特‧畢包爾（Gilbert Beebower）的兩份研究報告，他們幾個人早在15年前就試圖探討相同的問題。1986年，前述三人分析91家美國大型退休基金在1974年到1983年之間的績效表現[3]。當時，他們三人認為，資產配置可以解釋投資組合績效差異的顯著部分。這三位作者隨後又在1991年發表後續論文，重新驗證前一篇報告的結論：投資組合長期報酬與風險性質，有90％以上可以由資產配置來解釋[4]。這兩份研究報夠也刊載於《財務分析師雜誌》。

充分的證據顯示，投資組合績效絕大部分是取決於分配在股票、債券、房地產與貨幣市場基金等資產的資金比率。至於在特定資產類別內，投資人如何選擇個別對象，投資組合績效受到的影響相對很小。本書的宗旨，就是要協助各位決定績效的90％部分：換言之，決定投資組合內應該持有多少成份的各種資產類別。

投資選擇

　　投資計畫應該透過兩個步驟來建立。首先要決定投資組合內各種資產類別的組成百分率，因為這對於長期績效會產生90％或更多的影響，所以應該花較多的時間做這方面考量。其次，一旦決定資產配置架構之後，應該在每種資產類別內挑選最具代表性的投資對象。

　　除了資產配置之外，投資成本也是影響報酬水準的重要因素。我們所支付的管理費用與交易佣金愈低，剩餘的報酬也就愈高。因此，所謂適當的投資，不只要在特定資產類別內儘量做分散投資，也要考慮成本問題。

　　關於資產配置，共同基金是很理想的運用工具。對於任何特定條件，共同基金可以提供很分散的投資組合，而且成本相對合理。可是，有關共同基金，還是要仔細挑選，因為成本差異頗大。兩種共同基金的管理方式即使相同，費率差異也可能很大；儘量避免那些手續費或管理費偏高的共同基金。

　　關於共同基金的選擇，還要考慮基金的管理方式。我們可以選擇被動型或主動型基金，前者會儘可能模擬某特定市場指數的績效，後者則會試圖超越市場指數。一般來說，投資主動型基金的成本，大約是被動型基金的3倍。關於主動型基金的績效，很少基金經理人擁有足夠的技巧來克服費率障礙。

　　由於大部分學術研究與資產配置策略設計，其資料都來自價格指數，所以如果要挑選成本較低的被動型共同基金，很適

合考慮某特定類型股票或債券的指數型共同基金。這類基金的成本較低、持有的資產很分散、表現非常接近根本指數,而且有充分的節稅效益,很適合做為資產配置策略的運用工具。目前,市場上有很多這類指數型基金,分別代表各種不同類別、類型或性質的資產。本書第II篇各章的末端,都分別介紹這類的基金產品。

分析不要過份強調細節

　　本書提供的資訊,可以讓各位根據本身的需要,深入思考最佳的資產配置。這也正是本書的宗旨。實際設計或執行某個計畫之前,各位應該花點時間思考有效的策略。

　　為了尋求完美的資產配置結構,人們往往會過份地分析資料,並因此而陷入永無止盡的程序內。我們不可能知道所有資產類別的每個細節。即使我們能夠掌握這方面的資料,也不可能清楚知道相關投資組合的未來績效表現。所以,我們只期待能夠設計一套成功機率很高的投資組合。沒有任何投資組合能夠保證成功。

　　設計理想計畫的最大障礙,就是妄想一套完美的計畫。

　　　　　　　　　　　　——凡·可勞斯維茲(von Clausewitz)

　　總之,花點時間建構一套合乎自己需要的投資計畫,然後執行該計畫。千萬不要為了追求完美而拖延合理計畫的執行時間。如果必要的話,既定計畫隨時都可以做調整。立即執行一

套合理的計畫，遠勝過持續追求無法預知的完美計畫。

本章摘要

　　每個人都應該根據自己的獨特需要，設計、執行一套投資計畫，並做長期的維繫，如此才能取得投資成功。資產配置就是這套計畫的核心部分。真正的成功關鍵，不在於猜測績效表現最佳的投資對象，而是分散持有各種不同性質的資產。

　　我們無法預先知道金融市場下個星期、下個月或明年的表現，但我們仍舊需要投資。資產配置可以解決每位投資人面臨的困境：在無法預知未來市況的條件下，如何管理投資？透過適當的資產配置，投資人不需要預測未來的行情走勢，也不必擔心在不當時機、介入不當市場。另外，投資人也不必擔心別人提供的不當建議。

　　為了打點退休生活，我們只有幾十年的時間可供準備；這段期間內，我們當然不希望發生嚴重錯誤，否則就可能會顯著影響退休計畫或退休生活品質。當我們在報章雜誌上看到某些人因為不當投資而損失退休儲蓄，當然不希望自己也是其中一份子。我們需要設計一套合理的資產配置計畫，然後執行該計畫，並根據後續發展做必要的調整。做為一種投資策略來說，資產配置不會令人血脈賁張；可是，就賺錢目的而言，沈悶往往是成功的關鍵。

附註

1. 1998年10月1日，葛林斯班在美國眾議院的銀行與財務委員會聽證會上所發表的講詞：「長期資本管理，大型避險基金的私有部門替續融通」(Private-Sector Refinancing of the Large Hodge Fund, Long-Term Capital Management)。

2. 請參考Roger G. Ibbotson and Paul D. Kaplan, "does Asset Allocation Policy Explain 40, 90 or 100 Percent of Performance?" Financial Analysts Journal, January / February 2000。

3. 請參考Gary p. Brinson, L. Randolph Hood, and Gilbert Beebower, "Determinants of Portfolio Performance," Financial Analysts Journal, July / August 1986。

4. 請參考請參考Gary p. Brinson, L. Randolph Hood, and Gilbert Beebower, "Determinants of Portfolio Performance II: An Update," Financial Analysts Journal, May / June 1991。

投資風險

重要概念

■ 投資報酬與投資風險之間存在直接的關連。

■ 如果把稅金與通貨膨脹考慮在內，沒有所謂無風險投資。

■ 玩家把風險視為投資價值波動。

■ 散戶把風險視為虧損的可能性。

　　華爾街有一句古老的格言：「天下沒有白吃的午餐。」我們不可能不勞而獲。如果投資目標報酬高於通貨膨脹與稅率，其中必然涉及一些風險。

　　金融市場的報酬與風險之間，存在明確的關係：投資期望報酬愈高，承擔的風險也愈高；投資承擔的風險愈低，期望報酬也愈低。投資雖然不能完全排除風險，但可以透過適當的資產配置取得控制。

　　資產配置策略是由各種不同投資類型之資產結合而成，這

些個別資產均有其本身的報酬—風險關係，結合而成的投資組合，也有獨特的風險—報酬關係，但整體組合的風險—報酬性質則不同於個別組成因素。資產配置結構得當的投資組合，其「風險調整後」報酬相對高於個別構成資產的直接加總。各位一旦瞭解資產配置的根本機制，而且取得各種不同資產的相關知識，就可以根據自己的財務需求，設計一套投資組合，反映適當的期望報酬與風險水準關係。

神話般的無風險投資

美國金融市場的最低風險投資工具，是美國財政部發行的國庫券。國庫券由政府擔保，所以沒有信用風險，到期時間短於1年。國庫券是按照折價發行，實際購買價格低於面值，到期則可以取得面值款項。所以，國庫券雖然不支付利息，但到期贖回價款（或到期前轉售價格）與當初購買價格之間的差額，實際上就代表利息。

美國財政部每週發行國庫券，透過拍賣方式決定利率水準。國庫券可以說是貨幣市場基金最常運用的投資工具，其利率也最能反映貨幣市場基金的行情。

在金融投資領域裡，國庫券經常被視為「無風險」投資工具，因為到期期間很短，而且由政府擔保信用。可是，「無風險」並不是恰當的名詞。國庫券可以提供明確的金額報酬；可是，其實質報酬則會受到稅金與通貨膨脹的威脅。

　　請參考圖2-1，其中顯示國庫券報酬率扣除通貨膨脹之後的情況。請注意，國庫券的稅後實質報酬率未必始終是正數。某些期間內，國庫券利息跟不上通貨膨脹的步調，最近的情況發生在2001～2004期間。如果短期利率水準低於通貨膨脹，則國庫券與貨幣市場基金投資人所擁有的購買力就會受到侵蝕。換言之，我們投資於國庫券的資金，其一年之後所能購買的代表性商品與勞務，數量會變得比較少。

　　稅金是影響投資報酬的重要因素。至於稅金的影響程度究竟多大，則取決於個人適用的所得稅率。扣除稅金與通貨膨脹之後的「無風險」國庫券報酬，大有可能是負數。舉例來說，

圖2-1　國庫券扣除稅金與通貨膨脹之後的年度報酬

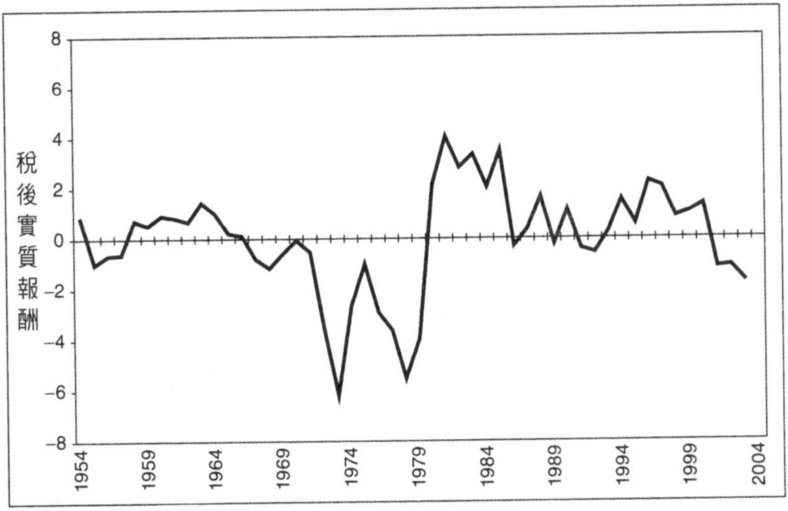

資料來源：聯邦準備銀行

2004年的30天期國庫券複利報酬率為1.2％。如果投資人必須繳納25％的稅金，則稅後報酬率為0.8％。我們知道，2004年的通貨膨脹大約是3.3％；所以，扣除稅金與通貨膨脹之後，國庫券投資人實際上會損失2.5％。

　　如果投資人有1955年1月1日開始購買30天期國庫券，並於到期之後重新投資，起始投資金額為$100，則扣除稅金與通貨膨脹之後的實質報酬如圖2-2所示。此處假定國庫券投資報酬繳納25％的聯邦所得稅。

　　觀察圖2-2，我們發現最低點發生在1980年。當時，起始

圖2-2　扣除稅金與通貨膨脹的30天期國庫券累積報酬
　　　　（假定稅率為25％，起算自1954年12月31日）

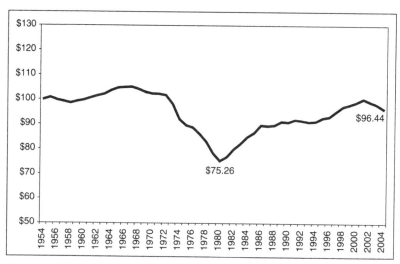

資料來源：聯邦準備銀行

投資價值$100跌到只剩下$75.26。隨後大概花了21年，才於2001年又重新扳回損失，回到原來的$100。可是，接著又開始下跌。在整個50年期間，投資國庫券的$100，其購買力跌到$96.44。

　　現在，美國財政部發行的一些投資工具，可以擔保不受通貨膨脹侵蝕，譬如說：財政部通貨膨脹保障證券（Treasury Inflation Protected Securities，簡稱TIPS），還有通膨指數債券（I-bonds），這些都是由財政部發行的新型債券，其本金與票息可以不受通貨膨脹侵蝕。這些債券的到期價值會根據發行期間的通貨膨脹進行調整，票息支付金額也同樣會根據通貨膨脹調整。

　　對於這些不受通貨膨脹影響的債券，某些人認為其報酬更能代表國庫券的無風險報酬。可是，這些證券未必沒有風險。第一，TIPS是公開掛牌的交易工具。所以，其價格會因為利率起伏而波動。舉例來說，2004年第3季，利率跳升1％，李曼兄弟發行的財政部通貨膨脹中期債券指數應聲下跌3％。第二，不論TIPS或通膨指數債券都不能脫離稅金的魔爪。通膨調整後的利息收益，最終都必須視為普通所得而繳納聯邦所得稅。第8章「固定收益投資」會更深入討論這些通膨保障的證券。

　　無風險投資只是神話，實際上並不存在。如果真有這種東西的話，則需要由政府擔保信用，每天的價值都很穩定，不受通貨膨脹侵蝕，而且收益可以完全免稅。可是，截至目前為止，我們還沒有看到這類的東西。

界定投資風險

什麼是投資風險？不同的人，各有不同的解釋。對於某些人來說，投資風險可以由價格波動來代表。對於另一些人，投資風險則是某特定期間內可能發生的損失。還有另一些人，則認為投資風險是不能符合其財務目標的可能性。

學術界把風險定義為投資報酬的價格波動率（volatility）。價格波動率是定義在某期間上。一般來說，月份的價格起伏，是很典型的風險衡量。換言之，投資價值的月份變動很大，代表價格波動率很大，也代表風險很高，反之亦然。

大型退休基金的管理人，把未來償付退休金的相關不確定性，視為投資風險。原則上，退休基金將來要支付給退休者的款項，應該與退休基金未來期望價值匹配。精算上，基金管理人要根據資產估計報酬來預測未來價值，然後與退休金償付義務做比對。如果預測價值低於所必須償付的金額，就會有資金不足的問題。資金不足的退休計畫，代表雇主的財務風險。資金不足的退休金償付義務，意味著雇主必須投入更多資源來維繫資金的清償能力。

共同基金經理人擔心自己的績效不如其他類似基金的表現，並將此視為風險。舉例來說，如果某成長型共同基金經理人的表現不如其他成長型基金，該經理人就很難獲得投資人的青睞，這會造成資金流出的問題。如果某經理人的表現長期不彰，恐怕連工作都保不住。

　　一般個人投資者，則認為「風險」就是賠錢的可能性。投資人最擔心的莫過於帳戶價值減少。1987年，S＆P 500指數在最初9個月內上漲36％。可是，1987年10月16日星期五，S＆P指數暴跌9％。隔週的星期一，指數再度暴跌23％。投資人真是嚇壞了。雖然10月份發生崩盤，但到了月底的時候，股票市場最初10個月的表現仍然呈現正數績效，年底甚至還有不錯的5％漲幅。所以，就1987年的全年表現來說，股票投資人還是賺錢，但這顯然不是一般人對於「崩盤」的印象。

　　一般人都不希望賠錢。可是，如果想要賺取通貨膨脹調整後的稅後實質報酬，投資組合就必須承擔風險，也就是說偶爾會發生虧損。本書介紹的每種分散性投資組合，都存在虧損的風險，其價值有時候會不漲反跌。華爾街不提供免費午餐。雖說如此，但資產配置恰當的投資組合，還是可以降低虧損的發生頻率，也可以縮短虧損的期間長度。資產配置是一種可以降低風險的策略。

投資人面臨的眞正風險

　　退休基金經理人對於風險的定義最切合實際；換言之，他們擔心將來沒有足夠的錢支付津貼給退休人。這也是個人投資者適合採用的風險定義。沒有錢因應退休生活，這是每個人都擔心的事。年紀很大的時候，生活條件可能變得很差，又得不到政府的照顧，這種情景令人不寒而慄。所以，個人投資者的

真正風險，就是資金耗盡的可能性。

　　資本都是基於某種理由而匯集。一般來說，資產將用來清償負債，例如退休階段需要收入。很幸運地，人們理解投資組合的最終目標，是提供資金來清償負債。人們有長期的資金需求。如果工作期間能夠賺取足夠的收入，而且所累積的資產能夠賺取足夠的報酬，則投資人因應退休生活所需要的開支就能解決。

　　為了維持財務上的安全，每個人都需要某筆最低金額的款項。這筆款項可以看成是個人的財務負債。不能累積組夠的資產來因應這項負債，這是每個人都擔心發生的風險。因此，每個人都應該要知道，我們究竟需要多少這種資金，藉以維持財務安全。請注意，這並不是感覺上需要的資金，而是為了維持既定水準之生活而確實需要的款項。事實上，投資人通常都會高估這筆款項。因此，很多人在過世之後，還會留下不少資金。

　　為了維繫財務安全而需要的款項金額，並不難估計。實際金額取決於一些因素，包括：年齡、健康狀況、消費習慣、生活形態、稅金、退休所得、社會安全津貼、租金所得與其他項目。這聽起來似乎很麻煩，但每個人只需要花點時間做一次詳細的分析。細節部分請參考本書第12章。

視為風險的價格波動率

　　虧錢是一種風險定義。不能因應未來的需要，則是另一種

風險定義。可是，一旦我們瞭解這種風險的來源，相關風險多少還是能夠得到控制的。所以，我們或許應該討論價格波動率的觀念。

學術研究方面，風險通常都定義為投資組合的價格波動率，也就是投資組合價值的起伏波動。價格波動率可以在任何時間單位上做衡量，例如：分鐘、天、週、月或年。對於個人投資者來說，月份價格波動率可能最有用，因為經紀商通常會每個月彙整一次對帳單，讓投資人瞭解帳戶的變動狀況。

價格波動率通常表示為標準差（standard deviation）的個數；投資組合價值的變動程度愈大，其分配的標準差也愈大。標準差（σ）是衡量資料距離其中心點的平均偏離程度。舉例來說，假定某投資的平均報酬率為5％，標準差為10％。就「常態分配」來說，報酬率有68％的機率落在平均報酬率的1個標準差範圍內。由於平均報酬率為5％，1個標準差範圍為±10％，所以「平均報酬率的1個標準差範圍」是5％±10％，也就－5％～＋15％。換句話說，這項投資的報酬率介於－5％到＋15％，其發生機率為68％。請參考圖2-3。

各種資產類別的報酬率標準差並不是靜態的數據。報酬率的波動程度，有時較劇烈，有時較穩定。圖2-4顯示幾種資產類別的5年期移動報酬率的標準差。小型股的報酬率波動程度最大，其次分別是大型股、公司債與國庫券。

對於特定資產類別，如果價格波動率上升，報酬率往往會跟著下降；反之，如果價格波動率下降，報酬率經常會上升。

圖2-3　常態分配

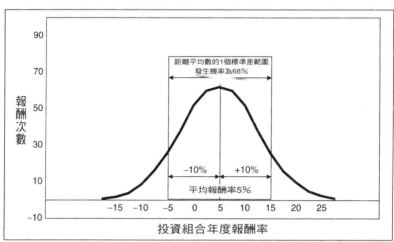

1980年代初期，公司債價格波動率上升，是直接受到利率上升的影響。1980年代與1990年代出現股票史上最長期的多頭行情，這段期間內的股票價格波動率也顯著下降。

價格波動率雖然會變動，但各種資產類別的價格波動率區間則相對穩定。請參考圖2-4，小型股的平均標準差大約在20％，大型股則在15％左右，長期公司債的平均標準差大約是8％。

金融投資市場裡，風險是報酬的主要驅動因子。各種資產的平均報酬率與標準差，可以讓投資人概略瞭解該資產的報酬—風險歷史關係。如果我們發現平均標準差愈大的投資工具，其長期報酬水準也愈高，這種現象應該不會讓我們覺得意外。請參考表2-1的相關數據。

圖2-4　幾種資產類別的60個月移動報酬率的標準差

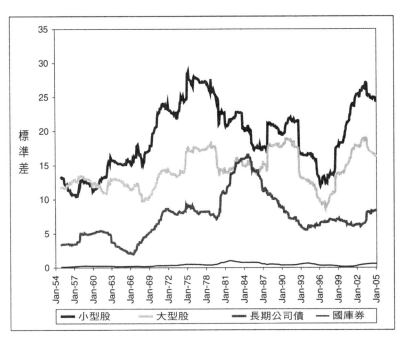

表2-1　某些資產的資料（1955年～2004年）

資產類別	簡單平均報酬率	標準差（σ）	複利報酬率
美國小型股	15.8%	20.1%	12.9%
美國大型股	12.5%	14.6%	10.9%
長期公司債	7.3%	8.4%	6.8%
國庫券	5.3%	0.8%	5.3%

　　表2-1顯示兩個報酬率欄位。第一個是簡單平均報酬率，也就是加總50年的年度報酬率，結果除以50。另一個是複利報

酬率，也就是每年報酬持續做投資的報酬率。複利報酬率也就是年度化報酬率。

就小型股來說，簡單報酬率較複利報酬率大約高出3個百分點。小型股的這兩種報酬率差異很大，主要是因為其標準差很大的緣故（$\sigma = 20.1\%$）。換言之，報酬率的波動程度很大，會造成長期複利報酬率下降。國庫券的簡單平均報酬率與複利報酬率相同，其報酬率分配的標準差很小（$\sigma = 0.8\%$）。

價格波動率會導致報酬率下降，所以是一種風險。基於這個緣故，如果我們能夠降低某項投資或某投資組合的風險，複利報酬率就會很接近簡單平均報酬率。這也是資產配置所能夠提供的功能。

至於價格波動率如何影響複利報酬率，可能需要運用一些數學計算來解釋。為了說明報酬波動如何影響帳戶價值，請參考表2-2，其中顯示4個投資組合，起始價值都是$10,000。

表2-2的4個投資組合，簡單平均報酬率都是5％，但複利報酬率則各自不同。投資組合A的複利報酬率，較投資組合高出11％。這兩個投資組合的複利報酬率之所以不同，是因為它們賺取簡單平均報酬率的方式不同。投資組合A的2年報酬率都是5％，報酬率沒有變動，但投資組合D的2年報酬率變動很大，分別是＋20％與－10％。所以，這兩個投資組合的簡單平均報酬率雖然相等，但投資組合A的複利報酬率則顯著超過投資組合D。

一般人很難想像標準差究竟代表什麼意義。各位如果有這

表2-2 報酬率標準差不同的4個投資組合

	年度報酬	投資組合價值
投資組合A		
第1年	+5%	$10,500
第2年	+5%	$11,025
簡單平均 = 5.0%		複利 = 5.0%
投資組合B		
第1年	+10%	$11,000
第2年	0%	$11,000
簡單平均 = 5.0%		複利 = 4.9%
投資組合C		
第1年	+15%	$11,500
第2年	−5%	$10,925
簡單平均 = 5.0%		複利 = 4.5%
投資組合D		
第1年	+20%	$12,000
第2年	−10%	$10,800
簡單平均 = 5.0%		複利 = 3.9%

方面困擾，不妨把標準差想成是個別報酬率偏離平均報酬率之程度的平均值。某個投資組合即使從來不曾出現5％的報酬率，其平均報酬率也可能是5％。個別年份之報酬率偏離整體平均報酬率之程度的平均值，就是標準差。

表2-3顯示個別報酬率偏離平均報酬率的情況。各位如果稍微注意的話，可以發現表2-3顯示的數據，並不代表投資組合真正的標準差，但已經相當接近了。

請注意，根據表2-3的數據顯示，個別投資組合標準差依次增加5％，投資組合A的標準差為0％，投資組合B的標準差

表2-3　計算標準差

投資組合	第1年報酬	第1年報酬偏離簡單平均報酬5%的程度	第2年報酬	第2年報酬偏離簡單平均報酬5%的程度	偏離程度的平均值（σ的約估值）
A	+5%	0%	+5%	0%	0%
B	+10%	5%	0%	5%	5%
C	+15%	10%	−5%	10%	10%
D	+20%	15%	−10%	15%	15%

為5％，投資組合C的標準差為10％，投資組合D的標準差為15％，但個別投資組合之間的複利報酬率，則呈現指數狀的變動。譬如說，A與B之間的標準差的差異為5％，但複利報酬率差別為0.1％；B與C之間的標準差差異仍然為5％，但複利報酬率差別則增加為為0.4％；同樣地，C與D之間的標準差差異仍然為5％，但複利報酬率差別增加為為0.6％。

　　表2-2與2-3給我們什麼啟示呢？假定多種投資工具或投資組合的簡單平均報酬率一樣，價格波動率愈高者，其複利報酬率愈低。由另一個角度說，對於簡單平均報酬率相等的策略，報酬率波動程度愈低，其複利報酬率愈高。

　　透過資產配置降低投資組合的風險，還有另一層好處：讓投資人更可能嚴格遵守投資計畫。投資人不希望發生虧損，尤其是大額的虧損。降低投資組合的標準差，讓投資人更可能嚴格遵守投資計畫。採納適當的資產配置，可以降低報酬率的波動程度，後者能夠讓投資人在不理想市況下，仍然遵循既定的投資計畫。

本章摘要

　　金融市場的風險與報酬之間，存在非常明確的關係。投資的預期報酬愈高，該報酬實現的可能性愈不確定。一旦瞭解每種資產類別的風險—報酬性質，這方面的知識讓投資者可以在可接受的風險程度上，建構符合自己需要的投資組合。

　　天下沒有白吃的午餐，也沒有無風險投資。任何投資組合試圖賺取的報酬，只要超過稅金與通貨膨脹，就存在虧損的風險。投資帳戶即使只是發生暫時的虧損，也不是令人愉快的事；可是，這是可以得到控制的。透過資產配置策略而建構分散性投資組合，風險就可以得到控制。發展與維繫一套長期投資計畫，藉以降低風險，提升財務成功的機會。

第三章

何謂資產配置？

重要概念

■ 分散持有多種資產，可以降低重大虧損的可能性。

■ 每年都重新調整投資組合，藉以控制風險。

■ 投資組合內，各種資產類別間的報酬相關程度應該偏低。

■ 各種資產類別之間的報酬相關程度，並不是靜態的。

　　所謂的「分散程序」（diversification），是把財務風險分散到數種不同的投資，藉以降低投資組合出現虧損的機率。這是一種歷經時間考驗的有效方法。資產配置是一種數學的分散程序，需要估計各種投資的期望風險與報酬，觀察各種投資在不同市況下的相關性質，然後透過某種方法建構投資組合，根據特定風險水準而使得投資組合的期望報酬最高（或根據特定期望報酬而使得投資組合的風險水準最低）。

　　關於資產配置的功能，學術研究者提供了很多有用的參考

資料，這方面的論文數量不下數百篇，列舉很多公式、方程式與術語。本章與本書其他章節也會提到一些術語與公式，我們到時候都會詳加解釋，各位如果有不明白的地方，可以參考本書最後的名詞解釋。

資產配置：簡史

1952年，芝加哥大學的25歲畢業生哈利·馬可維茲（Harry Markowitz）發表一篇革命性的論文「投資組合選取」（Portfolio Selection）。這份14頁的論文，隨後改變了多數專業經理人處理其客戶投資組合的方法。

馬可維茲的論文探討一些有趣的投資組合管理概念，財務風險不只是必要的，而且也是追求高水準報酬的應有成份。他認為，個別投資的風險並不特別重要，重點是如何降低整體投資組合的風險。馬可維茲利用數學工具說明投資組合的適當資產配置程序，而且把風險—報酬關係做量化的說明。

馬可維茲的論文刊載於著名的期刊《財務雜誌》（Journal of Finance）。這篇文章最初並沒有受到重視，因為在一般學術研究者的眼裡，該文太過粗淺。馬可維茲在芝加哥大學的教授們，大概也都沒有想到，這篇不起眼的文章竟然會在隨後50年內，成為金融投資領域裡最經被引用的論文之一。

1959年，馬可維茲根據這篇論文而出版一本書，名稱為《投資組合選取：有效率的分散投資》（Portfolio Selection:

Efficient Diversification of Investments）。這本書讓馬可維茲在財務經濟學領域裡建立備受認同的地位，最後也幫他贏得諾貝爾經濟學獎。

馬可維茲的論點，在學術界裡被稱為現代投資組合理論（Modern Portfolio Theory，簡稱MPT），馬可維茲也成為現代投資組合理論之父。可是，MPT的觀念一直到好幾年之後才被實際運用，因為效率投資組合需要使用電腦的強大運算功能。所以，在1970年代末期之前，由於電腦資源並不普及，多數人都不能實際運用馬可維茲的理論。

到了1980年，不論是大學、銀行信託基金部門或大型資金管理機構，資產配置的相關研究快速發展。目前，甚至一般個人投資者也可以透過網際網路取得簡單的資產配置軟體。幾乎每家大型共同基金或經紀商，都提供這類的資產配置軟體。很多通俗雜誌也根據MPT而提供投資組合的簡單建議。

網路上所能夠取得的資產配置資訊確實是不錯的起步，但畢竟只是起步而已。態度嚴肅的投資人還需要知道更多知識，才能設計真正高效率的投資組合。

重新調整

長期而言，對於合理分散的投資組合來說，在每種投資對象蘊含的特定風險程度下，通常都可以創造某種最低水準的報酬。關於任何投資對象，如果我們不打算賺取其較高風險所蘊

含的較高報酬，那就不該挑選該投資對象（有關各種資產類別的期望風險與報酬，進一步資料請參考本書第11章）。

　　如果根據長期報酬數據建構投資組合，當然不能期待這些數據能夠在短線走勢上幫助我們，因為金融市場的短線行情是非常難以預期的。某些投資的表現可能很好，另一些投資的表現可能較差。

　　如果事先知道哪項投資表現好，哪項投資表現差，當然可以建構完美的投資組合。可是，任何稍有經驗的投資人都知道，我們不可能正確預測哪項投資在什麼時候、出現多大程度的漲跌。所以，投資人最好不要根據短線行情預測而變更投資組合或替換操作。沒錯，這類的短線操作偶爾可能成功，但終究會發生嚴重錯誤，甚至造成得不償失的後果。明智的投資人最好堅持特定投資組合。

　　資產配置之所以不同於一般的分散性投資組合，主要差別在於資產配置需要定期重新調整。所謂的重新調整，就是讓投資組合結構重新回到當初的資產配置目標，重新展現合理分散的性質。換言之，對於表現較好的投資，需要賣掉一部份，運用這些資金購買表現較差的資產。

　　舉例來說，假定資產配置目標是持有50％股票與50％債券。一年之後，假定行情變化使得投資組合的股票價值成長為總投資組合價值的60％，債券只佔40％。這種情況下，我們需要賣掉10％股票，利用這些款項購買債券，使得股票與債券的比例重新回到50：50。另外，當資金流入或流出投資組

合，或分派股利或票息，都可以做重新調整。

重新調整是建立在一套所謂「回歸均值」（regression to the mean）的理論基礎上。簡言之，回歸均值假定所有投資都有特定的風險—報酬性質，任何投資長期而言都會展現特定的風險—報酬性質。重新調整是利用市場行情過份樂觀或過份悲觀的價格脫序現象。如此會賣掉投資組合內表現較好資產的一部份，用以購買表現較差的資產。這種作法看起來似乎違反直覺判斷，實際上是遵循「買高—賣低」的邏輯。

對於本書提供的資產配置例子，重新調整都是重要部分。分析本章或本書其他章節的圖表或資料，請假定所有的投資都在每年的年初進行重新調整。

表3-1提供一個虛構的例子，藉以說明年度重新調整如何減緩投資組合風險而提升報酬。這份表格內，假定兩項不同的投資，持有期間都是2年；另外，兩個投資組合都同樣持有這

表3-1　範例：年度重新調整

投資	第1年報酬	第2年報酬	複利報酬
投資＃1	+20%	−10%	3.9%
投資＃2	−10%	+20%	3.9%
虛構投資組合			
50%的投資＃1與50%的投資＃2，沒有進行重新調整	5.0%	2.9%	3.9%
50%的投資＃1與50%的投資＃2，進行重新調整	5.0%	5.0%	5.0%

兩種資產。第一個投資組合不做年度重新調整。第二個投資組合則在第2年的年初重新調整，將部分資金由比較賺錢的投資，移往比較不賺錢的投資，使得兩項投資的價值重新維持相等。如果投資報酬真的呈現「回歸均值」的現象，我們可以明顯看到投資組合重新調整的效果。

在整個2年期間內，這兩種投資本身的複利報酬率都是3.9％。換言之，不做調整的投資組合，其複利報酬率當然也是3.9％。可是，對於第2年初重新調整而使得兩項投資之價值恢復50-50的投資組合，可以避免報酬波動，使得整體投資組合的複利報酬率提升到5.0％。

投資組合同時擁有多種性質不同的資產，然後每年重新調整，恢復投資組合資產結構的原訂目標，如此可以減緩投資組合價值波動，提升報酬。「重新調整」提供的「免費午餐」也就是現代投資組合理論的根本。

重新調整有各種不同的方法，最常見的兩種方法，是分別依據時間與百分率。投資人可以每隔一段固定時間，重新調整一次投資組合，例如：每年、每季或每個月。投資人也可以採用個別資產價值佔整體投資組合價值之百分率做依據，只要該百分率偏離原訂目標到達某種程度，就做重新調整。

就前述兩種調整策略來說，百分率方法可以提供稍高的報酬，風險也稍低；可是，百分率方法需要明顯花費更多的時間照顧投資組合，我不認為這對於個人投資者是值得的。因此，本書一律採用每年調整一次的方法。年度調整很簡單，只需要

每個年底花點時間。

相關程度

　　每年根據原訂目標重新調整投資組合，表現相對優異的資產，需要賣掉一部份，替換成為表現相對較差的資產，如此可以達到分散投資的效益。當然，這是假定投資組合所擁有的資產各有不同的表現。所以，如何挑選行為表現不同的資產，其本身也是一項重要考量，就如同重新調整一樣。

　　投資組合擁有的資產，應該儘量避免齊漲齊跌，這可以透過相關分析（correlation analysis）來協助達成。相關分析是衡量資產績效表現之相關性質的統計方法。相關係數（correlation coefficient）是衡量不同資產呈現共同走勢之程度的數據。如果兩項資產的行情表現，通常都呈現相同方向的走勢（一起上漲、一起下跌），則兩者之間存在正相關（positive correlation）。反之，如果兩種資產的行情表現，通常呈現相反方向的走勢（一漲一跌），則兩者之間存在負相關（negative correlation）。如果兩種資產之間的行情表現，通常都沒有關連，則成為不相關（noncorrelated）。

　　投資組合所挑選的資產對象，彼此之間應該呈現負相關、不相關，或最起碼也要呈現很低的正相關。一旦選定適當的投資對象之後，應該讓這些資產之間保持適當的價值比率關係，而且每年重新調整。

　　如果投資組合內的兩項資產，彼此之間有非常穩定的正相
關，那麼把投資「分散」在這兩種資產之間，並沒有太大意
義。雖說如此，但投資人還是經常觸犯這類的錯誤。1990年代
末期，很多投資人同時購買很多不同的成長型共同基金，自以
為如此可以分散投資風險；可是，這些不同的基金，彼此的投
資顯著重疊，同樣持有大量的科技與通信類股。所以，在2000
年到2002年之間，當代表新經濟的高科技與科技類股崩跌之
後，所有的成長型共同基金都難以倖免。

　　請參考圖3-1，兩條虛線代表兩種高度正相關共同基金（基
金A與基金B）的價格走勢，如果投資人平均持有這兩種基金，
而且每年重新調整，則投資組合價值走勢將如同圖3-1的實線。

圖3-1　年度報酬：完全的正相關

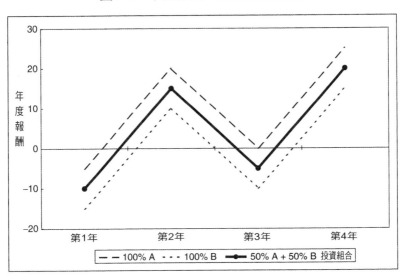

　　由於基金A與基金B之間高度相關，持有這兩種基金，不能發揮分散投資的效益。理想的情況下，投資人應該持有負相關的兩種共同基金。圖3-2顯示兩種績效表現剛好完全相反（換言之，完全負相關）的基金C與基金D。如果投資組合由這兩種共同基金構成，每年重新調整，則其價格波動率小於兩種構成基金的任何一個。關於如何挑選投資組合的構成對象，負相關是很好的性質，不過通常很難找到。

　　相關程度的衡量讀數，通常介於＋1與－1之間。兩種投資之間的相關程度如果為＋0.3或更高，就視為正相關。反之，兩種投資之間的相關程度如果為－0.3或更少，就視為負相關。相關係數如果介於＋0.3與－0.3之間，視為不相關。

圖3-2　年度報酬：完全的負相關

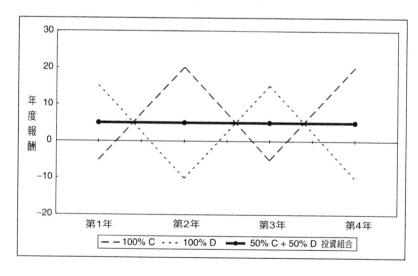

　　兩種投資的報酬表現如果不相關,其價格走勢通常沒有關連,或者其關連非常不穩定,在正、負之間不斷擺動。圖3-3顯示兩種投資不相關的情況,有時候出現類似走勢,有時候又呈現相反走勢。由不相關資產建構的組合,可以發揮分散投資的功效。

　　表3-2摘要列示資產報酬相關程度提供的分散效益。這份表格假定所有三個投資組合的簡單平均報酬率都是每年5%,但每個投資組合的價格波動率不同,所以複利報酬率也不同。投資組合#1持有負相關資產,風險最低,報酬最高。反之,投資組合#3持有正相關資產,風險最高,報酬最低。

　　投資組合持有的資產,彼此之間如果維持負相關或不相關

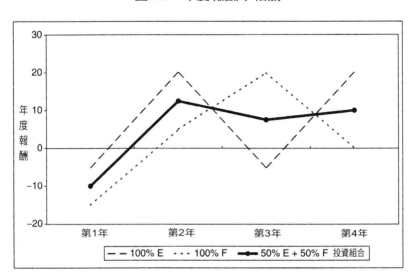

圖3-3　年度報酬不相關

表3-2　資產報酬相關程度與投資組合報酬之間的關係

投資組合	資產相關程度	簡單平均報酬	複利報酬	標準差
1: 50% C + 50% D	−1.0	5.0%	5.0%	0%
2: 50% E + 50% F	0.0	5.0%	4.8%	10%
3: 50% A + 50% B	+1.0	5.0%	4.2%	14%

的關係，就會產生顯著的效益。問題是如何找到具備這些性質的資產。適當的對象並不多見。每當我們認為某兩種資產之間沒有明顯的相關性，但情況可能發生變化，原本的不相關可能變成正相關。各位可以在本書提供的走勢圖與表格看到很多這類的例子，資產之間的相關性突然發生變動，而且沒有什麼明顯的原因。

　　由於很難找到負相關的投資對象，所以投資組合在實務上都是尋找不相關或正相關程度很低的資產。投資組合持有資產之間維持很低的正相關，也可以提供某種程度的分散效益。

兩種資產類別的模型

　　剛開始的時候，財務學教授會利用兩種資產類別來說明資產配置的技巧。在兩種相關程度很低之投資構成的簡單模型架構下，學生比較容易瞭解相關、降低風險與效率前緣（efficient frontier）等觀念。一旦體會兩種類別資產配置的效益之後，可以增添第三、第四……種資產而擴充為多種投資的模

型。本章也採用類似的程序說明資產配置，首先採用的投資組合，是由兩種資產構成：美國股票與美國公債。本書第4章則討論多種資產構成的模型。

　　本章討論的兩種資產，分別是由美國大型股指數與中期公債指數來代表。關於大型股指數，我們採用S&P 500，這個指數的成份股為美國的500家大型企業。至於中期公債報酬，則採用兩種不同的指數；1973年之前，採用5年期公債做為代表，1973年之後，則採用雷曼（Lehman）1～10年公債指數，這是由美國短、中期公債構成的分散性投資組合構成。

風險―報酬圖解

　　本章與本書的剩餘部分，都是透過圖表來顯示投資組合風險與報酬。圖3-4顯示典型的風險―報酬前緣（risk-and-return frontier）。圖3-4的縱軸，衡量各種投資組合的年度複利報酬率，橫軸刻度為年度報酬之標準差，用以衡量風險程度。

　　請參考圖3-4，左下角標示的「投資＃1」，是完全由由第一種投資構成的組合，右上角標示的「投資＃2」，則是完全由第2種投資構成的組合。另外，如果利用這兩種投資，按照各種不同比率建構的組合，然後根據每種投資組合的年度化報酬與標準差讀數標示在圖形上，並把這些點銜接起來，就呈現圖3-4的曲線圖。換言之，曲線圖上的每一點，都代表兩種投資按照不同比率建構的組合，其座標橫軸與縱軸讀數，則分別代

圖3-4　典型的風險－報酬前緣

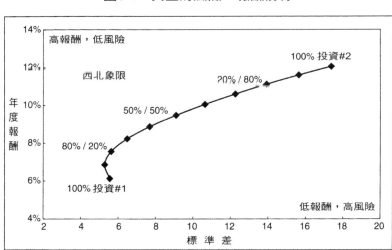

表標準差（風險）與年度化報酬。至於這條曲線的形狀，則取決於兩種資產的性質。

縱軸代表的年度化報酬很容易瞭解，一般人喜歡較高的報酬。橫軸代表的風險也很重要，愈右端的讀數，風險愈高。就風險與報酬程度來說，一般人都偏好「高」報酬／「低」風險的投資組合，其位置在左上角，也就是圖3-4標示的「西北象限」。

請參考圖3-5。完全由A投資構成的投資組合，其報酬最低，風險也最低。反之，完全由B投資構成的投資組合，其報酬最高，風險也最高。至於由這兩種投資平均構成的投資組合，其報酬－風險性質又如何呢？

由A投資與B投資平均構成的組合，某些人可能認為其位

圖3-5　顯示資產配置分散投資的效益

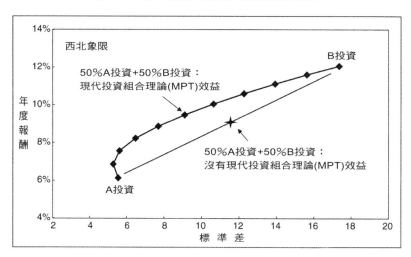

置試圖3-5「星形」標示的位置，也就是投資與B投資銜接線段
的中點位置。事實上，由於重新調整的效益，這個投資組合的
報酬會更高一些，風險則更低一些。

　　讓我們把A投資與B投資分別冠上實際的名稱。A投資代表
1950～2004年之間的美國中期公債，B投資則代表同一期間的
S&P 500股價指數。請參考圖3-6的情況。

　　根據相關期間的實際資料計算，由中期公債與S&P 500建
構的各種投資組合，確實存在MPT（現代投資組合理論）效
益，請參考表3-3。

　　我們看到，對於中期債券與大型股平均構成的投資組合，
MPT效益可以讓年度報酬增加0.4％，風險減少2.4％。

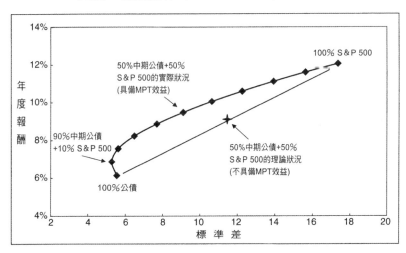

圖3-6　中期公債與S&P 500指數構成之各種投資組合的
　　　　風險—報酬關係（1950～2004）

資產之間的相關性質並不穩定

　　我們很不容易找到相關程度很低的兩種投資。單純參考相關程度的歷史數據並不能解決問題，因為資產之間的相關性質會不斷變化。金融投資方面的書籍或文章，經常列舉不同資產類別之間的相關程度，但所採用的資料往往是長期歷史數據，並就此提供資產配置的建議。這種作法未必恰當。

　　透過單一長期數據來瞭解兩種資產類別之間的相關性質，確實可以讓投資人得到一些有用的資訊，但經常也會造成一種錯誤印象：該數據代表的相關性質會繼續維持下去。過去的相

表3-3　投資組合報酬：1950～2004

投資組合性質	年度化報酬	風險（標準差）
100% 中期公債	6.1%	5.6%
100% S&P 500	12.1%	17.4%
50%中期公債+50%股票組合的 期望報酬與風險（沒有MPT）	9.1%	11.5%
50%中期公債+50%股票組合的 實際報酬與風險	9.5%	9.1%
MPT效益	0.4%	(2.4%)

關性質，未必是未來相關性質的可靠參考。不同資產類別之間的相關性質，經常發生變動，而且往往沒有明顯原因。某些資產類別之間的相關程度可能轉強，另一些則可能轉弱。

　　圖3-7顯示中期公債與S&P 500股價指數之間的36個月期移動相關。我們可以清楚看到，某些期間內，債券與股票呈現相反走勢，另一些期間內，又呈現相同方向走勢。另外也有一些期間，兩者的走勢沒有明顯關連。

　　過去55年內，5年期公債與S&P 500指數之間的36個月期報酬相關介於＋0.67與－0.62之間，整個55年的相關平均數為＋0.12，意味著這兩種投資之間沒有關連。

　　某些投資人對於圖3-7顯示的情況或許覺得很有趣。一般人認為，債券與股票通常會有類似的走勢，因為利率是兩者價格的主要影響因素。如果利率走低，債券與股票價格都應該上漲，反之亦然。可是，實際的情況並非如此。

圖3-7　36個月期移動相關：中期公債與S＆P 500

　　過去50年內，中期公債與S＆P500指數之間的相關性質，經常出現不可預測的變動。因此，運用這兩種資產建構的投資組合，分散效益也頂多是時有時無。如果把過去50年劃分為5個獨立的10年期，圖3-8分別顯示這兩種投資在5個10年期內的報酬—風險狀況。

　　每個10年期間，弧狀曲線左邊端點代表中期公債的風險／報酬，右邊端點則代表S＆P 500風險／報酬。所有5條曲線內，有4條的切線斜率是由左下角而朝向右上角傾斜，意味著S＆P500的報酬超過中期公債。1965～1974年期間，S＆P500的報酬低於中期公債，雖說如此，但持有股票仍提供降低風險的效益，使得所有期間的期望報酬都得以增加。

圖3-8　1955～2004年之5個10年期的分散效益：
中期公債與S＆P 500

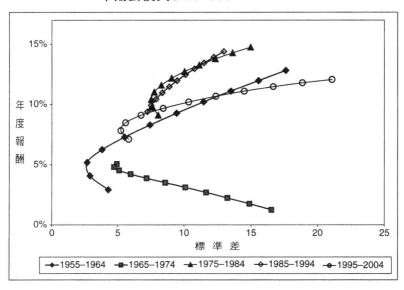

表3-4　個別獨立期間的分散投資效益

期間	期間內相關程度	投資組合風險降低	（現代投資組合理論）報酬增加
1955–1964	−0.7	−3.5%	0.43%
1965–1974	0.0	−2.1%	0.36%
1975–1984	+0.2	−2.4%	0.24%
1985–1994	+0.7	−0.6%	0.08%
1995–2004	−0.2	−3.0%	0.60%

　　表3-4顯示現代投資組合理論所強調的相關性－報酬之間的效益。對於負相關或正相關很小的期間，風險減少程度與報酬增加程度都很明顯。有兩個期間具備這種現象，分別為1955

～1964年與1995～2004年期間。這兩個期間內，中期公債與&P500之間存在負相關，投資組合風險降低3％或更多，年度化報酬則增加超過0.4％。

　　圖3-9說明兩個期間的情況可能截然不同。1975～1984年期間，中期公債與S&P500的報酬行為不相關，使得投資組合的風險得以降低2.4％，年度報酬率則上升0.24％。反之，在1985～1994年期間，兩種投資之間存在＋0.7的相關，所以投資組合風險在這段期間內，只降低0.6％，年度報酬則勉強增加0.08％。

圖3-9　兩個獨立期間的分散投資效益差別：中期公債與S＆P 500

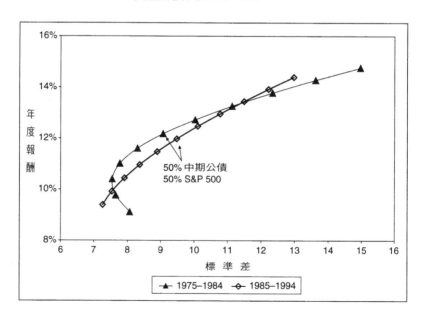

　　我們幾乎不可能找到兩種資產，它們的報酬行為可以永遠保持負相關。可是，確實有些資產類別，其彼此之間的報酬行為通常都不相關，或只存在很低的正相關。所謂分散性的投資組合，就是包含數種這類的投資（詳細內容請參考本書第II篇）。

　　關於投資組合內的個別資產，沒有人知道它們什麼時候會變得更相關或更不相關，所以——基於謹慎之故——投資組合需要同時持有多種不同類別資產。某些投資可能會有脫序行為，但對於分散程度充分的投資組合，還是能夠顯示現代投資組合理論的整體效益。

資產配置也會出錯

　　研究各種資產之間的相關行為，然後運用資產配置策略，雖然能夠減少投資組合發生虧損的機會，但並不能完全避免虧損。即使投資組合儘可能採納多種不相關的資產，畢竟還是不能完全消除損失的可能性。某些期間內，縱使是最分散的投資組合，同樣會發生虧損。處在這些期間內，投資人基本上是無能無力的，除非完全放棄投資，但這顯然不是好主意。猜測某段期間的行情變動，藉以調整投資組合，通常會造成更大的虧損，還不如堅持既定計畫，以不變應萬變。

　　圖3-10說明投資報酬在不同期間內的波動情況。圖3-10顯示某投資組合在1950年到2004年之間的55個年度報酬次數分配

圖3-10　年度報酬次數分配

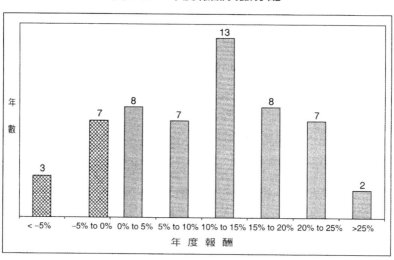

柱狀圖。此處所謂的投資組合，是由50％中期公債與50％股票（S&P 500）構成，每年重新調整一次。

由圖3-10可以發現，在整個55個年份內，50％公債與50％股票的投資組合有10年發生虧損。在這10年內，甚至有3個年份的年度虧損超過5％。表3-5顯示更詳細的資料。

投資組合表現最差的年份為1974年，該年份的損失為9.6％。至於最近的2002年，投資組合的損失為6.4％。資產配置策略確實能夠減緩投資組合的虧損程度，但畢竟不能完全排除這種風險。

投資組合偶爾發生虧損，並不代表資產配置策略無效。事實上，投資人應該有這種心理準備，即使是最分散的投資組

表3-5　股票、債券個別報酬與綜合報酬的分配狀況

報酬分配	50%中期公債與50% 股票（S&P 500）	中期公債	S&P 500
<−10	0	0	6
−10% to −5%	3	0	4
−5% to 0%	7	6	3
0% to 5%	8	21	3
5% to 10%	7	16	6
10% to 15%	13	9	5
15% to 20%	8	2	6
20% to 25%	7	1	8
>25%	2	0	14
最低年份	−9.6%	−1.8%	−26.5%
最高年份	27.7%	25.0%	52.6%
年度報酬	9.5%	6.1%	12.1%

合，偶爾也會發生損失。可是，對於那些期待每年都賺錢的投資人來說，類似如1974年與2002年的虧損，往往會導致徹底的失敗。此處所謂的失敗，是指投資人因為虧損而放棄應該長期堅持的策略。

　　金融市場如果存在一項必然事件，那就是未來的某個時間，即使是最棒的投資計畫也會再度發生虧損。資產配置是一種好策略，但也不能永遠賺錢。如果各位執行資產配置計畫，而且充分瞭解其限制，那就可以享有哈利‧馬可維茲在大約半世紀之前，所倡導的分散投資效益。

本章摘要

　　購買多種不同資產，藉以建構分散性投資組合，可以減少發生重大虧損的機會。資產配置需要估計各種資產類別的期望報酬與風險，統計這些資產類別之間的行為相關程度，透過有系統的方法，根據特定投資目標建構投資組合，使達到該目標的風險為最低。

　　沒有任何資產配置計畫能夠絕對完美。資產類別之間的相關性質可能因為時間經過而發生變動，使得投資表現未必符合預期。分散投資效益在某些期間內可能很小，另一些期間則很顯著。沒有人知道資產類別之間的相關程度什麼時候會發生變化或變化多少。投資組合內的資產相關程度可能上升，也可能下降。所以，投資組合內應該隨時保持多種不同的資產類別。

第四章

多種資產類別的投資

重要概念

■ 持有數種資產類別，其分散效益通常高於只持有兩種。

■ 每種新增的資產類別，都有助於減緩整體投資組合風險。

■ 資產類別之間應該保持偏低相關。

■ 有所謂好的資產配置，但沒有完美的投資組合。

　　本書第三章探討兩種不同的資產，如何用以減緩投資組合風險，並提升其報酬。多種資產類別的投資，在投資組合內又增添幾種投資類型與風格，進一步減緩投資組合的風險，提升報酬潛能。

　　　每個人都把自己的錢財分為三等分，一份投資於土地，一份投資於事業，最後一份用以防範不測之需。

　　　　　　　　——塔木德（大約在西元前1200年～西元後500年）

　　任何特定期間內，我們無法預先知道哪種投資的表現最好。所以，投資組合應該隨時持有多種資產，每年重新調整。投資多種資產類別的根本目的，就是分散風險。

　　相較於前一章，此處考慮的資產類別將由二種增加為五種，然後觀察這會對於投資組合的風險與報酬造成什麼額外影響。本章新增添的三種資產分別為：環太平洋地區股票、歐洲股票與公司債券。

西北象限

　　我們挑選的新資產，性質不同於投資組合的既有資產，如此才能創造分散投資的效益。圖4-1顯示投資組合的性質，將

圖4-1　多種資產類別的投資組合：朝西北方向移動

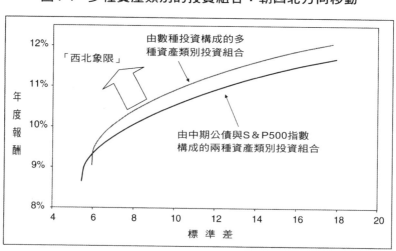

受到新增添多種資產的影響，使得風險更低，報酬潛能更高。

納入多重資產類別，使得投資組合的風險／報酬關係往「西北象限」移動。西北象限是金融投資烏托邦。這是投資經理人夢想而試圖建立的投資組合，也是各位應該根據個人需要而利用適當資產建立的投資組合類型。換言之，這就是具備穩定高報酬、低風險的投資組合。

至於壞消息的部分則是：烏托邦並不存在。西北象限只是神話而已。沒有任何投資組合能夠穩定地提供高報酬，而且風險很低。這種完美的投資組合並不存在。透過多重資產建構的投資組合，雖然有能力把風險─報酬性質往西北象限推移，但沒有任何資產配置能夠完全消除風險而繼續提供穩定的高報酬。

全球股票

本章新引進的3種資產，其中有兩種屬於全球股價指數。對於美國投資人來說，外國股票通常有幾種額外效益。第一，外國股票與美國股票之間的相關性較低，具有分散投資的效益。第二，外國股票是利用外幣計值，讓美國投資人得以規避美元匯率貶值的風險。此兩者都是投資外國股票的重要理由。

羅傑·吉普森（Roger C. Gibson）是資產配置方面的著名作者。他的第一本著作《資產配置：調和金融風險》（Asset Allocation: Balancing Financial Risk，麥格羅希爾出版）是這個

領域的經典。1999年3月，吉普森在《財務雜誌》（Journal of Finance）發表一篇得獎論文「多重資產類別投資的好處」（The Rewards of Multiple-Asset-Class Investing）。這篇文章清楚說明海外投資的效益：

> 分散投資兩種報酬行為不同的主要股票類型，可以進一步減緩股票風險。結果可以建構更平衡的投資組合，偏向股票資產，適合那些同時重視風險與報酬的較長期投資人。這是一種非常有效的資產配置策略。

國際股票包括企業總部設立在海外的所有掛牌上市股票，包括類似如日本新力之類的已開發國家大型企業，或是新興國家的股票，例如：匈牙利布達佩斯的多瑙飯店（Danubius Hotel）。在海外各地區集中市場掛牌的股票種類，總數超過20,000。

目前有不少涵蓋國際股票市場的指數可供運用，包括：個別國家指數、地區指數與全球性指數。舉例來說，摩根史丹利資本國際（Morgan Stanley Capital International，簡稱MSCI）提供十多種國家指數。MSCI又把幾個國家市場分別整理為地區性指數。MSCI的環太平洋指數涵蓋的市場包括：日本、新加坡、澳洲與紐西蘭。MSCI歐洲股價指數則包括英國與歐洲大陸國家（德國、法國、西班牙、義大利、瑞典與瑞士）。

國際指數採用兩種貨幣計值：當地貨幣與美元。這兩種貨幣計值，差別很大。當地貨幣計值的指數，代表當地人根據當地貨幣計值的報酬，美元指數則代表美國投資人將海外報酬兌

換為美元的數據。這兩種計值方式，差別往往很大，除了當地股票市場的表現之外，還要考慮當地貨幣與美元之間的匯率走勢。美國本地的新聞媒體，通常都只報導美元計值指數，這會嚴重扭曲股票本身的表現。

研究過程，我不採用單一的歐洲指數，而用兩個相等權數的指數構成另一個綜合指數。這兩個指數分別為MSCI歐洲指數（不含英國）與FTSE綜合指數（FTSE All Share Index，英國指數）。如此能夠比較均勻地涵蓋這兩個地區的股票。我每年都會重新調整這兩個指數，藉以維持均勻的資產配置。

本章採用的太平洋指數，是由兩個權數相等的遠東地區指數構成，分別為MSCI日本大型股指數（也是過去東京證交所的大型股指數），以及MSCI太平洋沿岸地區指數（MSCI Pacific Rim Index，不含日本）。同樣地，這兩個指數每年都會重新調整，藉以維持均勻的資產配置。本章沒有採用任何新興市場指數。

表4-1顯示美國、歐洲與太平洋沿岸等三大地區的大型股報酬概況。表格內顯示的陰影部分，代表該指數在該年份的報酬表現最好。我們發現，最高報酬的地理分配，並沒有明顯趨勢。換言之，最高報酬地區的變動，並不存在可預測的模式，最低報酬的情況也是如此。

投資組合同時持有三種地區指數，其風險調整後報酬表現，優於只持有美國股票的情況。圖4-2顯示美國股票組合與國際股票組合呈現的不同風險—報酬關係。國際指數是由25％

表4-1　美國、歐洲與太平洋沿岸地區股票

	S&P 500	歐洲指數	太平洋沿岸地區指數
1985	32.2	75.1	30.7
1986	18.5	42.6	70.1
1987	5.2	13.4	20.0
1988	16.8	15.4	33.0
1989	31.5	26.9	9.0
1990	−3.2	−1.0	−23.2
1991	30.6	14.7	22.7
1992	7.7	−3.6	−7.1
1993	10.0	29.5	52.7
1994	1.3	2.4	4.0
1995	37.4	22.7	7.1
1996	23.1	23.8	2.8
1997	33.4	21.8	−27.2
1998	28.6	24.4	−0.5
1999	21.0	19.2	52.5
2000	−9.1	−10.1	−21.6
2001	−11.9	−18.7	−19.3
2002	−22.1	−17.2	−8.0
2003	28.7	39.0	41.6
2004	10.9	22.7	17.6

的日本、25％的太平洋沿岸（不含日本）、25％的英國，以及25％的歐洲大陸構成。國際綜合指數的紀錄可以回溯到1973年。

　　請注意一個非常有趣的事實，S&P與國際股票組合在相關期間內的表現大致相當，可是經過分散風險之後，投資組合的報酬不只超過個別指數，而且風險也變得更低。所以，就長期而言，分散投資國際股票，可以提升投資組合的報酬，降低風險。

圖4-2   S&P 500與國際股票組合，1973～2004

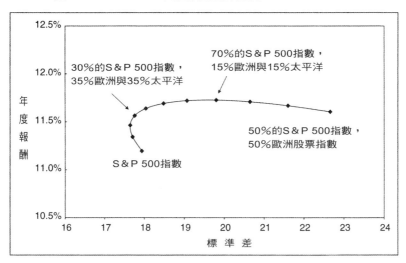

多重資產類別投資未必始終有效。某些期間內，增添國際股票投資反而造成報酬降低，風險增加。請參考圖4-3，由1975年開始，這份圖形顯示10年為一期的報酬—風險資料。

根據圖4-3的資料顯示，1995～2004年期間，投資國際股票反而造成不利。該段期間內，美國股票報酬為12.1％，國際股票報酬則只有6.8％，至於風險則大致相當。

1995到2004年期間，某些投資專家建議，乾脆避開國際股票市場。我不同意這種觀點。單一的10年期現象，不是一輩子避開國際股票市場的充分理由。不同資產類別的報酬高低，經常隨著時間變動而變動，資產類別之間的相關程度也會變動。某些期間內，國際股票市場有助於提升報酬、降低風險，另一

圖4-3 S＆P 500與國際股票組合：不同10年期的風險─報酬資料

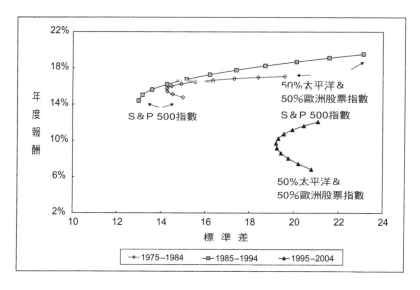

些期間則剛好相反。可是，就長期而言，國際股票市場絕對能夠發揮分散投資的效益，而且我們預料這也應該是正常現象。

公司債

截至目前為止，投資組合考慮的固定收益資產類別，只有美國中期公債。現在，我們準備納入美國投資等級公司債指數。這些指數的成分債券，基本上都是由美國企業發行，但也包含少數外國企業在美國發行的美元計值債券。

表4-2顯示雷曼1～10年公債指數（Lehman 1-10 Year Treasury

Index）與雷曼1～10年信用指數（Lehman1-10 Year Credit Index）在某些期間的報酬。這裡所謂的「信用」（Credit），實際就是「公司」的意思。所以採用「信用」，純粹只是語意學上的考量。雷曼1～10年信用指數的成分債券，確實都由企業發行，但某些屬於資產擔保證券。資產擔保證券的擔保品，是發行企業的應收帳款。這種證券另有一套信用評等制度。資產擔保證券如果違約，債券發行企業不負賠償義務。

表4-2　公債指數與公司債指數

年份	雷曼1～10年中期公債	雷曼1～10年中期公司債指數	公司債減公債
1985	18.0	18.5	0.5
1986	13.1	13.5	0.4
1987	3.6	3.9	0.3
1988	6.4	8.0	1.6
1989	12.7	12.9	0.2
1990	9.6	7.6	−2.0
1991	14.1	16.6	2.5
1992	6.9	8.2	1.3
1993	8.2	11.1	1.9
1994	−1.7	−2.6	−0.9
1995	14.4	19.2	4.8
1996	4.1	4.0	−0.1
1997	7.7	8.4	0.7
1998	8.5	8.3	−0.2
1999	0.5	0.2	−0.3
2000	10.5	9.5	−1.0
2001	8.4	9.8	1.4
2002	9.6	10.1	0.5
2003	2.3	6.9	4.3
2004	2.0	4.1	2.1

　　表4-2顯示的數據，是公債指數與公司債指數的年度報
酬。陰影部分代表相關年份的最高報酬。根據直覺判斷，公司
債報酬應該高於公債，因為公司債支付的利息高於公債（參考
第6章）。可是，實際情況未必如此。由1985年到2004年的20年
期間內，公債有6年的報酬高於公司債。

　　隨著公司債與公債報酬的變動，政府擔保公債與無擔保公
司債之間的「殖利率碼差」也會擴大或縮小。殖利率碼差是兩
個指數收益之間的差額。當殖利率碼差縮小，公司債的表現較
好。當殖利率碼差擴大，公債的表現較好。

　　殖利率碼差之所以擴大或縮小，可以由幾個因素解釋。這
些因素基本上都與企業盈餘循環有關，企業盈餘循環通常都會
反映經濟循環。有關信用碼差與債券投資的一般資訊，請參考
第8章的「固定收益投資」。

　　公債指數與公司債指數之間，績效表現雖然未必會同步發
展，但相關程度很高，經常在＋0.9左右。因此，這兩種資產之
間，還是存在一些分散投資的效益。就圖4-4顯示的幾個10年
期，公司債的報酬都高於公債，但風險也較高。

建構多重資產類別投資組合

　　建構多重資產類別的投資組合，必須考慮下列三點：

・未來的風險、報酬與資產類別相關程度，都是無法預先
　得知的。因此，不可能預知完美的投資組合。

圖4-4　中期公債與中期公司債：風險與報酬

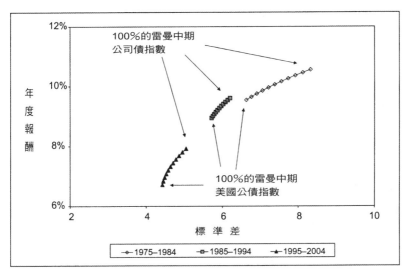

- 資產類別較多的投資組合，通常優於資產類別較少的投資組合。可是，資產類別一旦超過12種，分散投資的效益就會遞減，管理成本則會遞增。

- 最棒的投資組合，就是符合自己需要的投資組合。如果對於相關的資產配置覺得很滿意，願意在各種不同市況下，長期持有這類投資組合。這才是真正的重點。

投資人需要的是一套好的計畫，不是完美的計畫。追求完美，會費盡力氣，專注於沒有必要的細節，沒有辦法做真正的分析，得不到有用的結果。務必要克制追求完美的慾望。投資人只需一套好計畫，然後切實執行，做必要的調整。這會讓投資人享有更實際的效益。

多重資產類別的範例

以下是利用本章討論的5種資產類別所架構的投資組合例子：

- 美國大型股股票（S&P 500指數）。
- 太平洋沿岸大型股。
- 歐洲大型股。
- 美國中期公債。
- 美元計值的中期公司債。

為了說明方便起見，有關股票與固定收益投資的配置如下：

- 全球股票 ＝ 70％ S&P 500指數＋15％ 太平洋指數＋15％ 歐洲指數
- 固定收益 ＝ 50％ 雷曼1～10年期公債＋50％雷曼1～10年期信用指數

圖4-5說明兩種資產類別投資組合與多種資產類別投資組合之間的風險／報酬性質差異。兩種資產類別的投資組合，持有美國股票與公債；多重資產類別的投資組合，則持有全球股票組合與固定收益組合（詳見前文）。

表4-3整理一些數據，顯示多重資產類別投資在1973～2004年期間提供的效益（報酬增加，風險減少）。新增添三種資產類別之後，風險／報酬曲線朝西北端挺進。在整個期間內，年度化報酬率增加0.4％而風險沒有增加。

圖4-5 兩種資產類別投資組合vs多種資產類別投資組合：
1973～2004

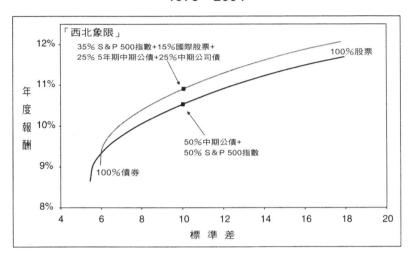

表4-3　投資組合報酬：1973～2004

S&P 500 +公債	100%公債	50／50組合	100% S&P 500
總報酬	6.1%	10.0%	11.2%
標準差	5.5%	10.0%	17.9%
多重資產	100%美國債券	50／50全球組合	100%全球股票
總報酬	8.6%	10.4%	11.6%
標準差	5.9%	10.0%	17.8%

　　每年的報酬績效，平均只改善0.4％，讀者可能覺得，這種程度的效益值得大張旗鼓幹嗎？關於這個問題的答案，首先要注意此處只採用五種資產類別；實際採用的類別，可能遠超過

五種。第二，新聞媒體經常誇張投資效益的差別程度，經常渲染為幾個百分點。事實上，報酬率增加0.4%，聽起來或許不怎麼樣，但如果期間長達32年，則每年0.4%的差異，對於$10,000的起始投資來說，可以額外賺取$24,600。

　　衛斯理·布蘭奇·瑞基（Wesley Branch Rickey，1881年12月20日～1965年12月9日）是對於美國職業棒球大聯盟很有貢獻的人，尤其是破除棒球運動的種族蕃籬，奠定目前的小聯盟制度。瑞基曾經說過：「棒球是講究英吋的運動。」同理，資產配置也是講究英吋的活動。如果能夠在不增添風險的狀況下多賺點錢，那就應該做。

　　請參考圖4-6到圖4-8，其中顯示五種資產類別與兩種資產類別投資組合在三個不同10年期的風險—報酬績效差異。這幾

圖4-6　多重資產類別 vs S＆P 500+中期公債：1975～1984

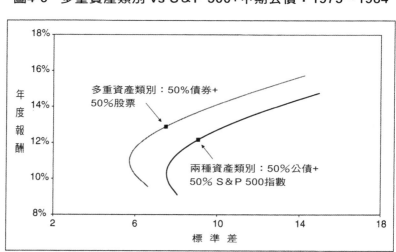

圖4-7　多重資產類別 vs S&P 500+中期公債：1985～1994

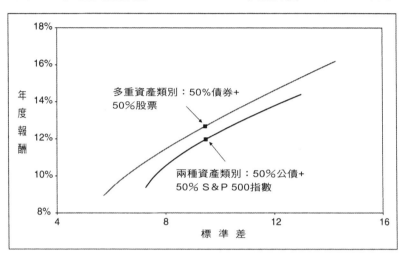

個圖形最主要是說明，資產類別報酬與相關程度會隨著時間間過而變動。某段期間內有效的資產配置策略，在另一個期間未必有理想的表現。多重資產類別投資需要有高度的耐心，一旦採納之後，那就是一輩子的工夫。

　　如同圖4-6顯示的，在1975年到1984年期間，多重資產類別投資的國際股票表現優異，該策略每年額外提供0.7％的報酬，風險則每年減少1.6％。分散投資的效益，延續到1985年到1994年期間，請參考圖4-7。

　　多重資產類別投資的每年報酬，仍然高出0.7％，但風險並沒有減少。資產配置策略通常都有用，但不是永遠有用。在1995年到2004年期間，國際投資績效頗令人失望。如同圖4-8

圖4-8　多重資產類別 vs S＆P 500＋中期公債：1995〜2004

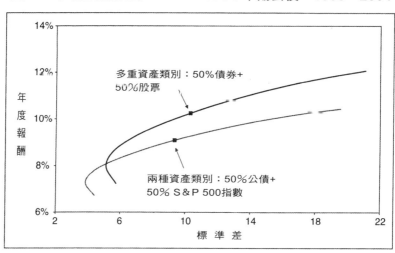

顯示的，多重資產類別投資的報酬反而減少1.1％，雖然風險也減少1.0％。

　　沒有任何投資組合是完美的。現代投資組合理論雖然可以儘可能減少意外事故的發生次數與影響程度，但畢竟不能完全避開這些事故。多重資產類別策略是針對長期投資人設計的長期策略。所以，實際持有的投資組合，必須讓投資人在各種市況下都覺得心安理得。

繼續朝西北端邁進

　　關於投資組合，本章提供三種新的資產類別：歐洲股票、

太平洋沿岸地區股票與美國公司債。可是，有關多重資產類別投資組合的建構，這才算剛開始而已。本書第II篇還會探討新資產類別的各種參數設定，讓效率前緣繼續朝西北象限挺進。

　　有關資產類別之間的相關性，此處有三點值得考慮，也可以視為本書第II篇的前言：

1. **很難找到低成本的可投資資產類別，它們彼此之間是負相關或不相關的。我們可以接觸或實際採用的資產類別，大多都有一些正相關。**

2. **資產類別之間的相關性質會變動。原本不相關的投資，將來可能變成相關，反之亦然。過去的相關性質只可做為參考，不能做為保證。**

3. **當行情波動最劇烈、我們最需要各種資產之間呈現低相關的時候，正相關反而會增加。2001年9月11日世貿中心遭到恐怖攻擊時，世界各地的股票市場都暴跌超過5％。全球股票投資不論如何進行風險分散，在這種關鍵時刻都不能發揮作用。**

　　處在現實世界裡，資產配置除了做數字運算之外，也同樣需要普通常識。所以，關於這種策略所要做的研究，並不止於此。有很多相關書籍、網站與電腦程式可以提供協助。羅傑·吉普森（roger Gibson）的《資產配置：平衡財務風險》（Asset Allocation: Balancing Financial Risk，麥格羅希爾出版）是一本很好的入門讀物，還有威廉·伯恩斯坦（William Bernstein）的《智慧型資產配置者》（The Intelligent Asset Allocator，麥

格羅希爾出版）。伯恩斯坦也在其網站，每季提供一些免費的
評論與分析（網址：www.efficientfrontier.com）。

有關多重資產類別投資的最後補充

我們可以透過很多不同方法建構多重資產類別的投資組
合。有些人透過電腦，採用標準問卷方式挑選資產類別。可
是，電腦是純數學形式的，沒有辦法納入人性因素，而後者經
常是決定投資成敗的關鍵因素。所以，我們還需要一套主觀的
方法。可是，如果完全仰賴主觀判斷，資產配置勢必會偏向於
最近幾年表現最好的資產類別。

本書採用的方法，是同時兼顧數學與主觀層面。每位投資
人的環境、經驗與需求都是獨特的。數學模型可以協助分析各
種資產類別過去的表現與相關性質，然後就應該由普通常識接
手。投資人設計的投資組合，應該在自己能夠容忍的風險範圍
內，追求最高的報酬潛能。本書第II與第III篇會進一步提供有
關資產類別篩選與投資組合設計的資訊。

本章摘要

多重資產類別投資，原則上可以減緩投資組合風險，提升
潛在績效報酬。同時擁有多種性質不同的資產類別，表現通常
都勝過少數資產構成的投資組合。每增添一種新資產類別，理

論上都可以減少投資組合的整體風險。投資增添數種不同的資產類別或部門，就可以創造一組有效率的投資工具，在風險更低而報酬更高的情況下，達成投資人設定的財務目標。

　　尋找相關性很低的資產類別，確實是一種挑戰。各種資產類別之間的相關性質，可能因為時間經過而顯著變動。因此，究竟如何判斷某種資產類別是否適合納入投資組合，這是本書第II篇的討論主題之一。

　　資產配置設計上的最大障礙之一，就是追求完美的計畫。務必要克制這方面的衝動。計畫不可能是十全十美的。真正的重點是：設計一套好的多重資產類別投資組合，嚴格執行相關計畫，並有效維繫該計畫。這就是投資人應該做的。

Part II
資產類別選擇

第五章

投資選擇的架構

重要概念

■ 原則上，資產配置就是分散風險。

■ 具有獨特風險性質的投資，就是好的風險分散工具。

■ 理想的投資對象，彼此之間應該有根本的差異。

■ 理想的投資對象，彼此之間的相關程度應該很低。

　　資產配置的根本觀念很簡單：投資組合持有多種性質不同的投資，藉以降低整體風險，並提升長期報酬潛能。真正的挑戰，是如何尋找某種可供投資的工具，其性質與投資組合內其他投資之間，存在基本的差異。

　　資產配置程序大體上分為三個步驟：

　　1.根據投資人的需要與風險容忍程度，決定投資組合準備分別持有多少百分率的股票與固定收益證券。

　　2.設計一套基本上不同性質的投資組合，每種投資類別之

間的相關程度很低，在任何特定風險程度上，投資組合
都會提供合理程度的報酬。

3.每年重新進行調整，控制投資組合的整體風險，提升長
期報酬。

投資組合的相關決策，首先是決定股票與固定收益證券的
相對比例。這個決策對於投資組合風險與報酬表現的影響最
大。所以，多數美國投資人最初都是由一個代表美國整體股票
市場的基金，與一個廣泛性的美國投資等級債券基金著手，以
此兩者做為根本投資組合。然後慢慢增添其他資產類別的投資。

最理想的狀況下，新增添的資產類別應該與美國股票、美
國債券之間保持負相關。如此一來，這些新資產類別就會緩和
美國股票／債券所造成的投資組合績效波動。

不幸地，我們不太可能找到某種與美國股票／債券之間保
持負相關的投資對象。某些時候，你可能自認為找到這種對
象，但很快又會發生某種變動，使得相關性又變成中性或正相
關。

一般來說，每當我們最需要負相關或低相關資產發揮作用
的時候，相關性質就突然發生變動。舉例來說，1998年蘇俄不
能履行其外債清償義務，這個事件引發全球金融市場的一系列
骨牌效應。首先是亞洲市場崩盤。一個星期之內，歐洲與美國
市場也跟著失守。沒有任何市場能夠避開感染。第二個意外事
件則發生在2001年9月11日，恐怖份子攻擊世貿中心與美國國
防部。美國股票市場休市一個星期，重新開盤時，價格暴跌。

可是，這仍然不能免除主要國際市場的重挫走勢。

我們處在一個不可預期的世界，投資工具之間的相關性質經常突然發生變化。所以，絕對不可能設計一套投資組合而能夠在每個市場循環都讓各種風險彼此沖銷。

相較於美國股票與債券，我們不太可能找到一種投資工具能夠經常呈現負相關，而且還能在特定風險程度下，提供合理的報酬。可是，畢竟有些投資工具，它們在不同期間會呈現正相關與負相關。這些投資工具都值得進一步研究。我們雖然無法預測這些投資工具隨後到底會呈現低相關或負相關，但只要擁有多種這類的資產，多少都能發揮風險彼此抵銷的效益。

本書第II篇的主題，就是探討個別資產類別，根據個人需要與目標而做評估。各位閱讀這部分內容時，等於是在考慮一系列可供納入投資組合的資產類別。至於是否實際運用這些資產類別，則是本書第III篇的主題。

資產篩選準則

接下來幾章準備討論的一般性資產類別，包括：股票、債券、房地產、商品、收藏品。這些資產類別還可以進一步分類，包括（但不侷限於）：美國、歐洲、太平洋沿岸股票；公債、房地產貸款抵押債券、公司債；住宅與商業房地產；黃金、硬幣與藝術品。當然，這些類別還可以繼續細分，例如：成長型與價值型股票，大型股與小型股，投資等級與非投資等

級債券，以及其他等等。

　　本章的宗旨，是針對個別投資提供一組評估準則。這些準則可以運用在一般性資產類別，也可以運用在更細的分類上。當第II篇討論結束之後，各位應該可以整理出一系列可供整體投資組合考慮的個別投資對象。當然，這些對象並不需要完全納入投資組合；反之，此處沒有考慮的投資對象，也同樣可以被納入投資組合。總之，我們只是提供一個適當的參考點。

　　這些可以納入投資組合的潛在對象，應該具備三項重要性質：

1.投資工具的根本資產，其性質應該與投資組合內的其他工具不同。

2.由歷史角度觀察，這些工具在某段期間內，其表現應該與投資組合內其他工具之間保持負相關、不相關或很低的正相關。相關性質經常變動的投資對象也值得考慮。

3.投資工具容易取得，可以透過高流動性市場購買，成本低廉，沒有特殊限制，例如：指數型共同基金、集中市場掛牌基金（ETF）、不收手續費的共同基金、價格低的單位投資信託基金（UIT）。

根本差異

　　原則上，資產配置就是風險分散。為了確實取得分散風險的效益，投資組合內的投資對象，彼此之間的性質必須存在根

本差異。因此,首先必須根據可計量的差異,挑選投資對象。投資對象彼此之間的性質差異,有時候很明顯,有時候則要透過一些深入分析才能判斷。

主要資產類別之間,往往很容易察覺根本差異。譬如說股票與債券,兩者之間的差異就很明顯。發行者有全然不同的義務,收益流量不同,甚至課稅性質也不同。擁有股票,等於擁有一部份的公司,所以能夠透過股利與股價上漲而參與公司盈餘分配。所以,股票投資人必須承擔公司盈餘能力的風險。如果企業的盈餘能力下降,股票價格通常也會下跌。另外,萬一碰到公司清算,股東的求償順位也排在最後。

債券投資人把資金出借給企業或其他債券發行機構,後者必須定期支付利息,而且到期要清償本金。發行機構不管有沒有賺錢,都必須支付債券利息。發行機構對於債券持有人所負擔的義務,債券契約上有明確的規定。債券投資人面臨的最大風險,就是違約風險;換言之,發行機構不能或不願履行債券契約義務。就這方面來說,不論是債券或股票投資人,都必須非常重視發行企業的財務狀況。

特定資產類別之內,某些小分類之間的差異往往也很清楚。歐洲股票指數的成分股,其發行企業的總部設在歐洲。所以,該指數明顯不同於美國股票指數,後者的成分股發行公司總部設在美國境內。根據定義,歐洲股票與美國股票是彼此互斥的(mutually exclusive)。某股票如果是其中一個指數的成分股,就不可能是另一個指數的成分股。舉例來說,如果某家公

司的全球營運中心設在歐洲，就不可能在美國境內也有全球營運中心。換言之，該公司只能是美國企業，或者是歐洲企業，不能兩者皆是。

可是，在某資產類別內，對於不同風格的投資，其判斷就比較複雜一些。某種資產類別內投資對象的風格差異，並不足以讓它們成為另一種類別，因為其中不涉及根本差異。譬如說，美國大型股與小型股之間就不存在根本差異。兩者採用相同的會計制度，在相同集中市場掛牌，稅務性質相同。雖說如此，但美國股票市場還是可以劃分為大型股指數與小型股指數，而且兩者彼此互斥。我們可以根據歷史資料分析這兩種指數，觀察兩者之間的報酬-風險性質是否存在顯著差異。如果大型股與小型股指數之間確實存在差異，則兩者也可以做為資產配置的不同對象。另外，價值股與成長股也可以視為股票市場的互斥部分。此兩者之間也不存在根本差異，它們都透過同樣程序編製財務報表，其課稅性質也相同，但我們還是可以檢定它們在不同經濟循環階段是否存在顯著的投資差異。

證券重疊

分析不同投資之間的根本差異，理由之一是要避免或減少證券重疊。證券如果彼此重疊，意味著兩項投資會持有根本性質相同的證券，其表現通常也會高度相關。對於高度分散的投資組合，很難完全避免證券重疊。事實上，如果想要擁有更多

某種性質的投資，證券重疊有時候反而可以利用。本節稍後會討論這種情況。現在，我們把證券重疊當作是投資組合分散的決定基準之一。

　　1990年代末期，科技與通訊類股價格飆漲。當時，表現最佳的共同基金，都是那些人量投資這些股票的成長型基金。投資人的反應也很直接，顯然更重視那些績效表現較好的成長型基金。根據投資公司協會（Investment Company Institute，簡稱ICI）的資料顯示，由1998年底開始，每季流入成長型基金的資金數量，超越流入價值型基金的資金數量。這種情況一直持續到2000年，投資人把資金由價值型基金轉移到成長型基金。圖5-1顯示這種資本大量移轉的狀況。

圖5-1　每季流入成長型與價值型基金的資金數量

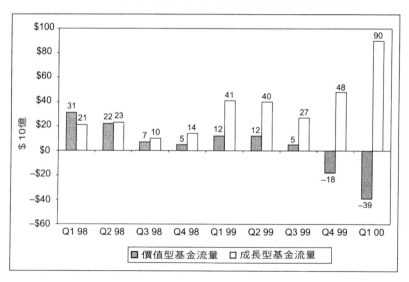

　　只要投資人有興趣，基金公司當然會迅速因應客戶的需求，提供新的基金。圖5-2顯示1990年代末期新推出的成長型基金，其數量顯著超越對應的價值型基金。

　　如同本節稍早提到的，某種程度的證券重疊是可以接受的，前提是我們要知道這種情況存在，而且瞭解這會對於整個投資績效產生哪些影響。舉例來說，S＆P 500指數基本上是由大型股構成，但也包含一些中型股與小型股。如果有人同時擁有S＆P 500指數基金與小型股指數基金（例如：先鋒小型股指數基金，Vanguard Small Cap Index Fund），兩者之間會存在一些證券重疊。問題是：多少？純就實務考量，小型股表現對於S＆P 500的影響微乎其微，幾乎完全不用考慮。所以，如果把

圖5-2　新成長型基金與價值型基金的數量，1997～2000

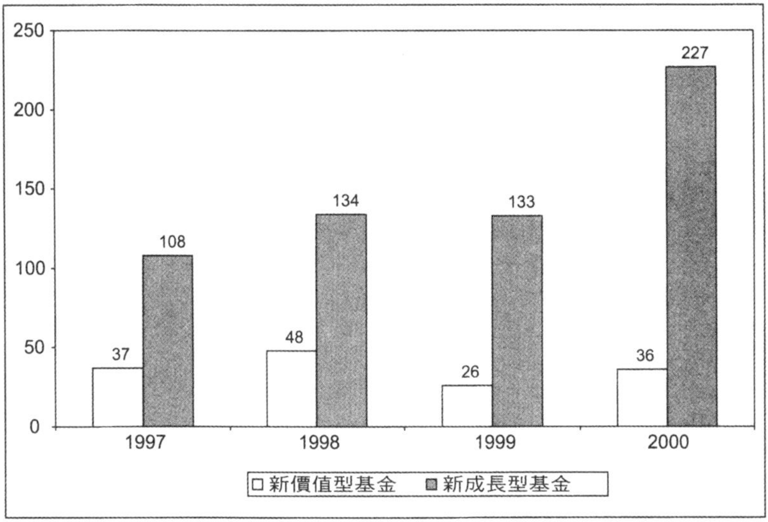

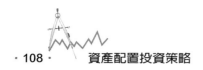

先鋒小型股基金納入原本持有S＆P 500指數基金的投資組合，應該不會造成顯著的證券重疊。

偏低或不同的相關

分析投資對象性質的根本差異之後，接著要根據相關程度來挑選各資產類別的潛在對象。我們希望投資對象之間存在負相關、不相關、低相關或不同相關。

根據投資對象歷史資料衡量出來的相關程度，其數值介於＋1與－1之間。如果兩種投資之間的價值變化，經常朝相同方向發展，則存在正相關；一般所謂的正相關，是指相關讀數介於＋0.4到＋1.0之間。反之，如果兩種投資之間的價值變化，經常朝相反方向發展，則存在負相關，讀數通常介於－0.4與－1.0之間。如果兩種投資之間的價值漲跌，完全沒有關連，則稱為不相關；一般所謂的不相關，是指相關讀數介於－0.3到＋0.3之間。

相關性質會隨著時間經過而變動。兩種投資在某個期間呈現正相關，但在另一個期間可能呈現不相關或負相關。所以，根據兩種投資長期歷史資料而衡量的單一相關讀數資料，其用途是相當有限的。雖說如此，還是有很多書籍或研究只採用單一的長期相關讀數，做為建構投資組合的參考基準。本書不打算採用這種「靜態」的長期讀數，改採用「持續滾動」的相關讀數，這也可以顯示不同資產類別之相關變動的狀況與發生時間。

　　就資產配置的運用來說，兩種投資之間未必要始終存在負相關、不相關或低相關。兩種投資之間只要不是經常存在高度正相關，就能有效減緩投資組合的長期風險，並提升長期報酬。

　　圖5-3顯示資產類別之間的相關性質可能發生重大變化。1955到1964年期間，Ｓ＆Ｐ 500指數與美國中期公債之間的相關讀數為－0.7。可是，隨後30年內，情況發生了180度的轉變。1985年到1994年之間，Ｓ＆Ｐ 500與中期公債之間的相關讀數為＋0.7。到了2004年，相關讀數又恢復負值。股票與中期公債之間的相關性質雖然會變動，但兩者確實是資產配置的理想投資對象，分散風險的長期效益很明確。有關相關程度的觀念，如果必要的話，請回參考本書第三章。

圖5-3　Ｓ＆Ｐ 500與中期公債投資組合的不同10年期相關

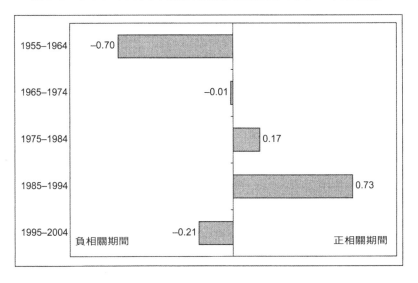

1955–1964	−0.70
1965–1974	−0.01
1975–1984	0.17
1985–1994	0.73
1995–2004	−0.21

負相關期間　　　　　　　　　　　正相關期間

低成本投資對象

　　當我們找到某種適合納入投資組合的資產類別，該資產類別需要有「可供投資」的適當對象。換言之，該種資產類別必須有低成本的投資工具，譬如：不需手續費的共同基金。更詳細來說，我們應該尋找費用比率很低、不需贖回費用的共同基金。記住，資產配置策略需要每年進行調整，如果需要贖回費用，勢必會讓重新調整的效益降低。

　　我們用以代表投資組合內某資產類別的投資工具，其本身的投資也必須高度分散。基金本身投資的分散範圍很廣，可以確保該基金能夠充分代表該相關資產類別。舉例來說，美國的各種大型股指數，與先鋒500種指數基金的表現，普遍存在＋0.99的高相關。所以，先鋒500指數基金是投資組合大型股資產類別的理想代表。

　　某些資產類別只有透過相當昂貴的投資套裝產品才能進行，這些投資工具並不適合一般個人購買。這些投資通常採用有限合夥的形式，投資金額龐大，費用高昂，流動性欠佳，缺乏節稅效益，沒有經過嚴格管理，存在很多隱密，也是華爾街機構積極推銷的產品。老實說，除非各位很清楚自己在幹什麼，或想要加入這些涉及數百萬投資門檻的「名流」，否則最好不要去碰觸這類產品。這些產品包括：避險基金、商品交易基金、非上市股票基金與創業投資基金。進一步資料，請參考本書第十章。

　　某些資產類別往往沒有適當的投資管道。舉例來說，對於本書讀者，大概很少人想要交易博物館等級的藝術品。除了好奇心作祟之外，一般人大概不在乎這種資產類別的「績效表現」。所以，把時間花在那些對於投資實際有用的資產類別。

全球市場

　　投資組合內的投資對象，彼此之間如果存在根本差異，呈現很低或不同的相關，這種資產配置最理想。世界是一個很大的場所，存在很多不同的資產類別與風格，請參考圖5-4。全球可供交易的所有證券之中，美國佔據50％以上的比率，仍然

圖5-4　全球資本市場的可投資資產總值，2000年為＄64兆

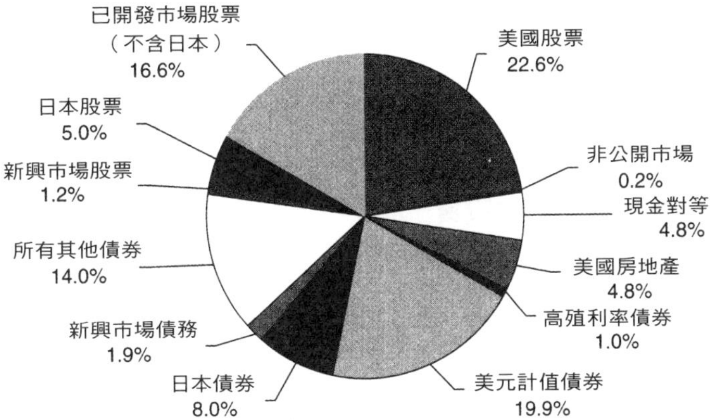

已開發市場股票
（不含日本）
16.6%

日本股票
5.0%

新興市場股票
1.2%

所有其他債券
14.0%

新興市場債務
1.9%

日本債券
8.0%

美國股票
22.6%

非公開市場
0.2%

現金對等
4.8%

美國房地產
4.8%

高殖利率債券
1.0%

美元計值債券
19.9%

資料來源：UBS全球資產管理

是全球資本市場的重鎮。可是，這項比率每年持續下降，而且未來的下降速度會愈來愈快。新興市場提供的證券則愈來愈多，最主要者包括：中國、印度與前蘇聯的衛星國家。

最近幾年來，有些共同基金公司推出低成本指數型基金，讓投資人很容易做全球性的投資，顯著改善資產配置分散風險的效益。這些基金每年都提供更多的可投資證券，涵蓋一般投資人所需要之各種根本性質的可投資證券資產類別。

本書第II篇的剩餘章節，將討論圖5-4顯示的各種資產類別與分類，不過還包含其他項目，摘要內容如下：

- **第六章：股票投資**
  - 美國股票市場總架構
  - 規模分析（大型股與小型股）
  - 型式分析（成長型與價值型）
- **第七章：全球股票投資**
  - 已開發市場
  - 新興市場
  - 規模與型式指數
- **第八章：固定收益投資**
  - 美國投資等級固定收益
  - 美國非投資等級股定收益
  - 國際固定收益
- **第九章：房地產投資**
  - 住宅投資

・租賃房地產投資

・房地產投資基金（REITs）

・第十章：其他投資

・收藏品投資

・商品與公開市場掛牌商品基金

・有限合夥投資，包括避險基金

每章最後都會提供一份包含潛在投資標的的清單。這些投資標的都能夠代表相關章節討論的資產類別或分類。每種基金都只提供簡要資訊，必須做進一步研究才能考慮投資（包括閱讀公開說明書）。

至於下文討論的投資，究竟有哪些實際值得投資？這個問題的答案，取決於一些因素，包括：投資時間的長短、收益需求程度、風險容忍程度、稅務條件，還有其他等等。這方面的考量，以及其他細節，則是本書第III篇的主題。

本章摘要

原則上，資產配置就是風險分散策略。各種資產類別與分類，彼此之間存在根本差異，各有不同的風險性質。投資組合內持有根本性質不同的投資，可以減緩整體投資的風險，並能提升報酬。

尋找某種特定風險-報酬性質的投資對象，通常很不簡單。投資組合持有的投資，彼此之間的性質應該有根本差異，

而且相關程度很低或不同。所謂「根本差異的性質」，意味著這些投資屬於彼此互斥的市場，或代表相同市場內的不同類型證券。

　　本篇後續各章最後都會針對相關資產類別，提供一份具有代表性的潛在投資對象清單。這些清單只有參考價值。每位投資人都必須考慮個人的條件，建構最適合自己需要的投資組合。

美國股票投資

重要概念

■ 美國股票市場提供的實質報酬率平均為6%。

■ 美國股票市場劃分為很多類別。

■ 投資分散於不同類別，有助於提升報酬、降低風險。

■ 建議採用涵蓋整理市場的基金，以及價值型小型股基金。

對於一般投資組合來說，美國股票市場佔據核心地位。當今，大約有1.5億美國人直接或間接持有美國股票。「直接持有」是直接透過股票市場購買股票，「間接持有」則是透過共同基金、退休帳戶、保險年金或其他管道進行投資。

本章建議投資人有幾種不同角度處理美國股票市場。每個人都要根據自己打算持有的美國股票部位性質，決定採用整體市場的大盤指數基金，或是運用各種類股指數基金建構符合自己喜愛的部位。美國股票可以根據發行公司規模、產業與基本

面（價值型或成長型）做分類。

　　非常有趣地，不同分類的美國股票，相關程度未必很高。換言之，在相同期間內，同樣屬於美國股票市場，某些類別股票表現很好，另一些類別股票的表現則很差。所以，投資人必須掌握這方面的特性，才能在美國股票領域內，取得分散投資的效益。

美國股票投資報酬歷史紀錄

　　由長期角度觀察，美國股票投資提供非常優異的報酬。整個20世紀內，美國呈現蓬勃的發展，既有企業成長快速，很多新產業領域也出現新企業。即使發生兩次世界大戰，但美國企業界的盈餘成長狀況非常穩定。因此，美國企業提供的股利很可靠，股票價值也呈現可觀的成長趨勢，股東們也受益匪淺。

　　1950年到2004年之間，美國整體股票市場的年度平均報酬率為12.1％，顯著高於年期公債報酬率6.2％，也遠超過這段期間的通貨膨脹3.9％。表6-1顯示每個期間的通貨膨脹調整後股票投資報酬率。扣除通貨膨脹之後的報酬率，稱為實質報酬率，因為這代表投資的實質購買力。

　　這些數據也讓我們體會，通貨膨脹等於是一種看不見的稅金。投資報酬的通貨膨脹部分，不能視為真正的報酬。當我們考慮投資組合的資產配置決策時，永遠要考慮投資的實質期望報酬。

表6-1　美國股票與債券實質報酬

	1950–2004	1968–1982	2000–2004	扣除通貨膨脹的歷史平均報酬
美國股票	8.2%	0.2%	−4.9%	5% to 7%
5年期美國公債	2.3%	0.3%	5.1%	1% to 2%

資料來源：標準普爾；聯邦準備銀行聖路易分行

　　事實上，在美國股票市場賺取實質報酬，並不簡單。1950年到2004年之間，美國股票市場的表現，有時候很差。譬如說，由1968年到1982年的15年期間內，美國股票平均投資報酬只勉強超過通貨膨脹，實質報酬微乎其微。由2000年到2004年之間，扣除通貨膨脹調整，美國股票市場的每年平均實質損失為4.9％。如果2005年到2010年的美國股票平均實質報酬率為5％，那麼2000～2010年的股票報酬才能稍微超過通貨膨脹，一旦扣除所得稅，報酬還是負數。

　　投資人要有這種心理準備，某些期間內，股票投資提供的報酬率，可能會完全被通貨膨脹沖銷；這是任何投資都免不了的風險成分。可是，耐心是一種美德。長期而言，股票投資報酬率遠超過通貨膨脹；正常情況下，股票的風險—報酬性質，或許是最能被一般人接受的投資。

美國股票市場結構

企業股票首次要在公開市場掛牌交易，都是採用嚴格控管的首次公開募股（IPO）管道。整個募股程序，是由股票發行公司聘請投資銀行處理。實際能夠取得這些即將上市新股票的投資人，通常都是與承銷銀行有業務往來的機構，或是發行公司人員的親朋好友。一般投資人與華爾街投資銀行沒有業務關連，跟股票發行公司也沒有關係，通常不容易拿到這類最搶手的IPO股票。所以，這並不是很公平的制度，但畢竟是實際採用的制度。

股票一旦公開掛牌之後，就在次級市場進行交易。至於股票選擇在哪個集中市場掛牌，則取決於相關企業的財務背景與規模。

美國股票市場交易活絡的股票大約8,000種，但半數以上股票沒有資格在主要集中市場掛牌。企業必須具備一定條件，才有資格在紐約證交所（NYSE）、美國證交所（AMEX）或那斯達克市場（Nasdaq）掛牌。沒有資格在這些大型交易所掛牌的股票，通常稱為交易板股票（bulletin board stocks）或粉紅單企業（pink sheet companies）。

表6-2顯示美國掛牌股票的一些資料，其中只包括美國個別企業的普通股，不含掛牌債券、優先股、掛牌共同基金，也不包括在美國市場掛牌的海外股票。

經紀人如果與店頭市場有往來的話，就可以幫投資人買賣

表6-2 個別集中市場的股票掛牌數量

根據集中市場分類的股票	公司家數	佔總市值的百分率
紐約證交所	1,665	80%
美國證交所	375	<1%
那斯達克市場	3,015	19%
交易板股票	3,500+	<1%

交易板股票。幾年前，國家報價局（National Quotation Bureau，簡稱NQB）的成員交易商，每個禮拜都會在粉紅色紙張上印製交易板股票的買、賣報價，這也是粉紅單的名稱由來。這種報價單會送交各家經紀商。現在，如果客戶要買賣店頭市場股票，經紀人都可以查詢電子版本的粉紅單。

整體股票市場

威爾夏公司是一家私人投資企業，總部設在加州的聖塔摩尼卡。1972年成立以來，該公司發展一系列的美國股票指數，包括道瓊威爾夏5000綜合指數（Dow Jones Wilshire 5000 composite Index，俗稱威爾夏5000），這是第一個涵蓋紐約證交所、美國證交所、那斯達克市場之整體掛牌股票的股價指數，但不含交易板股票。

威爾夏5000最初推出時，成分股為5000家，故得名。目前指數成分股涵蓋的美國主要集中市場，掛牌股票為5,050家。

發行企業必須具備一些條件，其股票才拿被納入道瓊威爾夏5000成分股：

- 發行公司總部必須位在美國，總部不設在境內的美國股票或海外股票信託憑證（ADRs）都不包含在內。
- 股票必須在紐約證交所、美國證交所或那斯達克市場掛牌。
- 該股票必須是發行公司的主要股票證券。
- 包含普通股、房地產信託基金（REITs）與有限合夥。
- 不含交易板股票。

道瓊威爾夏5000綜合股價指數是涵蓋面最廣的大盤指數，但還有其他大盤指數，例如：MSCI美國大盤指數（成分股大約有3,800家）、羅素3000（成分股大約有3,000家）、道瓊大盤指數（Dow Jones Total Market Index，成分股大約有1,625家）、晨星大盤指數（Morningstar Total Market，成分股大約有2,000多家），以及標準普爾1500（成分股大約1,500家）。有不少低成本的指數型基金，其績效反應這些大盤指數，本章最後的清單提供些例子。

規模與型式的機會

投資美國整體股票市場的基金，可以作為投資組合股票資產類別的基礎。在這個基礎上，我們還能進一步分析美國股票市場，挑選另一些類股作為額外投資，藉以提昇報酬而分散風

險。進行類股分析，首先需要採用某種分類方法，使得類股不
至於重疊。

座落在芝加哥的晨星公司（Morningstar, Inc.），是一家聲
譽卓越的共同基金與股票研究機構。該公司發展一種股票分
類方法，涵蓋美國97％市值的股票。這種系統稱為「晨星型
式格狀系統」（Morningstar Style Box）；根據3種規模因子
與3種價值評估因子，劃分為10個格狀（請參考圖6-1）。有關
晨星分類方法的詳細說明，請造訪該公司網站的「Rulebook」
（http://indexes.Morningstar.com）。

圖6-1　晨星型式格狀系統

價值	核心	成長	
大型價值	大型核心	大型成長	大型
中型價值	中型核心	中型成長	中型
小型價值	小型核心	小型成長	小型
超小型股票			微型

前述的晨星分類方法存在一個問題，因為這套方法只涵蓋
大約2,000支股票，忽略剩餘大約3,000支微型股票。所以，圖
6-1的最下方還另外包括一個「超小型股票」；如此一來，整
個涵蓋層面大約佔總市值的99％。

晨星的規模分類系統

　　晨星的規模分類,是根據企業流動籌碼總市值來考慮。所謂的流動籌碼,是指總發行股數扣掉私人擁有的巨額股票。舉例來說,微軟的流動籌碼不包含比爾蓋茲的持股。大部分股價指數都是考慮流動籌碼的市值,不是總發行股數的市值。

　　晨星採用的3個規模等級,再加上微型股,大約涵蓋美國股票市場的99%市值。這幾種分類的基準如下:

- **大型股:**可投資市值最大的70%股票。
- **中型股:**可投資市值次大的20%股票(也就是第70百分位到第90百分位)。
- **小型股:**可投資市值更其次的7%股票(也就是第90百分位到第97百分位)。
- **微型股:**剩餘的2%可投資市值股票(也就是第97百分位到第99百分位)。

　　請注意,在晨星的分類中,微型股是一種「規模」因素,但不是「型式」因素。圖6-1最下方的「超小型股票」是作者自行增添的,顯示這個「規模」因素納入晨星系統之後的情況。納入微型股之後,整個分類才算完整涵蓋紐約證交所、美國證交所與那斯達克市場的所有股票。交易板股票沒有納入。

晨星的型式分類系統

　　所有的股價指數，都根據型式與規模來劃分股票。不同的指數，採用不同的方法來區別價值型與成長型股票。有些指數甚至分別提供價值型與成長型指數。就這方面來說，晨星根據發行公司的基本面條件，把型式劃分為三種：價值、核心與成長。晨星分類採用多重因素模型，其中包含5種變數，重要內容請參考表6-3。最重要的影響因素是本益比，包括股價對歷史盈餘的本益比，以及股價對預估盈餘的本益比。

　　對於所考慮的企業，晨星首先分別計算該公司的成長分數與價值分數，然後把成長分數減去價值分數，結果就是整體型式分數。如果結果是明顯的正數，該公司歸類為「成長型」。結果如果是明顯的負數，該公司歸類為「價值型」。如果成長分數減去價值分數的結果不顯著有別於0，則歸類為「核心」。

　　有關價值、成長與核心的分類，晨星採用的劃分標準使得這三種分類的股票數量，大約相當（各佔三分之一）。為了確

表6-3　晨星型式分析採用的變數與權數

價值因素	成長因素
・價格／預估盈餘倍數（50.0%）	・長期預估盈餘成長（50.0%）
・價格／帳面價值比率（12.5%）	・歷史盈餘成長（12.5%）
・價格／銷貨比率（12.5%）	・銷貨成長（12.5%）
・價格／現金流量比率（12.5%）	・現金流量成長（12.5%）
・股息殖利率（12.5%）	・帳面價值成長（12.5%）

保每個型式格狀內的股票數量大略相同，晨星每年調整兩次
（增加或減少股票）。另外，指數也每季調整一次（調整構成權
數）。

　　根據這種分類方法，圖6-2顯示威爾夏5000綜合指數經過
分類之後的約略狀況。每個方格都顯示屬於該方格的股票數
量，以及對應的市值百分率。

圖6-2　晨星型式方格的平均股票數量

	價值型 626–33%	核心型 685–34%	成長型 659–33%	
	81 23%	76 24%	68 23%	大型股 225–70%
	203 6%	230 7%	239 6%	中型股 672–20%
	342 2%	379 3%	352 2%	小型股 1073–7%
	3080–3%			微型股 –3%

　　大型股總共有225家（第一列），大約佔威爾夏5000綜合指
數總家數的5％，但其流動籌碼市值卻佔整個美國掛牌股票的
70％。其他4,825家股票則佔剩下了部分（30％）。請注意微型
股的部分，家數總共為3,080家，但流動籌碼市值才佔股市總市
值的3％。

規模表現

　　股價指數的加權平均市值，對於該指數的長期表現有著顯著的影響。1970年代末期，兩位學術研究者羅夫‧班茲（Rolf Banz）與馬克‧雷格納（Marc Reinganum）分別發現，微型股的長期報酬每年平均值接近5％，超過大型股[1]。這項結論本身，算不上什麼大發現，因為小型股的價格波動劇烈（風險高），所以報酬原本就應該高於大型股。可是，即使採用威廉‧夏普（William Sharpe）發展的風險─報酬新模型，班茲與雷格納仍然發現，經過價格波動調整之後的平均報酬，微型股還是超過大型股。這意味著微型股具備著一些與風險無關的額外報酬能力。

　　班茲與雷格納的研究還顯示，微型股價格走勢往往會與大型股相反。換言之，微型股報酬與其他股票報酬之間，未必始終保持正相關。所以，投資組合實際持有微型股的比率，似乎應該超過大盤指數顯示的3％水準，如此才更能發揮分散風險的效益。

　　表6-4充分顯示大盤指數與微型股之間的報酬差異。羅素3000指數是由規模最大的3000家美國股票構成。表6-4內的微型股指數，是來自證券價格研究中心（Center for Research in Security Prices，簡稱CRSP）。CRSP股票檔案指數包含在紐約證交所、美國證交所與那斯達克市場掛牌的所有股票歷史摘要資料，時間可以回溯到1926年。

表6-4　微型股與大盤的比較

	羅素3000 指數	CRSP微型股 指數	CRSP微型股指數 減去羅素3000指數
1995	36.8	33.3	−3.5
1996	21.8	10.1	−2.7
1997	31.8	24.1	−7.7
1998	24.1	−7.9	−32.0
1999	20.9	32.2	11.3
2000	−7.5	−13.4	−5.9
2001	−11.5	34.2	45.7
2002	−21.6	−14.1	7.5
2003	31.6	78.4	46.8
2004	12.5	16.8	4.3

　　請特別注意CRSP微型股指數與羅素3000指數之間的重大
差異，尤其是 1998年、2001年與2003年。我們知道，這兩種
指數都分別涵蓋數以千計的美國掛牌股票，但相同期間的報酬
竟然會呈現如此重大的差異，實在令人覺得訝異。根據學術理
論顯示，投資組合只要足夠分散的話，就能把個別企業的風險
排除在外，只留下市場風險。所以，在數個產業內隨機挑選的
3000支股票，如此構成的投資組合，其績效表現應該很類似另
一個相同方法建構的投資組合。可是，表6-4清楚顯示，如果
另一個投資組合是由微型股構成，結果就不是如此。微型股指
數存在特有的風險因素，其風險是不能只透過增加微型股家數
而被分散沖銷。

　　圖6-3顯示三種指數之間的36個月期滾動相關，包括：
CRSP美國整體市場報酬、CRSP中型股，以及CRSP微型股。

圖6-3　CRSP整體市場指數分別與微型股、中型股指數之間
　　　　存在的相關程度

我們發現CRSP整體市場報酬，基本上與道瓊威爾夏5000指數
很接近，只是資料歷史可以回溯得更早。CRSP中型股指數與
大盤之間的報酬相關程度很高。所以，如果投資人已經持有涵
蓋整體市場的股票組合，另外持有中型股組合，並不能顯著發
揮分散風險的效益。可是，微型股的情況則不同。某些期間
內，微型股與大盤之間存在高度的報酬相關，但另一些期間，
報酬相關則很低。這種不同的相關性質，意味著兩者之間存在
分散效益的可能性。

相較於整體股票市場指數的投資組合，強調微型股的投資
組合，其表現是不同的。在整體市場指數基金內，如果額外增
添20%的CRSP微型股，圖6-4顯示理論性的分散效益。

**圖6-4　整體股票市場基金額外增添微型股的報酬性質，
1975-2004**

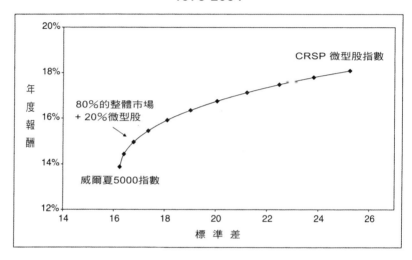

這種情況下，在1975年到2004年的30年期間內，由80%整體市場指數與20%微型股指數構成的投資組合，報酬可以增加1.1%，風險則稍有增加。圖6-4顯示的是理論狀況，因為1975年還沒有整體市場指數基金或微型股指數基金。可是，目前的情況已經不同了，我們隨時都可以購買成本低廉、不需手續費的整體股票市場基金與微型股基金。

在美國集中市場掛牌交易的微型股數量超過3,000家，但其市值只佔總市值的3%。所以，微型股的表現好壞，對於整體股票市場的影響很有限。投資組合內，如果顯著強調微型股的重要性，將其視為美國股票的另一種資產類別，過去的資料顯示這種作法確實有分散風險的效益，將來很可能也是如此。

不易找到適當的微型股基金

接下來，讓我們聽聽壞消息：我們很難找到成本低廉而投資足夠分散的微型股基金，如果有的話，也大多關閉了。微型股基金經常不接受新投資人，或必須經由付費管理顧問下單。有時候，某些關閉的基金，可能會重新接受新的申請，但開放時間通常很短暫。換言之，有這方面需要的人，必須隨時留意這類的機會。

有些微型股基金隨時都對所有投資人開放，但選擇上必須很謹慎。某些基金收取很高的手續費，有些收取昂貴的管理費，還有一些不完全投資微型股，投資組合還包含不少小型股與中型股。

如果碰到新籌募的基金，必須確定其投資股票的公司市值平均不要超過$3億，而且投資必須足夠分散，至少持有500家不同的股票。另外，總費用不應該超過1％，不能收取買、賣佣金。

不同型式美國股票的表現

根據型式差異來做股票分類，這方面的歷史可以回溯到股票交易當初。幾年前，投資人通常都採用股息殖利率來劃分價值型與成長型股票。換言之，分派高股利的股票，被視為價值型股票；分派低股利的股票，則被視為成長型股票。可是，隨

著財務資訊愈來愈齊全（一方面仰賴證管會對於申報財務報表的嚴格規定），投資人也變得愈來愈精明。學術研究者與財務分析機構，採用各種比率來評估股票，例如：本益比。另外，股票價格對帳面價值的比率也是一項重要判別基準。一般認為，本益比與帳面價值比率，是尋找潛在投資對象的最可靠參考基準。這兩個比率都是愈低愈好。1934年，班傑明·葛拉罕（Benjamin Graham）與大衛·陶德（David Dodd）出版**《葛拉罕&陶德之證券分析》**（Security Analysis）（**中文版，請參閱寰宇出版公司**）一書，鼓吹採用這些量化比率。這本書目前仍然被視為證券投資的經點作品[2]。

自從葛拉罕與陶德在70多年前提出這些基本投資觀念，相關的變化並不大。目前，投資人還是運用相同的基本面因素與價格比率進行分析，仍然仰賴盈餘與帳面價值資料評估企業價值。沒錯，資料分析方式有了變動，可供運用的資訊也變多了。可是，在電腦協助之下，相關的分析變得更快、更精準。

這些年來，隨著證券價值評估方法的進步，關於如何根據基本面資料做股票分類，分析師與學術研究者的看法慢慢有了共通的架構。相較於基本面比率，如果股票價格偏高者，發行公司就被歸類為成長型企業；反之，如果股票價格偏低者，發行公司則被歸類為價值型企業。類似如晨星之類的分析機構，又採用第三種類別，把基本面比率與股票價格之關係居於價值型與成長型之間者，稱其為「核心」或「中性型式」。

隨著型式分類普遍受到認同，再加上電腦運算速度愈來愈

快，學術研究者試圖把型式分類方法運用到早期的資料，重建相關的指數。1970年代，學術研究者由歷史型式報酬的角度，比較1900年代初期以來的資料。這些歷史資料顯示，價值型股票表現優於成長型股票，長期績效相差好幾個百分點，而且在很多彼此不重疊的10年期間內，價值型股票的表現都較好。

另外，學術研究者發現，還外股票也有類似現象，價值型股票的表現也比較好，意味著那些造成美國價值型股票表現較好的因素，也同樣發生在其他國家。這種現象引發一個問題：「全球價值型股票表現優於全球成長型股票的現象，將來是否還有機會持續下去？」

那些成長型股票的支持者，反駁價值型股票所具備的優勢。某些人認為，價值效應屬於不正常現象，將來不會繼續發生。另一些人則質疑相關研究的精確性。還有一些人則認為，這些資料雖然在理論上正確，但運用於實際的投資組合，則因為交易成本與市場流動性的限制，將會勾消價值型股票具備的優勢。

然而，1992年6月，尤金·法馬（Eugene Fama）與肯恩·法蘭西（Ken French）展開另一波維護價值效益的攻擊，他們在《財務經濟學雜誌》（Journal of Financial Economics）發表一篇內容非常完整的論文，標題為「股票預期報酬的橫切面分析[3]」（The Cross-Section of Expected Stock Returns）。

法馬與法蘭西（以下簡稱FF）認為，分散程度高的美國股票投資組合，其報酬取決於三種風險主軸。這三種風險因素包

括：市場本身的根本風險（市場風險或貝他值）、投資組合內小型股市值所佔的百分率（規模因素），以及投資組合內價值型股票市值所佔的百分率（股票價格對帳面價值的比率）。

根據FF的衡量，高度分散的股票投資組合，其表現有95%是取決於前述三項主要風險因素（貝他值、規模，以及股票價格對帳面價值比率）；換言之，即使不知道股票組合的實際持股狀況，但只要該投資組合足夠分散，前述三項風險因素就會決定投資組合的表現。這也就是說，投資組合績效有95%是取決於三項風險因素，選股策略造成的影響非常有限。這個事實，對於強調選股能力的經理人而言，實在是當頭棒喝，因為很多人都相信股票組合的績效表現，最關鍵的決定因素，就是選股能力。

以下簡單說明這三項風險因素，如何決定分散性股票組合的95%績效。

1.市場風險因素。一般稱為貝他值（β）。凡是足夠分散的股票組合，其表現在某種程度內，都會與大盤「共舞」。原則上，高度分散的股票投資組合，其報酬大約有70%可以由整體市場走勢來解釋。

2.規模風險因素。FF的報告確認過去的研究結果，小型股報酬高於整體大盤，其走勢與整體市場之間，未必始終保持高度相關。所以，投資組合只是增添小型股數量，並不能藉由分散投資而沖銷這方面的風險；這也就是說「規模」是一項獨特風險因素。投資組合持有的小型股市值比率愈高，規模因素的

影響也愈大。

　　3.**價值風險因素**。FF提出一些量化數據，驗證過去研究的結果：價值型股票的報酬高於整體市場，價值型股票與成長型股票之間的走勢，未必保持高度相關。就如同規模風險一樣，股票組合也不能藉由分散投資（持有更多的價值型股票）而沖銷價值風險。價值是一項獨特風險因素。

　　根據這些發現，FF設計一組股價指數，藉以衡量規模與型式因素。這些指數可以透過網路免費下載[4]。

續論價值因素

　　表6-5到6-7比較兩組指數呈現的型式報酬差異。FF提供第一組指數，法蘭克羅素公司（Frank Russell and Company）提供另一組指數。FF指數資料可以回溯到1926年，羅素指數則起始於1979年。此處所做的比較，涵蓋25年的資料，也就是從羅素指數的起點開始。

　　討論比較結果之前，首先要說明這兩種指數計算方法的差異。FF價值股票指數與羅素價值股票指數之間成分股，選擇方式有很大的差異。

　　第一點，法馬與法蘭西只根據一項基本面比率，區分成長型股票與價值型股票。明確來說，FF採用的基準是股票價格對帳面價值比率。羅素則採用多重因素模型，用以區分成長型與價值型股票。第二點，FF的型式指數彼此之間互斥；換言之，

一家股票如果屬於某種型式，就不屬於另一種型式。羅素則採用漸進等級，價值型股票與成長型股票之間，存在一系列的過渡變化。某家股票可能同時屬於成長型與價值型股票，這種情況下，則根據成長與價值的比率來分配其股票市值。舉例來說，某家股票可能有60％市值屬於成長型，剩餘40％屬於價值型。FF的中性指數與成長型／價值型指數互斥，但羅素指數並沒有中性或核心的類別。

表6-5藉由FF大型股指數與羅素大型股指數，比較成長型股票、價值型股票與核心股票之間的風險─報酬差異。

表6-5　大型股基金比較，1979-2004

	FF大型成長股	FF大型核心股	FF大型價值股	羅素1000成長股	羅素1000	羅素1000價值股
年度化報酬	13.0	14.2	14.3	12.3	13.6	14.6
標準差	16.8	15.7	15.5	18.1	15.4	14.3

FF大型股與羅素大型股的型式指數編製方法雖然明顯不同，但長達25年的績效表現卻很類似。不論觀察哪種指數，大型價值股票的表現，都明顯優於大型成長股票，而且根據報酬分配標準差衡量的風險，價值股票也小於對應的成長股票。

表6-6則針對FF小型股與羅素2000小型股之間做類似的比較。資料顯示小型價值股票與成長股票之間的報酬，存在非常顯著的差異。

表6-6　大型股基金比較，1979-2004

	FF小型 成長股	FF小型 核心股	FF小型 價值股	羅素2000 成長股	羅素2000	羅素2000 價值股
年度化報酬	11.0	17.5	19.3	10.5	13.5	16.1
標準差	24.4	17.4	18.7	23.8	19.6	16.5

　　小型價值股票報酬超越小型成長股票的程度，每年甚至大於5％。相較於大型股的對應數據，小型股在這方面的差異超過兩倍。根據標準差衡量的風險，小型價值股票也明顯低於小型成長股票。這意味著小型股具備的價值優勢，更甚於大型股。這點在後續討論中有著重要意涵。

　　表6-7則比較整體市場之間，價值股票佔據的優勢。此處採用的兩種指數，分別是FF綜合指數與羅素3000指數。FF綜合指數是由85％的大型股與15％的小型股構成，大致反映實際的市場情況。羅素3000指數則是由美國最大的3,000家股票構成，根據流動籌碼調整。

表6-7　整體市場股基金比較，1979-2004

	FF綜合 成長股	FF綜合 核心股	FF綜合 價值股	羅素3000 成長股	羅素3000	羅素3000 價值股
年度化報酬	12.8	14.7	15.1	12.1	13.6	14.7
標準差	17.5	15.5	15.6	18.3	15.5	14.3

如同我們預期的，整體市場價值股票的表現，也同樣領先整體市場成長股，而且報酬波動程度也較穩定。圖6-5比較羅素3000與羅素3000價值指數的表現，期間由1998年到2004年。

圖6-6顯示道瓊威爾夏5000綜合指數與FF價值綜合指數之間的36個月期移動相關程度。請注意，這兩種指數之間的相關程度，在1990年代末期曾經突然下降。這是因為當時的大型成長股表現非常傑出（這些股票威爾夏5000指數總市值的比率很高），尤其是科技類股。

圖6-7顯示整體市場指數與價值指數構成的投資組合報酬-風險表現，分析期間長達30年。曲線最下端的一點，代表完全由威爾夏5000指數構成的股票組合，往上的每一點，按照順序

圖6-5　羅素3000指數與羅素3000價值指數的年度報酬比較

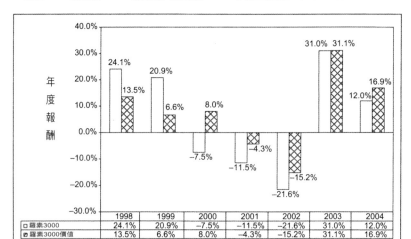

	1998	1999	2000	2001	2002	2003	2004
羅素3000	24.1%	20.9%	−7.5%	−11.5%	−21.6%	31.0%	12.0%
羅素3000價值	13.5%	6.6%	8.0%	−4.3%	−15.2%	31.1%	16.9%

圖6-6　整體市場指數與FF價值綜合指數的36個月期移動相關程度

圖6-7　整體股票市場基金額外增添價值型股票的報酬性質，
1975-2004

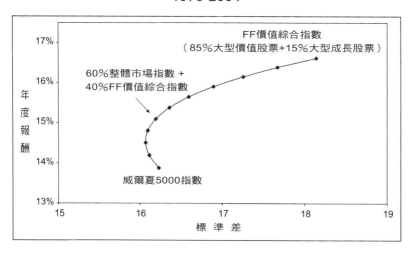

分別代表增加10％、20％……之FF價值綜合指數的股票組合，最頂端一點則代表完全持有FF價值綜合指數的股票組合。FF價值綜合指數是由85％的FF大型價值股票指數與15％的大型成長股票指數構成。股票投資組合每年重新調整一次。

請注意圖6-7標示的60％威爾夏5000指數加上40％FF價值指數的股票組合。相較於完全持有威爾夏5000指數，這個股票組合的年度報酬高出1.2％，而且報酬波動程度並沒有因此而增加。根據這項觀察，投資人除了持有整體市場指數基金之外，確實還應該考慮額外持有價值型股票基金。

透過小型價值股票分散整體市場基金的風險

我們發現，小型股的平均報酬高於大型股，但小型股報酬分配的標準差也比較大；另外，價值型股票的報酬高於成長型股票，但持有價值型股票所必須額外承擔的風險，並沒有反映在較大的標準差上面。

股票市場呈現的價值效應，有很多不同的解釋，但沒有人可以說明這種現象為何普遍存在於全球。或許是因為價值型股票的盈餘展望不理想。或許是華爾街分析師對於這些企業的看法太過悲觀。或許是這些企業很難勾起投資人的興趣。不論理由是什麼，根據尤金·法馬與肯恩·法蘭西的研究，價值型股票存在額外的基本面或經濟面風險，但這些風險沒有顯示在價值指數報酬分配的標準差上面。這也是價值型股票存在較高報

酬的原因所在。

　　根據這些規模與型式因素的資料，我們準備觀察股票市場內很特殊的小部門，這些股票同時具備規模優勢與價值優勢：小型價值股票。這個股票類別的市值，大約佔美國股票市場總市值的3％。如同我們預期的，這些股票的表現，同時受到規模與型式因素影響，其績效表現顯著不同於整體股票市場。請參考表6-8的報酬數據。

　　FF小型價值指數的成分股，大約佔威爾夏5000指數總市值的3％。由於重疊部分很小，兩者的報酬經常會呈現重大差異。圖6-8顯示整體市場指數與FF小型價值指數的36個月期移動相關程度。這兩種指數走勢之間的不穩定相關程度，意味著我們可以建構一種更具投資效益的股票組合。

表6-8　整體股票市場與小型價值股票之間的報酬差異

	威爾夏5000指數	FF小型價值股票	FF小型價值股票減去 威爾夏5000指數
1995	36.5	27.7	−8.8
1996	21.2	20.7	−0.5
1997	31.3	37.3	6.0
1998	23.4	−8.6	−32.1
1999	23.6	5.6	−18.0
2000	−10.9	−0.8	10.1
2001	−11.0	40.2	51.2
2002	−20.9	−12.4	8.5
2003	31.6	74.7	43.1
2004	12.5	26.6	14.1

圖6-8　CRSP整體市場指數與FF小型價值指數的36個月期移動相關程度

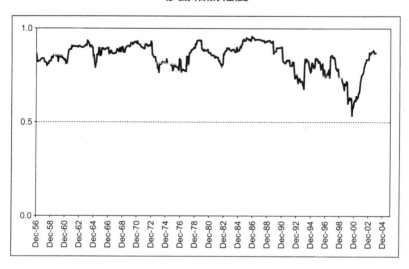

關於圖6-8，請注意1990年代末期，兩種指數的相關程度突然下降。這段期間內，小型價值股票的表現遠不如威爾夏5000的最主要成分：大型成長股。到了2001年與2002年，情況完全反轉，小型價值股票補漲而迎頭趕上，威爾夏5000則暴跌。

由1995年到2004年的10年期間內，投資人如果採取高度分散的資產配置策略，持有整體市場基金與小型價值指數基金構成的投資組合，表現應該很不錯。不幸地，如同本書第5章提到的（尤其是圖5-2），很多投資人當時都完全放棄價值股票，競相追逐耀眼的成長股，但後者最後畢竟難逃崩跌的命運。

圖6-9顯示道瓊威爾夏5000綜合指數基金，按照順序增添

10％、20％⋯的FF小型價值指數基金，所顯示的分散投資理論效益。請注意圖形特別標示的70-30％組合（70％的整體市場基金，加上30％的小型價值指數）；在長達25年的期間內，這個組合的報酬較美國整體股票市場高出2.7％，而且投資組合的報酬波動率沒有增加。

圖6-9顯示的結果是理論性數據，因為1975年還沒有所謂的整體市場共同基金，更沒有小型價值股票基金。所以，沒有投資人能夠持有70％整體市場指數與30％小型價值股票指數。可是，目前的情況已經徹底改觀。可供投資人挑選的整體市場基金數量很多，也有幾家低成本的小型價值指數基金。本章末端列舉一些供讀者參考。

圖6-9　整體股票市場基金額外增添小型價值股票的報酬性質，
　　　　1975-2004

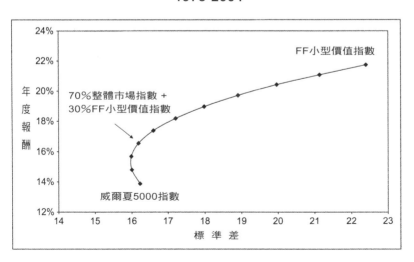

美國股票投資：參考清單

表6-9列舉一些低成本的美國股票基金，這些都是讀者能夠考慮投資的潛在對象。關於這些基金或其他低成本、免手續費基金，如果需要更詳細的資料，請上網查詢。本書附錄A也列舉一張清單供讀者參考。另外，理查‧菲力（Richard A. Ferri）的《指數型基金介紹》（All About Index Funds，

表6-9　低成本的美國股票基金

	代 碼	基準指數
整體市場股票基金		
先鋒整體美國市場指數	VTSMX	MSCI美國整體市場指數
嘉信整體股票市場	SWTIX	道瓊威爾夏5000指數
S＆P 1500指數i股單位信託基金	IVV	S＆P 1500指數
TIAA-CREF股票指數型基金	TCEIX	羅素3000指數
羅素3000指數i股基金	IWV	羅素3000指數
道瓊美國整體股票i股	IYY	道瓊美國整體市場指數
小型價值股票基金		
先鋒小型價值指數	VISVX	MSCI美國小型價值指數
S＆P 600／BARRA價值指數i股	IJS	S＆P 600／BARRA價值指數
晨星小型價值指數i股	JKL	晨星小型價值指數
DFA小型價值基金＊	DFSVX	DFA小型價值指數
微型股基金		
布里奇威超小型市場	BRSIX	CRSP 第10分位（最小型股票）
DFA微型股基金＊	DFSCX	CRSP 第9＋10分位（小型股）

＊ DFA基金只能透過特定投資顧問購買。

McGraw-Hill, 2002）也值得參考。

本章摘要

　　任何股票投資組合都應該採用高度分散的美國股票市場指數型基金做為基礎。目前有多家機構提供美國整體市場股價指數，以及指數型基金。道瓊威爾夏5000指數是涵蓋層面最完整的美國股票市場指數。其他的大盤指數還包括：MSCI美國整體市場指數、羅素3000指數、道瓊整體市場指數、晨星整體市場指數與標準普爾1500種指數。所有這些指數都有低成本的指數型基金可供投資。

　　微型股市值約佔美國股票市場總市值的3％，這有助於分散整體市場指數基金的風險。微型股基金運用上的最大障礙，就是很難找到適當的對象。這類基金多數不接受新投資人申請，否則就是成本相當昂貴，或者不是純粹的微型股基金。

　　假定各位持有美國整體市場基金，而只考慮新增添一項投資；這種情況下，我建議各位把30％資金擺在小型價值股票指數基金。小型價值股票基金同時具備規模優勢與價值優勢。市面上有很多小型價值股票基金可供選擇。實際選擇其中某個投資對象之前，勿必要作深入的分析，比較各種產品之間的差異。

附註

1. Rolf W. Banz, " The Relationship between Return and Market Value in Common Stocks," 刊載於Journal of Financial Economics, Vol. 9, 1981, pp. 3-18; Marc R. Reinganum, " Misspecification of Capital Asset Pricing: Empirical Anomalies Based on Earnings Yield and Market Values," 刊載於Journal of Financial Economics, vol. 9, 1981, pp. 19-46。

2. Benjamin F. Graham and David L. Dodd, " Security Analysis" , 4th revised ed., New York: McGraw-Hill, 1972 （初版發行於1934年）。《葛拉罕&陶德之證券分析》中文譯本由寰宇公司出版。

3. Eugene F. Fama and Kenneth R. French, " The Cross-Section of Expected Stock Returns," Journal of Financial Economics, June 1992.兩位作者隨後又發表第二篇文章，" Common Risk Factors in the Return of Stocks and Bonds," Journal of Financial Economics, February 1993, vol. 33, No. 1, pp. 3-57。

4. Kenneth French Web site:
   http://mba.tuck.dartmouth.edu/pages/faculty/ken.french/index.html.

全球股票投資

重要概念

■ 全球股票可以提升投資組合的分散效益。

■ 已開發市場包含很多先進國家。

■ 新興市場可以在地理領域上擴充投資組合的涵蓋層面。

■ 全球股票市場也呈現規模與價值優勢。

　　世界是一個很大的舞台，提供更多的機會。全球各地的市場，提供很多股票與債券，讓美國投資人更容易取得分散投資的效益。某些機會發生在已開發市場，例如：日本、澳洲、德國與英國；另一些機會發生在未充分開發的新興市場，例如：中國、印度、土耳其與東歐。高度分散的投資組合，應該涵蓋所有這些區域。全球投資雖然具備分散效益，但也會造成額外風險。海外股票的價格波動程度，更甚於美國股票。價格波動較劇烈，主要受到一些因素影響，包括：（1）美元升值的匯

率風險，（2）政府作為或不作為的政治風險，（3）非當地居民所受到種種限制而產生的交易與保管風險，（4）缺乏監督或法律管轄權的風險，（5）海外企業資訊不透明的風險。

由於全球股票投資涉及額外的風險，所以務必要重視分散投資。沒有人知道哪個國家的股票，在短期內會有最好的表現，也不知道美元究竟會升值或貶值，所以投資人最好少量持有每個重要國家的一些股票，然後每年重新調整。

外匯風險

匯率波動是影響國際投資結果的最重要因素之一。美國投資人購買海外股票，需要把美元兌換為外匯。外國貨幣相對於美元的價值變動，會影響投資盈虧。圖7-1顯示美元對其他主要外幣的匯率波動情況。

假定美國股票與全球股票綜合指數的本地貨幣計值報酬完全相同。這種情況下，如果美元在投資期間內升值，則美國投資人由美國股票所得到的好處，將超過持有全球股票。反之，如果美元在投資期間內貶值，則持有國際投資的好處，將超過持有美國股票。就最近的匯率演變來看，美元在1995年到2001年期間內走勢相對強勁，美國股票表現勝過國際股票。到了2001年到2004年之間，美元匯率呈現相對弱勢，美國股票市場的表現，落後全球市場。

圖7-1　美元相對於其他主要貨幣的匯率波動

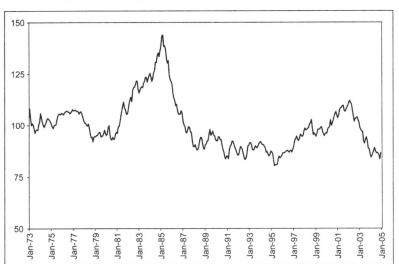

全球市場與國際投資

　　全球股票也稱為外國股票或海外股票。這些股票的發行公司，總部設在美國境外，主要財務報表採用總部所在國的當地貨幣計值。媒體經常把國際著名公司，稱為全球或跨國企業。事實上，並沒有所謂的全球或跨國企業；由財務會計的角度觀察，每家企業只能設籍於單一國家，財務報表只能採用單一貨幣計值。

　　外國的股票，一律都在當地市場掛牌。另外，很多大型企業，為了提升全球曝光程度，往往在海外掛牌。海外股票在美國

集中市場掛牌，通常都透過美國信託憑證（American Depositary Receipts，簡稱ADRs）進行。ADRs代表美國銀行代為保管的海外股票，這些銀行把股票轉換為美元計值的ADRs，然後擺在紐約證交所、美國證交所或那斯達克市場供美國人投資。同樣地，很多美國大型企業，也同樣在海外掛牌交易，例如：倫敦或東京的集中市場。

全球股票市場基金同時投資於美國與海外股票。投資人的資金如果很有限，而且除了美國市場之外，也想投資海外市場，則全球股票基金是很不錯的選擇。全球股票基金雖然很方便，但投資人沒有辦法控制基金持股的涵蓋地區或國家。基金投資地區的決策，通常都取決於基金經理人；至於基金經理人的人數，則取決於基金規模。就全球指數型基金來說，每個國家配置的資金多寡，則是根據基準指數內、個別國家股票的市值比率來決定。請注意，如果期間長達數年，基準指數的個別國家股票市值比率可能出現重大變動。

如果條件許可的話，自行配置全球股票投資，通常勝過直接購買單一的全球股票基金。根據個人需要與偏好來做資產配置，更能夠發揮分散投資的效益；不過，凡事有利則有弊，自行配置海外投資，需要花不少時間與工夫。投資組合持有不同地區的基金，然後每年進行調整，可以控制每個地區、每種貨幣的風險暴露程度。

全球市場分類

　　經濟學家通常都採用兩分法：已開發市場與新興市場。分類基準是採用個人所得多寡，以及證券市場開發程度。已開發國家的經濟條件相對優異，國內生產毛額（GDP）每人、每年超過10,000美元，證券市場成熟，規模很大。譬如說，澳洲、德國、日本與英國，都屬於已開發國家。已開發國家可以分為三大區域：北美、歐洲與太平洋沿岸。北美涵蓋美國與加拿大。歐洲則包括英國與歐洲大陸。太平洋沿岸包含幾個主要市場：日本、澳洲與香港。

　　新興市場國家的GDP條件不符合已開發程度，或金融市場還不夠成熟。新興市場又劃分為早期與後期階段國家，取決於自由市場經濟的開發程度。

　　處於早期階段的新興市場，包括：蘇俄、土耳其、波蘭、印尼與中國。處於後期階段的國家，意味著其自由市場經濟相對成熟，這些國家包括：墨西哥、台灣、南非與南韓。請注意，新興市場共同基金的持股，大多集中在後期階段國家，因為這些國家的股票市場規模較大。

　　圖7-2顯示世界股票市場的總市值的分配狀況。這份圖形把全球股票市場劃分為四大區域：北美已開發市場、太平洋已開發市場、歐洲已開發市場，以及新興市場。

　　沒有被歸類為已開發市場或新興市場的國家，通常都沒有開放國外投資，譬如：沙烏地阿拉伯、巴林與多數非洲國家。

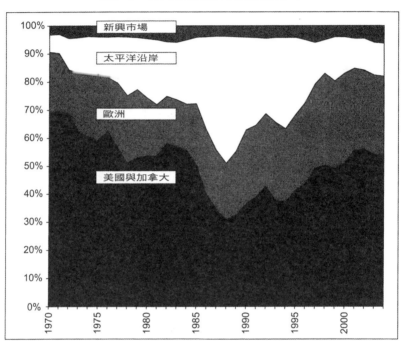

圖7-2　全球股票市場價值百分率

已開發市場指數

　　最受注意的已開發市場國際指數，當屬摩根史丹利國際歐洲、澳洲與遠東指數（Morgan Stanley Capital International Europe, Australia, and the Far East Index，簡稱MSCI EAFE）。EAFE指數大約是由歐洲與太平洋沿岸21個已開發市場的1,000家大型股構成。這是一個高度分散的指數，其成分股大約佔21個國家股票總市值的85%。

　　EAFE相當於是海外版本的S＆P 500，這是不含美國與加拿大在內的已開發市場大型股指數。EAFE指數根據流動籌碼進行調整，只包含可供交易的證券。換言之，董監事巨額持股或企業彼此的交叉持股，都不含在內。摩根史丹利並沒有試圖控制類股權數、國家權數或地區權數。

　　MSCI分別提供兩種幣別計值的EAFE指數，一是當地貨幣，一是美元。表7-1的數據可以顯示匯率波動會如何影響股票報酬。MSCI提供EAFE與其成分的報酬數據，資料可以回溯到1970年。關於指數結構與報酬資訊，如果需要的話，可以在www.MSCI.com查詢。

　　表7-2比較EAFE指數不含股利的報酬，以及美國整體股票市場報酬。不含股利的報酬，是針對預扣所得稅的調整，某些國家對於海外投資人的股利會預扣所得稅。

表7-1　美國投資人持有EAFE指數的外匯波動影響

	當地貨幣計值的 EAFE報酬	美元計值的 EAFE報酬	對於美國投資人 的影響
1997	13.5%	1.8%	−11.7%
1998	12.3%	20.0%	7.7%
1999	33.5%	26.9%	−6.6%
2000	−7.3%	−14.2%	−6.8%
2001	−16.3%	−21.5%	−5.2%
2002	−26.1%	−15.9%	10.1%
2003	20.3%	38.6%	18.3%
2004	12.7%	20.2%	7.5%

表7-2　風險—報酬比較，1970～2004

	不含股利（＄）	美國整體股票市場
年度化報酬	10.4%	11.2%
標準差	16.7%	16.0%

　　由1970年到2004年之間，EAFE指數表現不如美國股票。在整個35年期間內，匯率波動大體上彼此沖銷，沒有顯著影響。我個人認為，EAFE指數的報酬不錯，問題是美國股票市場的表現實在太好了。沒有人可以預先知道，將來那個區域的股票表現最好。所以，投資組合還是應該包含所有的重要區域。

　　某些人質疑繼續持有全球股票的必要性，因為全球市場與美國市場之間的股價走勢高度相關。圖7-3顯示，由1998年以來，EAFE指數與美國整體市場指數之間的相關程度增加0.5而到達＋0.9左右。

　　我們知道，相關程度可能突然發生變化。因此，EAFE與美國指數的關係，隨時可能發生變動。大多數財務顧問還是建議持有適當數量的全球股票。

EAFE指數分解

　　為了更進一步瞭解全球投資狀況，應該研究EAFE指數各地區市場的表現與相關程度。EAFE指數可以根據地理區域分

圖7-3　美元計值MSCI EAFE指數與美國整體市場指數的 36個月期移動相關程度

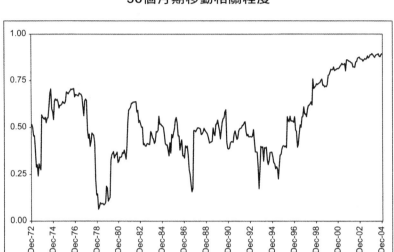

為兩種指數：MSCI歐洲指數與MSCI太平洋沿岸指數。MSCI
歐洲指數又可以劃分為總部設立在英國（大約35％）與總部不
設立在英國者（大約65％）。太平洋沿岸指數則可以劃分為總
部設立在日本（大約75％）與總部設立在澳洲、紐西蘭、香
港、新加坡者（大約25％）。

　　圖7-4顯示各地區投資報酬的情況。有些時候，例如2004
年，各地區股票的報酬績效很類似；可是，另一些時候，例如
1999年，各地區股票的表現差異頗大。

　　圖7-5顯示EAFE的歐洲與太平洋沿岸成分市值如何變化，
主要是受到匯率與本地市場表現的影響。1970年代初期，

圖7-4　美國、歐洲與太平洋沿岸市場的股票報酬績效差異

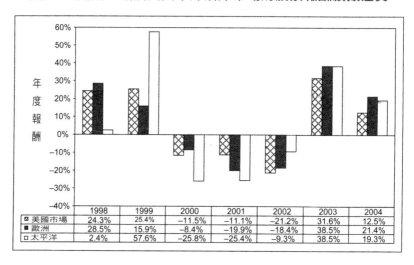

	1998	1999	2000	2001	2002	2003	2004
▣ 美國市場	24.3%	25.4%	−11.5%	−11.1%	−21.2%	31.6%	12.5%
■ 歐洲	28.5%	15.9%	−8.4%	−19.9%	−18.4%	38.5%	21.4%
□ 太平洋	2.4%	57.6%	−25.8%	−25.4%	−9.3%	38.5%	19.3%

圖7-5　EAFE歐洲與太平洋已開發市場的佔有比率

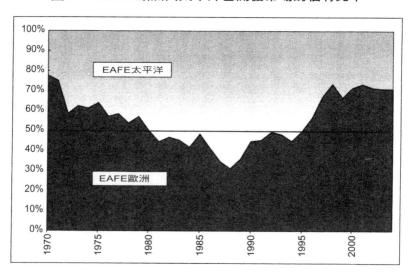

EAFE指數的歐洲成分市值佔78％。到了1988年，由於日本市
場飆漲，太平洋沿岸成分佔EAFE的比率增加為70％。1990年
代，風水又輪流轉，日本遭到空頭市場侵襲，歐洲處在多頭市
場，所以歐洲成分的市值比率又提升到70％。

　　考慮個別區域市場之間的相關程度，可以讓我們進一步瞭
解整體市場表現。圖7-6考慮美國市場與MSCI歐洲指數之間的
36個月期移動間相關程度；圖7-7則比較美國股票市場與MSCI
太平洋沿岸指數。前文曾經提到，美國股票市場與EAFE指數
之間的相關程度，由1998年開始增加。

　　如同圖7-6顯示者，美國股票市場與EAFE指數之間的相關

圖7-6　EAFE歐洲指數（美元計值）與美國整體市場之間的
　　　　36個月期移動相關程度

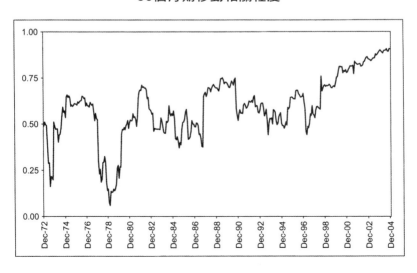

圖7-7 EAFE太平洋沿岸指數（美元計值）與美國整體市場之間的36個月期移動相關程度

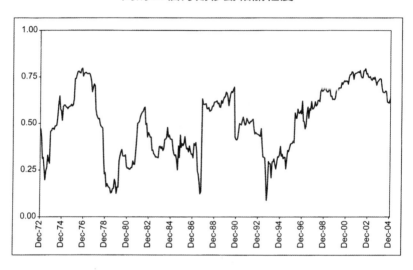

程度增加，幾乎完全來至EAFE的歐洲市場部分。1999年，歐洲11個國家採用單一貨幣歐元，美國與歐洲股票市場之間也剛好開始呈現高度相關。由於歐元的緣故，這兩個市場將來也可能繼續呈現高度相關，但現在做這種結論恐怕還太早。1990年代末期，美國市場與太平洋沿岸股票市場之間的相關程度也曾經一度上升；可是，隨後又開始下降。

美國與歐洲股票市場之間的高度相關，沒有人可以確定知道這是短期或長期現象。所以，投資人最好還是繼續持有包括歐洲股票市場在內的全球性分散組合。不同經濟區域之間的相關程度，可能突然發生變化，投資組合最好也反映這種性質。

較理想的全球性配置

　　長期而言，EAFE指數與美國股票市場的報酬應該相當一致，包括匯率波動在內。我們畢竟是處在全球經濟體系內。如果某處的股票市場價值低估，存在較高的獲利潛能，全球資金自然會往該處流動，直到該處市場價值恢復正常為整。由於資本可以自由流動到多數已開發國家，我們沒有理由相信某個市場或某市場之特定產業能夠長久提供較高的報酬。舉例來說，所有已開發市場都有大型銀行，這些銀行都對全球放款。我們沒有理由相信歐洲或日本的銀行產業表現，能夠長久優於美國銀行產業。某個期間內，某個地區的表現可能優於另一個地區，但這種現象不能持久。

　　長期而言，既然每個地區的表現都會趨於一致，為何還要多此一舉做全球性的分散投資？全球性配置可以取得分散投資效益。當然，必須記住每年都要重新調整投資組合。

　　由圖7-5可以清楚看到，歐洲與太平洋沿岸指數在過去35年內的興衰發展。另外，請參考表7-3提供的最近35年報酬—風險數據。

　　EAFE指數（不含股利）的平均報酬為10.4％。同一期間內，如果平均持有MSCI歐洲指數與MSCI太平洋沿岸指數，而且每年重新調整，報酬將提高0.9％。最後，如果平均持有EAFE的四個成分區域市場：英國、MSCI不含英國、日本、太平洋沿岸不含日本，則投資組合報酬較持有EAFE高出1.7％。

表7-3　MSCI指數各種組合的表現，1970-2004

	EAFE指數， 不含股利， 美元計值	50%MSCI歐洲， 50%MSCI太平洋	四者各25%：英國、 MSCI不含英國、 日本、太平洋沿岸 不含日本
年度報酬	10.4%	11.3%	12.1%
標準差	22.3%	23.6%	22.3%
35年期高點	69.4%	68.6%	66.2%
35年期低點	−23.4%	−22.8%	24.5%

　　表7-3最右側一欄，代表另一種程度的全球性分散配置。這也是EAFE成分市場表現最好的投資組合，包括：25%的英國（金融時報整體股票指數，FTSE All Shares Index）、25%的MSCI歐洲（不含英國）、25%的MSCI日本、25%的MSCI太平洋沿岸（不含日本）。這個「4×25%」的組合，能夠更均勻地投資到全球市場，包括多種貨幣在內：歐元、日圓、英鎊，以及澳洲元、紐西蘭幣、港幣與新加坡元等一籃貨幣。投資組合每年重新調整。

　　至於50-50%的投資組合，報酬之所以會增加，主要是受惠於這兩個市場之報酬相關波動不定，也就是分散投資的效益。圖7-8顯示MSCI歐洲與MSCI太平洋沿岸指數之間的36個月期移動相關程度。

　　直到不久之前，我們仍然不能直接投資EAFE指數或其區域指數。這必須感謝指數型共同基金的迅速發展，我們現在已經能夠直接投資前文提到的各種指數。本書截稿當時，唯一例

圖7-8　EAFE歐洲指數與太平洋沿岸指數（美元計值）之間的
　　　　36個月期移動相關程度

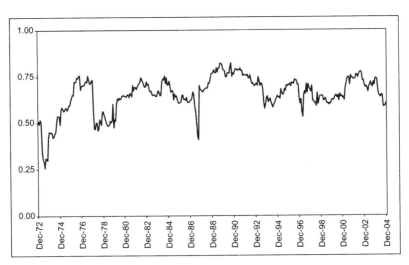

外是MSCI不含英國的指數，現在仍然沒有指數型基金可供直接投資；可是，每年都會新推出一些指數型基金。另外還有相當接近的投資工具可供運用，例如：歐元國家指數型基金（反映歐元地區每個國家的股票市場表現，英國還沒有採用歐元）。讀者可以參考本章最後列舉的低成本已開發市場指數型基金。

加拿大

　　我們可不要忘掉北邊的鄰居：加拿大。加拿大股票市值約佔全球股票市場的6%，大約佔全球股票市場的3%。在高度分

散的已開發市場票組合內，增添加拿大指數型基金，有助於分散貨幣風險。另外，加拿大經濟涵蓋三個主要產業：金融、能源（石油與天然瓦斯）與基本物料（礦產與木材）。投資加拿大指數型基金，可以增加投資組合的天然資源配置，規避商品物價上漲的風險。請參考本章最後提供的清單，其中包括一種反映MSCI加拿大指數的基金。

新興市場

大體上來說，新興市場是指還沒有充分開發的國家，其自由市場經濟制度持續發展，生活水準也持續提高。這些國家在全球市場佔有某些競爭優勢，很多國際投資機會。新興市場也有組織性的證券市場，可供本地企業發行的股票或債券進行交易。海外投資人允許直接購買這些證券，或透過基金間接投資。

MSCI是根據幾個因素決定可供投資的新興市場，包括：每人平均國內生產毛額、當地政府規範、推定投資風險、外人持有限制與資本管制。MSCI新興市場指數（Emerging Market Index）總共涵蓋27個可投資國家。這屬於市值加權指數，採用企業的流通籌碼調整後價值來反映外人投資限制。新興國家的股票市場規模差異頗大；所以，MSCI新興市場指數包含少數幾個主要國家：台灣（15％）、南韓（21％）與南非（20％）（根據2003年6月份的資料）。

為了避免MSCI新興市場指數的走勢受到少數幾個國家決定，規模基金顧問機構（Dimensional Fund Advisors，簡稱DFA）的新興市場指數，採用不同的指數編製方法。DFA新興市場指數對於每個國家的市值佔有比率，分別設定12.5％的高限，避免某些擁有大型股票市場的國家主導股價走勢。另外，DFA對於新興市場的選擇，也採用比較嚴格的標準。目前，DFA指數包括16個新興市場，還有三個具有長期發展潛力的市場有待加入：蘇俄、中國與印度。

表7-4比較DFA新興市場指數與市值加權MSCI新興市場指數的表現。在17年期間內，權數固定的DFA指數表現，較市值加權的MSCI指數，每年平均報酬高出4.2％。前述表7-3談論的4×25％投資組合，也可以納入DFA指數。將資金分別配置在不同地理區域或國家，每年重新調整，可以提升報酬，而且風險不會顯著變動。

表7-4　新興市場表現，1988-2004

	DFA新興 市場指數	MSCI新興 市場指數
年度報酬	17.5％	13.2％
標準差	23.3％	23.2％

圖7-9顯示美國股價指數、EAFE指數與MSCI新興市場指數之間的報酬比較。我們發現，新興市場指數報酬的波動程

圖7-9 美國、EAFE與新興市場的股票報酬績效差異

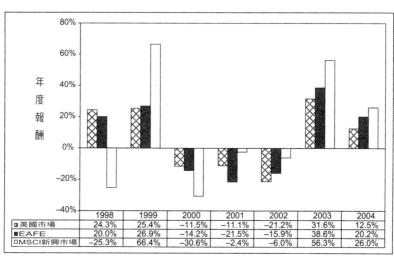

	1998	1999	2000	2001	2002	2003	2004
美國市場	24.3%	25.4%	−11.5%	−11.1%	−21.2%	31.6%	12.5%
EAFE	20.0%	26.9%	−14.2%	−21.5%	−15.9%	38.6%	20.2%
MSCI新興市場	−25.3%	66.4%	−30.6%	−2.4%	−6.0%	56.3%	26.0%

度，遠超過美國市場指數或MSCI已開發市場指數。價格波動
是很好的投資性質，但前提是要每年定期重新調整投資組合。

　　圖7-10比較MSCI新興市場指數由1988年成立以來，與美
國股票市場之間的36個月期移動相關程度。我們還是要強調一
點，不同市場之間的相關性質，可能突然發生變動。

　　相關程度提高，可能只是短期現象，也可能繼續發展。
可是，隨著蘇俄、中國與印度扮演愈來愈重要的角色，美國
市場與新興市場之間的表現，如果再度展現分歧走勢，想必
也不會令人覺得訝異。總之，一般投資組合都應該配置固定比
例的資金在新興市場。本章最後提供一些新興市場基金供讀者
參考。

圖7-10　MSCI新興市場指數與美國整體市場指數之間的
　　　　36個月期移動相關程度

全球市場規模與價值因素

　　本書第6章曾經解釋美國市場如何受到三種風險因素的顯著影響。根據法馬與法蘭西的研究，高度分散的美國股票投資組合，其投資報酬有95％可以被這三種風險因素解釋：市場風險（貝他值）、投資組合內小型股佔有比率（規模風險因素），以及投資組合內股票價值對帳面價值的比率（價值風險因素）。長期而言，美國小型股報酬高於大型股，價值型股票報酬高於成長型。

　　數個獨立的研究報夠顯示[1]，高度分散的全球股票投資組

合也呈現類似的現象,其報酬主要受到前述三個風險因素影響。表7-5運用MSCI與DFA的資料,顯示全球小型股相較於全球大型股的規模優勢,以及全球價值型股票相較於全球成長型股票的價值優勢。

表7-5　全球股票的規模與價值優勢,1975-2004

規模優勢	DFA全球大型股指數	DFA全球小型股指數
年度化報酬	15.0%	17.6%
標準差	18.4%	17.7%
價值優勢	MSCI EAFE（不含股利）	MSCI EAFE價值EAFEV（不含股利）
年度化報酬	12.1%	14.3%
標準差	16.9%	16.8%

　　1975年到2004年之間,全球股票市場同時展現規模與價值優勢。根據DFA指數,全球股票市場在這段期間內展現的規模優勢,年度化報酬率為2.5%。MSCI EAFE指數呈現的價值優勢,年度化報酬為2.2%。

　　在很多國家的各個不同期間內,全球股票市場都呈現價值與規模優勢。這些資料使得研究者相信,這兩種優勢並不是異常現象。研究者也認為,這兩種優勢代表股票市場具他值不能解釋的獨立風險因素;因此,這兩種優勢將來很可能會繼續存在。

　　圖7-11顯示DFA全球大型股與DFA全球小型股指數之間的36個月期移動相關程度。同樣地,圖7-12顯示MSCI EAFE與

圖7-11　DFA全球大型股與DFA國際小型股指數（美元計值）
　　　　之間的36個月期移動相關程度

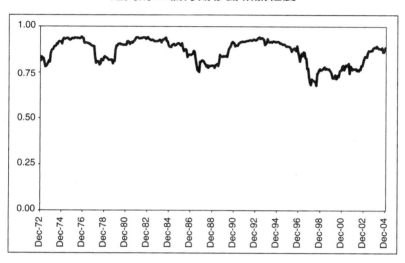

MSCI EAFE價值指數之間的36個月期移動相關程度。這兩份圖形說明不同期間內，小型股與價值型股票提供的不同分散投資效益。

全球配置範例

本書第III篇會提供幾個包含全球股票的資產配置投資組合範例。一般來說，全球股票配置大約會佔投資組合股票部分的30％。這部分投資採用的基金可能是：

20％的太平洋沿岸指數基金

圖7-12　MSCI EAFE與MSCI EAFE價值指數（美元計值）
　　　　之間的36個月期移動相關程度

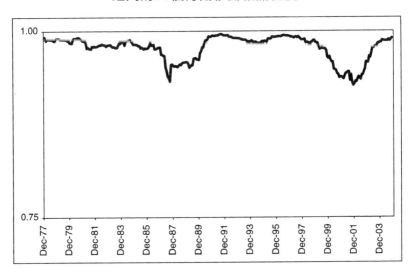

20％的歐洲股價指數基金

20％的全球價值股票基金

20％的全球小型股基金

20％的新興市場股價指數基金

　　請注意，這個例子只是說明如何分散投資全球股票，並不代表我們建議的投資組合。目前市面上有很多全球股票基金可供選擇，可以架構為各種不同風險程度與分散效益的投資組合。每位投資人都要根據自己的需要與目標，找到適當的投資組合。不論實際挑選的投資組合結構如何，原則上都應該把資金配置到所有相關市場，這是投資成功的重要關鍵。

表7-6　低成本的全球股票共同基金

	代 碼	基準指數
歐洲股票共同基金		
先鋒歐洲指數	VEURX	MSCI 歐洲指數
歐洲350種指數 i 股	EV	S＆P 歐洲350種指數
MSCI 英國指數 i 股	EWU	MSCI 英國指數
MSCI EMU指數 i 股	EMU	MSCI EMU指數
太平洋沿岸股票共同基金		
先鋒太平洋指數	VPACX	MSCI 太平洋指數
MSCI 日本指數 i 股	EWJ	MSCI 日本指數
MSCI 太平洋（不含日本）i 股	EPP	MSCI 太平洋（不含日本）指數
新興市場基金		
先鋒新興市場	VEIEX	選擇新興市場指數
新興市場 i 股	EEM	MSCI 新興市場自由指數
DFA 新興市場＊	DFEMX	DFA 新興市場指數
全球價值型股票基金		
先鋒全球價值股票	VTRIX	積極管理基金
DFA全球價值股票＊	DFIVX	DFA全球價值股票
全球小型股基金		
先鋒國際探索家	VINEX	積極管理基金
DFA小型全球股票＊	DFISX	DFA小型全球股票
DFA小型全球價值股票＊	DISVX	DFA小型全球價值股票
單一國家基金		
MSCI加拿大 i 股	EWC	MSCI加拿大指數
金融時報/新華中國25種指數 i 股	FXI	金融時報 / 新華中國25種指數

＊DFA基金只能透過特定投資顧問購買

全球股票投資：參考清單

　　表7-6列舉一些低成本的全球股票基金，這些都是讀者能
夠考慮投資的潛在對象。關於這些基金或其他低成本、免手續
費基金，請查閱理查‧菲力（Richard A. Ferri）的《指數型基
金介紹》（All About Index Funds， McGraw-Hill, 2002）。

本章摘要

　　對於美國投資人來說，全球股票市場提供獨特的分散投資
機會，涵蓋已開發市場到新興市場，由小型股到跨國巨型企
業。不幸地，全球投資雖然提供超額報酬，但也必須承擔對應
的風險。海外股票投資涉及匯率風險、政治風險、交易／保管
風險、管制風險……等。瞭解這些風險，有助於投資人在艱困
市況下，掌握適當的因應措施。

　　MSCI EAFE指數是國際投資人普遍觀察的基準指標。單一
指數就能夠反映已開發市場所有大型股的整體表現，運用上確
實非常方便，但指數構成市場之間的權數會因為市值變動而持
續變化，所以該指數本身並非很好的投資對象。換言之，這項
指數沒有持續重新調整。

　　已開發市場可以劃分為兩大地理區域：歐洲與太平洋沿
岸。直接購買EAFE指數型基金，雖然是投資已開發市場的最
簡單管道，但投資組合持有這兩個地理區域的股票比例，將隨

著這兩個市場的相對表現而產生變化，這未必代表最理想的性質。所以，投資人應該針對歐洲與太平洋沿岸市場，分別持有等值的投資組合，每年重新調整一次。

　　新興市場代表快速演化的經濟體，充滿著機會。可是，愈大的機會，也蘊含著愈大的風險。新興市場股票的價格波動程度，通常遠超過已開發市場，而且投資人還必須承擔額外的政治風險。所以，投資人應該持有高度分散的新興市場基金。

　　長期而言，全球小型股報酬績效，勝過對應的大型股，價值型股票報酬表現，勝過對應的成長型股票。所以，如果額外持有全球小型股基金與全球價值型股票基金，應該有助於提升長期績效。不幸地，這種策略存在一個缺點：市面上沒有真正低成本的全球小型股共同基金。

附註

1.關於全球股票呈現之規模與價值優勢的摘要資料，請參考Elroy Dimson, Paul Marsh, and Mike Staunton, Triumph of the Optimists, 101 Years of Global Investment Returns, Princeton, J.J.: Princeton University Press, 2002。

第八章

固定收益投資

重要概念

■ 固定收益投資有很多不同類別。

■ 不同類別蘊含著不同的風險—報酬關係。

■ 分散性固定收益投資，可以提升整體投資組合的報酬。

■ 低成本的債券基金是很好的投資工具。

債券市場不乏分散投資的潛在對象。固定收益證券存在很多性質獨特的類別，包括：政府公債、投資等級公司債、高殖利率公司債、房地產貸款抵押擔保債券、資產擔保債券與海外債券。採用高度分散的固定收益投資策略，可以提升投資組合報酬，又不至於造成風險增加。

基於本書作者不明白的何種理由，投資顧問產業經常忽略固定收益證券的資產配置。討論資產配置的書籍，通常都會花很多篇幅強調股票資產分散投資的效益，但幾乎完全忽略固定

收益證券的這方面效益。

　　另外，投資經理人經常把客戶的固定收益投資，完全擺在政府公債，忽略其他所有固定收益證券類別。這些經理人告訴客戶，他們「寧可在股票上承擔風險」。我不贊同這種策略。只採用政府公債，當然會讓經理人的工作變得很單純，但這未必是管理投資組合的最有效辦法。

　　想取得固定收益證券分散投資效益，最簡單的辦法是購買低成本的債券共同基金。投資人最好是間接透過低成本共同基金投資債券，因為直接投資往往涉及很多專業知識與分析技巧，例如：高殖利率公司債或新興市場債務工具。另外，有不少低成本基金是根據常見的投資等級指數進行投資，例如：雷曼整體債券市場指數（Lehman Aggregate Bond Market Index）。本章最後提供一份共同基金的清單。

　　稅金往往也是固定收益資產配置的重要考量之一。如果透過課稅帳戶投資，例如：聯合帳戶或信託基金，免稅債券或許值得考慮，這取決於個人的課稅所得。對於適用高所得稅率的投資人，本章稍後會討論免稅債券投資。

　　本章的宗旨有三：

　　第一，協助讀者瞭解可供投資的固定收益證券類別。

　　第二，說明固定收益證券能夠與其他投資配合，藉以降低投資組合的風險，提升投資報酬。

　　第三，尋找適合投資的固定收益證券類別。

全球債券市場結構

全球債券市場規模龐大，涵蓋的層面也很廣。就如同股票一樣，固定收益證券也充滿分散投資的潛在效益。債券投資機會可以由政府公債延伸到公司債、房地產抵押貸款擔保證券，乃至於海外債券。

提供債券指數的機構，把債券劃分為幾種類別與風險等級。以下討論債券市場的一般分類。

固定收益市場的結構

I. 聯邦、州政府與地方政府

美國政府擔保

財政部發行證券（國庫券、中期公債、長期公債）

政府機構發行證券（FNMA，FHMLC）

聯邦存款保險公司擔保存款憑證

州政府與地發政府發行的市鎮公債

稅收擔保的一般債務證券

收益或其他稅收擔保的收益債券

II. 公司固定收益證券

公司債

投資等級公司債（BBB～AAA）

非投資等級公司債（BB或更低）

產業收益債券（有替代最低稅金的市鎮公債）

優先股與可轉換優先股

III. 房地產抵押貸款

政府國家抵押貸款協會（Government National Mortgage Association，GNMA）

聯邦住宅抵押貸款公司（Federal Home Loan Mortgage Corporation，FHLMC）

聯邦國家抵押貸款協會（Federal National Mortgage Association），FNMA

IV. 資產擔保證券

信用卡聯營應收款（美國第一銀行，花旗集團）

聯營汽車貸款（福特，通用）

聯營房屋淨值貸款與其他銀行應收款

V. 海外債券

已開發市場（公債與公司債）

新興市場債務工具（公債，布萊迪債券與公司債）

固定收益風險與報酬

美國固定收益投資工具可以被劃分為幾類，顯示其預期報酬與風險。請參考圖8-1，橫軸代表三種債券到期期間，縱軸代表三種信用等級。

圖8-1 固定收益工具的到期期間與信用等級：格狀分類

短期0～3年	中期4～9年	長期10年或以上	
SH	IH	LH	高殖利率公司債，某些市鎮公債，信用評等為BB級或以下
SI	II	LI	投資等級公司債與大部分市鎮公債，信用評等AA～BBB級
SG	IG	LG	政府擔保債務與投保市鎮公債，信用評等AAA級

　　這種根據債券到期期間與信用等級建構的雙軸模型，可以解釋固定收益工具的報酬與風險性質。債券風險愈高，預期報酬也愈高。請參考圖8-2。

　　利率風險與信用風險的高低程度，決定投資人承擔這些風險所能獲得的補償。報酬潛能高的債券，通常都是信用等級較差、到期期間較長者。

到期結構

　　政府與企業發行的債券，有各種不同到期期間。

　　圖8-1把債券到期期間劃分為三大類：短期、中期與長期。短期債券的平均到期期間為3年或更短，中期債券的平均到期期間為4年到9年，長期債券的平均到期期間為10年或以

圖8-2　股定收益證券的風險—報酬比較

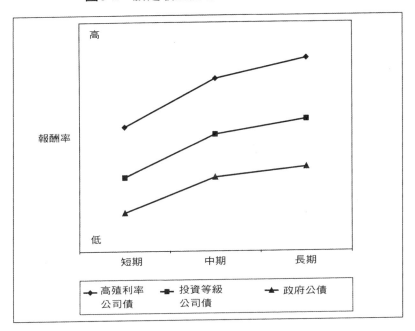

上。正常經濟狀況下，長期債券的利息較高，因為長期債券蘊
含的利率風險較大。我們知道，如果利率走高，債券價值將下
降。長期債券蘊含的這種利率風險高於短期債券，因為前者的
到期期間較長，價值受到利率變動的影響期間較長，程度也較
大。由於長期債券對於利率變動比較敏感，蘊含的利率風險較
高，對應的利息報酬當然也應該較高。

　　數種經濟因素會讓不同到期期間債券的利率在不同時間、
發生不同程度的變動。各種不同到期期間債券之間的利率差

別，稱為「碼差」。一般而言，1年期公債與10年期公債之間的
碼差為0.85％。就2005年1月份的資料來說，前述碼差為1.6
％。圖8-3顯示1年期國庫券與10年期公債之間的利率碼差變動
情況，涵蓋期間由1952年底到2004年底。

多數情況下，10年期公債的殖利率都高於1年期國庫券。
這種殖利率曲線，稱為「常態」（normal）殖利率曲線，因為
正常情況下，短期國庫券殖利率應該低於中期公債殖利率。如
果國庫券殖利率與中期公債殖利率相同，稱為「平坦」（flat）
殖利率曲線。最後，如果國庫券殖利率與中期公債殖利率相
同，稱為「逆向」（inverted）殖利率曲線。

圖8-3　公債到期期間碼差：1年期國庫券與10年期公債

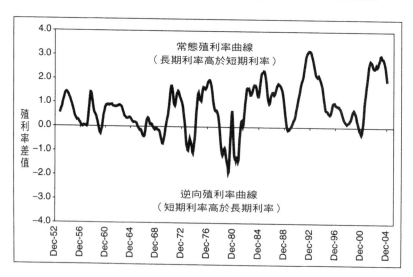

信用風險

信用風險反映在圖8-1的縱軸。信用風險愈高的債券，所支付的利息也愈高。表8-1顯示三家不同信用評估機構所採用的信用等級分類。

表8-1　三家信用評估機構的信用等級分類

	穆迪	標準普爾	惠譽
投資等級			
最佳	Aaa	AAA	AAA
傑出	Aa	AA	AA
中上	A	A	A
中下	Baa	BBB	BBB
非投資等級			
投機	Ba	BB	BB
極投機	B, Caa, Ca, C	B, CCC, CC, C	B, CCC, CC, C
違約		D	DDD, DD, D

投資等級債券的信用評等，標準普爾與惠譽（Fitch）的評等為BBB或以上，穆迪（Moody's）的評等則是Baa或以上。美國聯邦政府直接或間接發行的債券（譬如：財政部發行公債或聯邦機構發行債券），信用風險最低，這部分的殖利率也最低。投資等級的債券，包括投資等級的美國企業公司債，以及經濟基本面狀況很好的市鎮公債。這些債券的信用評等來自前述三家評估機構，所支付的利息高於政府公債。

信用風險最差的類別，包括高殖利率公司債，以及非投資

等級的市鎮公債。企業或市鎮機構發行的非投資等級債券，其債務清償能力可能發生問題。這些債券具有濃厚的投機性質，往往被稱為「垃圾」（junk）債券。本章稍後會深入討論這類債券。

信用評估機構調降某債券之信用等級，債券價值會下跌；信用風險實際上就是衡量這種債券價值下跌的程度。譬如說，某AA等級債券被調降為A級，由於信用風險提高，持有者會要求較高的報酬來彌補其承擔的較大風險，因此債券價值也會呈現對應的下跌。所以，債券信用等級調降而引發的債券價值下跌，屬於債券的信用風險，這可以被視為「降級」（downgrade）風險。

圖8-4顯示最高信用評等公司債（AAA級）與中等公司債（BBB級）之間的碼差變動紀錄。一般來說，經濟衰退期間，信用碼差會擴大，經濟復甦期間，信用碼差會縮小。

某些人認為，信用碼差擴大或縮小的波動，其理由就如同股價漲跌一樣。因此，這些人相信，投資組合內持有公司債，等於是增添股價波動風險。信用風險與股價報酬之間，有時候確實會保持高度相關，但這種關係並不穩定。

圖8-5顯示投資等級債券超額報酬與股票超額報酬之間的相關程度，也就是信用碼差溢價與股票風險溢價之間的相關程度。「信用碼差溢價」是計算「雷曼兄弟中期信用指數1-10年」（Lehman Brothers Intermediate-Term Credit Index 1-10 Years）減去「雷曼兄弟中期公債指數1-10年」（Lehman Brothers

圖8-4　投資等級公司債的信用碼差：
BBB級殖利率減去AAA級殖利率

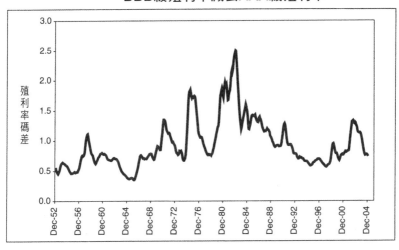

圖8-5　投資等級信用風險溢價與股票風險溢價之間的
36個月期移動相關程度

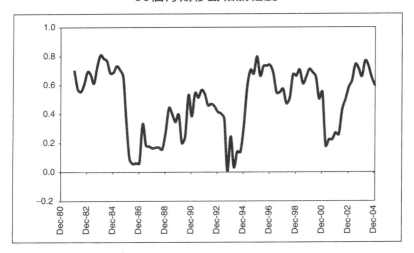

Intermediate-Term Treasury Index 1-10 Years）的差額。「股票風險溢價」是「CRSP 1-10整體股票市場指數報酬」減去「國庫券報酬」。衡量這兩種報酬之間的相關程度，讓我們得以大略瞭解此兩者之間的關連。

根據信用風險溢價與股票風險溢價之間的平均相關程度來看，信用風險溢價大約有25%是受到影響股票報酬的相同因素影響。投資組合內增添投資等級公司債，雖然會讓股票暴露風險稍微增加，但長期影響幾乎可以忽略。

投資等級債券

表8-2顯示信用風險與到期期間如何影響債券報酬，涵蓋期間由1973年到2004年。中期公債的到期期間超過國庫券，所以前者的利率風險較高，其報酬也較高，藉以彌補較高的風險。公司債存在信用風險，公債沒有信用風險，所以公司債必需支付較高的利息，藉以彌補投資人承擔的額外信用風險。

高度分散的股定收益投資組合，應該包含各種到期期間、

表8-2　投資報酬，1973-2004

1973-2004	1年期國庫券	雷曼兄弟中期公債指數	雷曼兄弟信用指數
年度化報酬	7.2%	8.2%	8.9%
標準差	2.0%	4.4%	5.2%

素質與發行者的投資等級債券。美國境內的課稅投資等級債券，絕大部分都包含於雷曼兄弟美國整體債券市場指數（Lehman Brothers U.S. Aggregate Bond Market Index）。這項指數追蹤6,600多種美國財政部公債、聯邦機構公債、投資等級公司債與洋基債券（Yankee Bonds）。通貨膨脹保障公債證券（Treasury Inflation-Protected Securities，簡稱TIPS）則是例外。由於其性質特別，所以TIPS被歸類到另一種指數。

　　雷曼兄弟美國整體指數的成分債券，平均到期期間為7.5年。這些成分債券中，美國財政部公債、聯邦機構公債、政府擔保抵押貸款債券大約佔70％以上。其餘部分包括投資等級公司債與洋基債券。所有這些債券都屬於投資等級。表8-3提供該指數在2005年初的一些細節內容。

　　目前有幾種指數型基金，是以雷曼兄弟美國整體債券指數為基準。作者建議各位採用其中一種基金，做為固定收益投資組合的基礎。本章末端提供一些這類的產品。

　　雷曼兄弟美國整體債券指數包含很多分類指數。到期期間

表8-3　雷曼兄弟美國整體債券指數的組成（2005年）

發行者		素質	
財政部公債	23%	AAA	77%
聯邦機構公債	12%	AA	3%
房地產抵押貸款擔保證券	35%	A	10%
公司債與資產擔保債券	26%	BBB	10%
洋基債券（海外）	4%	BB或更低	~0%

是其中一種分類方法。到期期間的分類中，最短者為雷曼兄弟1-3年短期政府／信用指數（LB 1-3 Year Short-Term Government / Credit Index），成分債券包含政府公債與公司債，但不含房地產抵押貸款債券。其次是雷曼兄弟中期政府／信用指數（LB Intermediate-Term Government / Credit Index）。到期期間最長的分類指數為雷曼兄弟長期政府／信用指數（LB Long-Term Government / Credit Index）。

運用整體市場指數與一種到期期間的分類指數，就可以調整固定收益組合的利率風險。舉例來說，投資期間如果設定為5年以下，或許應該持有較多數量的短期債券指數基金（以雷曼兄弟短期債券指數為基準）。對於已經退休的投資人，如果每年要提領生活費，短期基金至少需要包含一年的生活費在內。

增添其他固定收益證券

高度分散的固定投資組合，不需侷限於雷曼兄弟美國整體債券指數。組合納入其他固定收益證券，往往更能發揮分散投資的效益。這些其他證券包含：TIPS、高殖利率公司債、海外債券（包含新興市場債務工具），以及其他等等。

財政部通貨膨脹保障證券（TIPS）於1990年代末期引入市場，可以防範通貨膨脹造成的不利影響。TIPS就如同財政部發行的其他公債一樣，每半年付息一次，到期取回債券面值。可是，TIPS的半年利息與到期本面值金額並不固定。這些金額是

與當期的通貨膨脹銜接。如果相關期間發生通貨膨脹，則該期的債券面值也會依據通貨膨脹向上調整，由於面值上升，相關期間的利息也會跟著向上調整。換言之，TIPS支付的利息與本金都會根據通貨膨脹調整，所以不會受到通貨膨脹影響，這是一種非常特別的固定收益投資工具。

　　實際投資TIPS之前，還需要進一步瞭解通貨膨脹的相關調整。這種債券的票息利率為固定，但計算利息的債券面值則依據通貨膨脹進行調整。如果整個債券契約期間內都存在通貨膨脹，則債券面值會持續上升，每期領取的票息金額都會增加。反之，如果發生罕見的通貨緊縮（物價下跌），則債券面值同樣要向下調整，債券票息金額也會減少。

　　可是，請注意，TIPS根據通貨膨脹調整票息與面值金額的功能，並不值得過份渲染，因為任何債券的期望報酬都已經嵌入預期通貨膨脹。舉例來說，假定傳統10年期公債殖利率為4.5％，10年期TIPS的殖利率可能是2％。兩者的到期期間相同，但殖利率差別為2.5％，這就是傳統公債預先嵌入的通貨膨脹調整。換言之，傳統公債的2.5％額外殖利率，就是用來彌補整個期間的預期通貨膨脹不利影響。

　　由於傳統債券殖利率已經嵌入市場預期的通貨膨脹，所以傳統債券扣除通貨膨脹預期之後的實質殖利率，應該與TIPS殖利率相同。圖8-6顯示2024年到期TIPS殖利率與對應之2024年到期傳統債券殖利率之間的差額，任何時候的差額都代表當時市場預期的通貨膨脹率。當然，不同時間所預期的通貨膨脹水

準也不同。目前，投資人預期通貨膨脹率平均約為3.0%，較1998年的預期水準高出1.5%。

由於TIPS沒有通貨膨脹風險，所以我們能夠根據TIPS觀察公債的實質報酬。所謂的實質報酬，就是扣除通貨膨脹之後的報酬。由於公債沒有信用風險，所以某些人或許認為10年期TIPS的實質報酬不會隨著時間變動。可是，實際情況並非如此。當通貨膨脹嚴重的時候，TIPS的實質報酬會高於通貨膨脹舒緩的期間，稅金是導致公債實質報酬波動的原因之一。不論是實質報酬或通貨膨脹調整部分的報酬，兩者都必須繳納稅金。因此，當通貨膨脹嚴重的時候，投資人要求的實質報酬會

圖8-6　公債殖利率碼差：傳統公債殖利率與財政部通貨膨脹
　　　　保障證券（20年期）

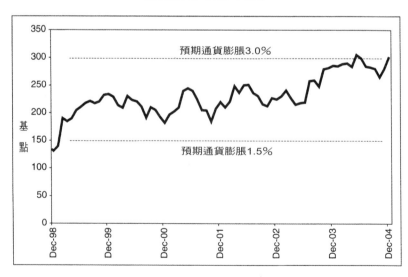

較高，用以支付通貨膨脹調整部分報酬的稅金。

　　美國財政部於1997年首次發行通貨膨脹保障證券，所以我們沒有足夠的資料提供36個月期移動相關程度。圖8-7顯示TIPS與其他債券市場之間的年度報酬情況。

　　關於圖8-7的數據，需要特別注意一點。1997年，當TIPS剛發行的時候，投資人的需求不高，因為這類證券的數量很少，投資人也不太清楚這種新證券。隨後幾年內，這類證券的發行數量愈來愈多，投資人也愈來愈瞭解，市場需求也慢慢增溫。另外，有幾家共同基金也推出TIPS基金。如同任何東西一樣，需求會帶動價格，所以圖8-7顯示TIPS的優異表現，有一

圖8-7　雷曼兄弟整體債券指數與雷曼兄弟TIPS指數的
　　　　總報酬比較

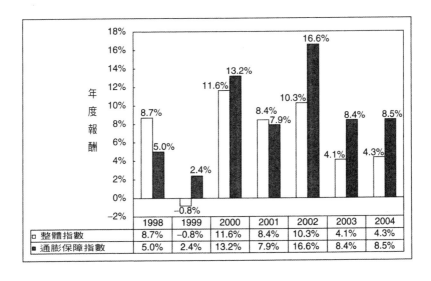

	1998	1999	2000	2001	2002	2003	2004
整體指數	8.7%	−0.8%	11.6%	8.4%	10.3%	4.1%	4.3%
通膨保障指數	5.0%	2.4%	13.2%	7.9%	16.6%	8.4%	8.5%

部份要歸功於需求層面。可是，這項因素將來不會繼續存在，所以投資人不可期待過高。

美國財政部發行的 i 債（iBonds）也屬於通貨膨脹保障證券的一種，可以保障相關投資的購買力。如同TIPS一樣，i 債的利息與通貨膨脹利益都不需繳納州政府與地方政府稅金。可是，i 債具備一些條件，使其較TIPS更具投資吸引力。第一，i 債面額較小：$50、$75、$100、$200、$500、$1,000、$5,000與$10,000。第二，i 債的利息收益聯邦所得稅可以遞延繳納，直到債券變現或在30年之後停止支付利息。第三，為了某些教育用途，可以免稅支領收益。可是，i債也有一些缺點。第一，每年可購買的金額有上限$30,000。第二，i 債在5年內變現，必須繳納3個月票息的罰款。

TIPS與i債都是為了防範通貨膨脹發生意外變動。雷曼整體債券指數並不包含通貨膨脹調整債券，所以債券投資組合如果增添TIPS與 i 債，多少可以發揮分散投資的效益。

高殖利率公司債

高殖利率債券經常也被稱為「非投資等級債券」、「投機等級債券」或「垃圾債券」。不同於投資等級債券，信用評估機構給予高殖利率債券的信用評等都較低，標準普爾與惠譽的評等為BB或更低，穆迪則為Ba或更低。高殖利率債券的發行者包括：企業、市鎮機構與外國政府。整體而言，這類證券的

殖利率，大約與股票市場整體報酬相當。

　　高殖利率債券蘊含著信用風險之外的不同風險。這些證券的發行者，很可能沒有辦法履行償債義務。因此，高殖利率債券除了信用風險之外，另外還存在違約風險（譯按：根據一般金融辭典或債券教科書的解釋，信用風險就是違約風險，但本書作者似乎不同意傳統看法。）。由於這種額外風險，投資人應該取得較高的報酬。

　　圖8-8顯示雷曼美國高殖利率公司債指數與雷曼美國整體債券指數之間的報酬差異。由於整體市場指數的成分債券，多數屬於投資等級債券；所以，前述兩種指數的報酬差異，基本上就是反映違約風險。2000年到2002年之間，由於幾家大型通

圖8-8　雷曼美國整體債券指數與高殖利率公司債指數

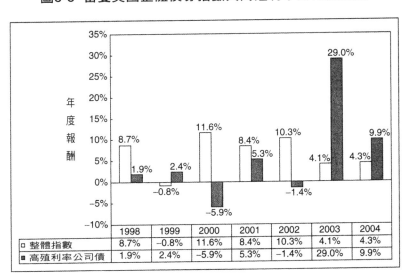

	1998	1999	2000	2001	2002	2003	2004
□ 整體指數	8.7%	-0.8%	11.6%	8.4%	10.3%	4.1%	4.3%
■ 高殖利率公司債	1.9%	2.4%	-5.9%	5.3%	-1.4%	29.0%	9.9%

訊企業沒有履行償債義務，導致違約風險上升。到了2003年與
2004年，高殖利率債券的違約風險顯著下降，因為這類債券發
生違約的情況減少。

　　某些研究者認為，違約風險也就是股票風險的一種，所以
在投資組合增添高殖利率公司債，也就等於持有更多股票。這
種說法不完全正確。違約風險與股票風險之間，雖然有時候保
持高度相關，但也未必經常如此，請參考圖8-9。

　　圖8-9顯示美國高殖利率公司債超額報酬與股票超額報酬
之間的相關程度，也就是違約風險溢價與股票風險溢價之間的
相關程度。「違約風險溢價」是計算「雷曼兄弟高殖利率債券

圖8-9　高殖利率公司債違約風險溢價與股票風險溢價之間的
　　　　36個月期移動相關程度

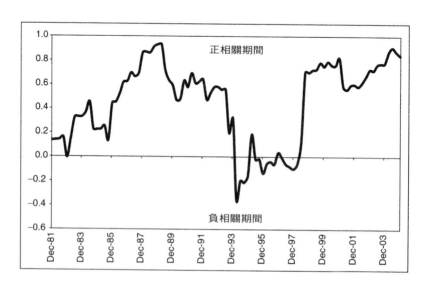

指數1-10年」減去「雷曼兄弟中期信用指數1-10年」的差額。「股票風險溢價」是「CRSP 1-10整體股票市場指數報酬」減去「國庫券報酬」。圖8-9衡量這兩種風險溢價之間的相關程度。

　　由1980年代初期以來，違約風險與股票風險之間的相關程度，走勢並不穩定，波動於+0.9到－0.4之間。由統計觀點來看，高殖利率債券違約風險大約只有25％可以由影響股票報酬的相同因素來解釋；可是，這在統計學上並沒有顯著意義。如果投資組合撥出10％資金，持有本章最後列舉的某種BB～B等級債券基金，其報酬頂多只有2％與股票相關。總之，違約風險溢價與股票風險溢價之間相關程度並不穩定，使得高度分散的固定收益證券組合，有理由另外持有BB～B等級的高殖利率公司債。

　　雖說如此，但極低等級的債券基金（信用等級平均為CCC或更低者）其報酬與股票報酬之間，確實保持高度相關。所以，整體股票與債券資產配置之間的關係，可能需要做調整。舉例來說，如果整個投資組合持有10％的極低等級垃圾債券基金，則該10％之內，大約有40％應該視為股票配置。

　　請注意，我並不建議直接購買個別的高殖利率債券，因為這類債券的交易成本很高，而且缺乏真正的相關資訊。比較好的辦法，是購買這方面的低成本共同基金，因為單筆投資就可以持有相當分散的高殖利率債券組合，而且該組合是由有經驗的經理人挑選。本章最後列舉一些低成本的BB～B等級高殖利率美國公司債基金，有興趣的人可以參考。

新興市場債務工具

　　全球債券市場的規模非常龐大，約略為$65兆，大概與全球股票市場相當。這些可供交易的固定收益證券，大約有半數是採用美元計值，剩餘半數則是以外幣計值。投資相關的討論，經常把國家劃分為兩大類：已開發國家與新興市場。已開發國家的自由經濟發展趨於成熟，金融市場也有明確的制度。新興市場的發展相對不成熟，金融市場也相對不健全。

　　某些新興市場的政治環境可能快速變動，也讓金融市場變得更不穩定。由於存在額外的風險，所以新興市場債券的預期報酬，通常高於已開發市場。有關新興市場債券交易的紀錄，歷史很短暫。第一個新興市場債券基金成立於1993年。

　　根據表8-4的數據顯示，自從1993年以來，新興市場債券基金的複利報酬率，顯著高於雷曼整體債券指數，風險也同樣較高。此處之所以討論共同基金的報酬，因為這是一般人投資新興市場債務工具的唯一可行管道。表8-4顯示的新興市場債券基金指數，是取最近12年內，所有新興市場債券基金的年度

表8-4　新興市場債券基金報酬

1993～2004	雷曼兄弟整體債券指數	新興市場債券基金
年度化報酬	7.4	12.2
標準差	6.3	18.5
市場相關程度		+0.5

報酬中位數。

新興市場債券的報酬績效較高，但風險也同樣較高。除了具備高殖利率公司債的相關風險之外，新興市場債券還有外匯風險與政治風險。外匯風險是任何國際投資都存在的。政治風險則主要發生在新興市場，因為這些國家的政治情況永遠都無法確定。這方面的國際投資風險，詳細資料請參考第7章的「全球股票投資」。圖8-10比較美國債券市場指數與新興市場債券基金之間的績效表現。

圖8-10包含1998年的數據在內，那年的新興市場債券基金表現其差無比。整個事件的導火線，是蘇俄政府沒有履行其償債義務，結果造成整個新興市場烏雲密佈，風險溢價急遽擴

圖8-10　雷曼兄弟整體市場債券指數與新興市場債券共同基金

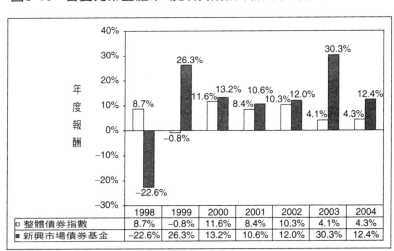

	1998	1999	2000	2001	2002	2003	2004
整體債券指數	8.7%	-0.8%	11.6%	8.4%	10.3%	4.1%	4.3%
新興市場債券基金	-22.6%	26.3%	13.2%	10.6%	12.0%	30.3%	12.4%

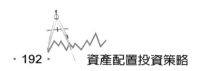

大。可是，就如所有其他的金融恐慌一樣，最後都雨過天晴，違約風險又回到正常區間。

小結

概略瞭解固定收益市場的情況之後，接下來要針對個人的投資組合做適當的資產配置。表8-5是一個範例，這是作者本身經常引用的股定收益組合。可是，請注意，這只是一個例子，不是投資建議。每位投資人都必須根據本身的條件與目標，選擇最適當的資產配置。

表8-5 運用課稅債券建構的固定收益配置

固定收益配置	固定收益投資類別
50%	雷曼整體債券指數
20%	財政部通貨膨脹保障債券或i債
20%	高殖利率公司債
10%	新興市場債務工具

圖8-11說明固定收益證券組合的分散投資效益，其中三條曲線，分別代表三個投資組合。第一個投資組合，是投資$1於財政部中期公債的價值走勢。第二個投資組合，是投資$1於三種投資等級債券：三分之一的中期公債、三分之一的投資等級中期公司債，以及三分一的GNMA房地產抵押貸款證券（類似雷曼兄弟整體債券指數）。

圖8-11　$1投資的成長走勢

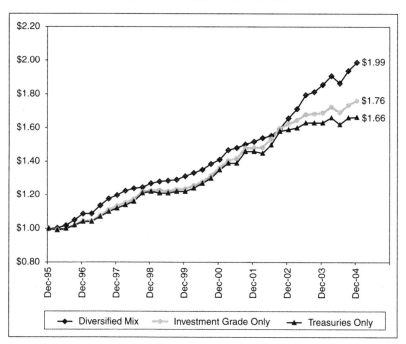

第三個投資組合，結構很類似表8-5，但不包含TIPS，因為TIPS是在1998年才引進市場。這個分散性投資組合每年重新調整，讓各種證券之間的比例恢復表8-5的原始設定。

這種多重資產類別的固定收益投資組合，將來的表現是否會超過公債與投資等級債券組合，我們當然不可能預知，但我相信投資人如果願意額外承擔高殖利率風險、違約風險與無通貨膨脹風險，應該會得到對應的報酬。所以，投資人如果願意花點時間研究固定收益資產配置，應該會得到應有的報酬。

市鎮債券

截至目前為止，我們只討論課稅債券。有關資產配置，免稅的市鎮債券可能扮演重要的角色，實際情況則取決於個人的投資組合與適用的所得稅率。對於適用高稅率的人，透過課稅帳戶投資，市鎮債券的稅後收益會較高。

一般來說，如果購買本州發行的市鎮債券，其利息收益不需繳納聯邦政府、州政府與地方政府的稅金（存在例外情況）。所以，市鎮債券的殖利率，低於對應的課稅政府公債或公司債；可是，稅後報酬則較高。

如果要比較課稅債券與免稅債券的殖利率高低，只需要把課稅債券殖利率扣除稅金部分，就可以直接比較。舉例來說，如果課稅債券殖利率為4％，投資人適用的所得稅率為30％，稅後報酬將是2.8％。如果對應的市鎮債券殖利率高於2.8％，那麼投資免稅債券比較有利。粗略估計，如果投資人的州政府與聯邦政府所得稅率總計超過30％，透過課稅帳戶投資市鎮債券通常比較有利。

總之，適用高所得稅率的人，其課稅帳戶所進行的投資，應該考慮利用市鎮債券取代投資等級的課稅債券。這種情況下，低成本的分散性免稅基金，可以用來代替整體市場指數基金。關於市鎮債券共同基金的產品，請參考下一節。

固定收益投資：參考清單

表8-6列舉一些低成本的固定收益共同基金，這些都是讀者能夠考慮投資的潛在對象。關於這些基金或其他低成本、免手續費基金，請查閱理查·菲力（Richard A. Ferri）的《指數型基金介紹》（All About Index Funds，McGraw-Hill, 2002）。

表8-6　低成本固定收益共同基金

	代 碼	基準指數
整體債券市場基金		
先鋒整體債券市場	VBMFX	雷曼美國整體債券指數
雷曼兄弟整體 i 股	AGG	雷曼美國整體債券指數
先鋒短期債券指數	BBISX	雷曼1～5年政府／信用指數
財政部通貨膨脹保障		
先鋒通貨膨脹保障證券	VIPSX	雷曼財政部通膨中期指數
雷曼TIPS債券 i 股	TIP	雷曼財政部通膨中期指數
個別 i 債		透過銀行或財政部購買
高殖利率公司債		
先鋒高殖利率公司債	VWEHX	積極管理，B～BB等級
TIAA-CREF高殖利率	TCHYX	積極管理，B～BB等級
新興市場債務工具		
培頓新興市場債券	PYEMX	積極管理，部分避險
富達新市場收益	FNMIX	積極管理，部分避險
市鎮債券基金		
先鋒中期稅金豁免	VWITX	積極管理，6～12年
先鋒短期稅金豁免	VMLTX	積極管理，2～6年

另外，讀者也可以到www.Morningstar.com查閱，該網頁提供很多共同基金工具與資訊。

木章摘要

　　適當分散的投資組合，應該同時包括固定收益與股票投資。為了取得分散投資的最高效益，固定收益部分本身也應該同時涵蓋幾個不同類別，然後每年重新調整。固定收益投資資產配置可以提升整體報酬，而不至於造成投資組合風險的明顯變化。

　　債券市場絕對不缺乏分散投資的對象。固定收益資產類別包括：政府公債、公司債、房地產抵押貸款證券、資產擔保債券（譬如：信用卡應收款為資產擔保），以及海外已開發市場與新興市場債券。整體市場債券基金可以涵蓋多數投資等級的固定收益證券。然後，可以另外購買TIPS、高殖利率債券基金與新興市場債券基金。

　　建構固定收益投資組合的最好辦法，是購買低成本的共同基金，尤其是債券指數基金。指數型基金的表現，可以相當精準地反映本章討論的固定收益指數。對於某些固定收益資產類別，沒有辦法購買指數型基金，對於這些投資對象，可以考慮低成本的積極管理共同基金。適用高所得稅率的投資人，可以考慮採用市鎮債券共同基金來取代課稅的投資等級債券。

第九章

不動產投資

重要概念

■ 不動產是有別於股票與債券的另一種資產類別。

■ 不動產投資基金（REITs）是這方面的適當投資管道。

■ REITs與普通股／債券之間的相關程度不高。

■ 房地產可以提供居住空間與收益潛能。

　　現代投資組合理論的重要結論之一：投資組合持有低相關的資產類別，並且定期重新調整，可以降低投資組合的整體風險，提升長期報酬。不動產（房地產）是與股票／債券之間保持低相關的少數資產類別之一。適當分散的投資組合，除了持有股票與債券之外，也應該持有房地產投資；這類投資組合的表現，明顯勝過不包含房地產的投資組合。

　　布蘭迪投資協會（Brandes Investment Institute）、保德信財務機構（Prudential Financial），以及倫敦商業學院的艾羅

伊・狄森教授（Professor Elroy Dimson）共同進行一項有關美國房地產投資長期報酬的研究[1]狄森教授發現，1930年以來，美國房地產的長期報酬大約對等於美國股票市場的報酬（請參考表9-1）。

表9-1　美國房地產長期報酬

	房地產 總報酬	股票市場 總報酬	通貨膨脹 （消費者物價指數）
1930–2004	9.3%	9.7%	2.8%

深入分析狄森的資料，我們發現10年期的租金收益報酬非常穩定。請參考表9-2，10年期的租金報酬大約都在7%～1%範圍內。2000～2004年的資料不足10年，資本報酬數據經過修正而反映2004年整年的狀況。

表9-2　10年期美國房地產報酬

10年期	總報酬	年度收益報酬	資本報酬
1930–1939	8.1%	8.4%	−0.3%
1940–1949	13.7%	6.3%	7.0%
1950–1959	6.2%	6.1%	0.2%
1960–1969	6.5%	6.2%	0.3%
1970–1979	10.1%	6.3%	3.6%
1980–1989	11.1%	6.5%	4.3%
1990–1999	5.5%	6.6%	−1.1%
2000–2004	10.5%	7.5%	3.0%

　　所有的商業租賃契約，幾乎都有防範通貨膨脹的條款。隨著物價上漲，房東可以把這方面的成本轉嫁給房客。由於房東能夠提高租金，這使得房地產成為防範通貨膨脹的重要投資工具。

　　除了專供出租的房地產之外，自用住宅也是可靠的投資，而且還可以提供居住空間。根據政府資料顯示，自用住宅長期以來的每年升值幅度大約是5％。某些地區的房價升值幅度遠超過全國平均水準，這使得很多人買不起房屋，因此而引起政府關切。

　　如果可能的話，長期投資機會應該同時包括自用住宅與商業房地產。可供居住的土地資源是有限的，建材資源也是有限的。另外，美國人口仍然繼續成長。根據這兩個事實，房地產價格應該還會繼續走高。

商業房地產投資機會

　　商業房地產可以透過三個管道投資：直接投資房地產，過有限合夥機構（LPs）間接投資，透過公開掛牌房地產投資信託基金（REITs）間接投資。每種方法都各有優點與缺點。

　　直接投資可以充分控制房地產，包括：租金、成本管理與出售決策。直接投資的報酬率通常最高，如果房地產所有人親自管理，就可以避開大部分的中介費用。可是，如果想直接投資／親自管理，就需要有房地產管理知識與技巧，熟悉房地產

市場。直接投資雖然也可以聘請專業管理人，但總報酬將因此減少。另外，管理成本、長期空房，或碰上難纏的客戶，都會造成報酬減少。最後，萬一想要脫手而碰上房地產景氣不佳，也會增添困擾。

透過有限合夥管道間接投資房地產，獲利潛能很不錯，但前提是要找到適當對象。如何找到一位既精明、又老實的普通合夥人，這是投資成功與否的關鍵。一位有能力、有經驗的普通合夥人，他會總管一切，包括取得房地產，管理與出售，全部由普通合夥人處理。可是，有限合夥人只能保持被動的角色，這是最嚴重的缺點。有限合夥人沒有權利參與任何決策；對於應該買進什麼、如何管理、如何出售資產等決策，有限合夥人都沒有發言權。另外，有限合夥持份通常不具市場流動性；如果想要轉售持份，恐怕很困難，因為買方通常都不願支付公平、合理的價格。

對於一般人來說，REITs是投資房地產的最單純管道。REIT等於是在集中市場掛牌交易的一籃房地產投資組合。由於REITs可以透過集中市場進行交易，市場流動性基本上沒問題。這種投資工具的最主要缺點，在於相對昂貴的管理、行政費用。舉例來說，如果根本房地產組合的當時收益為8％，投資人實際取得的收益大約是6％。另外，REITs投資人除了股東大會之外，一般情況下都沒有發言權。

過去10年來，REIT市場的成長非常快速，這方面的共同基金變得很普遍。購買REIT指數型共同基金，只要投資少量資

本,就可以同時擁有全國各地、各種房地產投資的一小部分。當然,REIT共同基金也有缺點,投資人除了必須承擔REITs本身的管理費之外,還要承擔共同基金的另一層管理費用。

REITs 做為一種資產類別

本書建議採用的投資工具,主要都是低成本共同基金。所以,關於商業房地產投資,我們只打算討論REITs股票。不過,本節討論的知識,也可以運用到商業房地產投資的其他層面。

1960年,美國國會通過一個法案,允許房地產信託基金在主要集中市場掛牌交易。在設計上,房地產投資信託基金是一種節稅的投資工具,投資人可以因此擁有分散性的房地產投資組合。負責管理REITs的公司,通常免繳聯邦與州政府的所得稅,前提是管理公司必須符合稅捐處的一些規定。最重要的相關規定包括:

1. **房地產投資至少必須佔總投資的75%。**

2. **總收益至少必須有75%來自房地產租金。**

3. **課稅收益至少有90%分派為股利。**

1960年代,REITs算得上是很新奇的觀念,不過並沒有抓到投資人的心。機構法人沒有興趣,因為稅法禁止5人或以下擁有超過REIT的50%持份。因此,在最初30年內,REIT的總市值只勉強成長為$56億(只包括股票REITs)。

1990年代初期，稅法做了一些修改，這也引爆了REIT市場。退休基金現在可以持有較多的房地產投資部位。由於REITs的市場流動性充裕，機構法人認為這是進行房地產投資的最適當管道。

根據房地產投資信託基金國家協會（National Association of Real Estate Investment Trusts，簡稱NAREIT）的資料顯示，由1990年到2004年之間，該市場由總規模$55億的60家小型股票REITs，成長到150多家，總市值則超過2兆730億。這些數字看起來令人肅然起敬，但相較於整體商業房地產市場，還是微不足道，這個類股占整個股票市場的總市值比率也還不到2%。

房地產市場證券化程序，還有一大段路要走。根據美國聯邦銀行的資料顯示，商業房地產的總值大約是$15兆。可是，並不是所有的房地產都可以被納入REITs。公開掛牌企業如果擁有大量的商業房地產，則這部分投資已經反映在普通股的股價上。針對企業持有投資進行調整之後，可供投資的美國商業房地產大約還有$4兆，透過REITs公開掛牌交易的比率還不到7%。

股票與其他類型的REITs

REITs劃分為三大類：股票、房地產抵押貸款與混合。股票REITs是完全做房地產投資的唯一類型；換言之，這是最純粹的房地產投資。房地產抵押貸款REITs並沒有直接投資房地產。這些信託基金事實上是承做商業貸款。所以，房地產抵押

貸款REITs實際上屬於債券投資的一種，並不是真正的房地產投資。混合REITs則是前述兩者的混合。基於這個緣故，混合REITs的報酬一部份來自於房地產表現，另一部份來自於房地產抵押貸款表現。

本章主旨是探討房地產（商業不動產）相關的資產類別。因此，本章引用的資料，都只反映股票REITs的風險與報酬，完全沒有涉及房地產抵押貸款與混合REITs。

美國股票市場將近有100家不同的股票REITs掛牌交易。這些機構投資的房地產涵蓋面很廣，包括：購物中心、商業大樓、公寓與飯店。投資人可以直接購買這些REITs，或透過REIT共同基金做間接投資，後者涵蓋的房地產投資層面更廣。

股票REITs的績效表現

股票REITs的績效，可以劃分為兩部分。第一部份是REIT的股價漲跌表現，第二是分派股利與股利再投資。由於REITs必須將90％的課稅收益分派為股利，公司才可以不需繳納所得稅；這種情況下，絕大部分的REITs績效都來自分派股利與股利再投資。

圖9-1與圖9-2說明REITs的分派股利對於投資人的重要性。圖9-1代表投資$1於NAREIT股票的價格成長情況（這份圖形不含分派股利與股利再投資報酬）。圖9-2則顯示分派股利與股利再投資的總報酬。

圖9-1 NAREIT股價指數（只含價格）大致反映通貨膨脹，
起始投資＄1

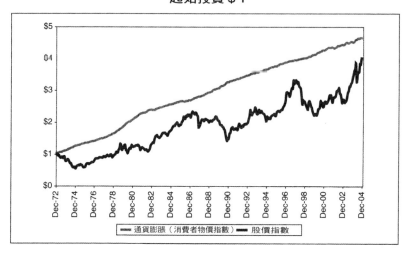

圖9-2 NAREIT股票總報酬指數vs.CRSP美國整體股票
市場指數，＄1投資的成長狀況

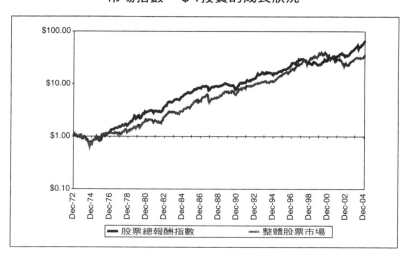

　　一般來說，REITs股價會隨著通貨膨脹程度進行調整。這是可以理解的，因為REITs的90％以上課稅收益都必須分派為股利，所以股價大體上只會反映通貨膨脹。

　　一旦把股利與股利再投資納入指數，情況就截然不同了。圖9-2顯示投資$1於NAREIT指數（股利全部再投資）的成長情況，並且與美國整體股票市場的表現做比較。由整段期間觀察，股票REITs的表現稍微優於美國整體股票市場；可是，如果就個別年份來看，兩者績效互有領先。大體上來說，股票REITs與美國整體市場的風險—報酬表現約略相當，沒有顯著的差異。

　　圖9-3比較三種指數的報酬表現：美國整體股票市場、雷曼中期政府／信用指數，以及威爾夏REIT指數（股票REITs的

圖9-3　CRSP整體美國股票、中期債券與REITs的年度報酬比較

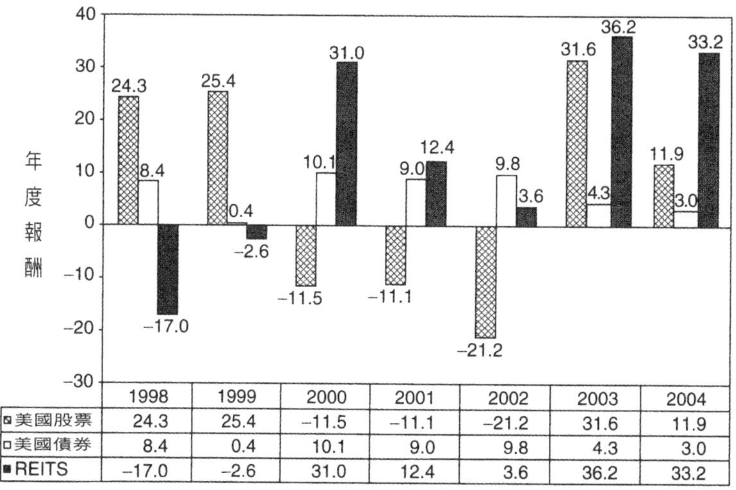

年度報酬	1998	1999	2000	2001	2002	2003	2004
美國股票	24.3	25.4	−11.5	−11.1	−21.2	31.6	11.9
美國債券	8.4	0.4	10.1	9.0	9.8	4.3	3.0
REITS	−17.0	−2.6	31.0	12.4	3.6	36.2	33.2

一種指數）。如同我們看到的，三者的逐年表現都不穩定。

相關程度分析

在1992年有關REITs的稅法做修止之前，REITs的風險—報酬性質與股票很接近。由於REITs與國內股票之間的高度相關，意味著整體股票市場走勢也會同樣影響REITs。到了1990年代初期，市場對於這種投資工具的看法開始發生變化。REIT市場開始走出自己的路，投資人也漸漸瞭解這種投資工具的特性。REIT的行為模式已經不同於其他資產類別。隨後10年內，

圖9-4　NAREIT股票指數與CRSP整體美國股票市場指數之間的36個月期移動相關程度

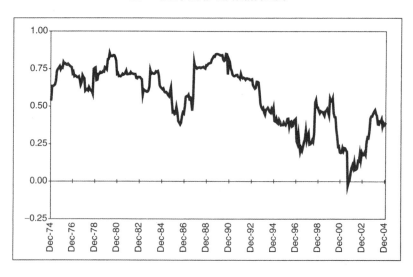

REITs與其他股票之間的相關程度下降，2001年甚至曾經短暫呈現負相關，請參考圖9-4。

REITs與其他股票之間變動不定的相關程度，創造了分散投資的另一種機會。圖9-5顯示美國股票投資組合增添REITs之後的風險一報酬效率前緣。由於REITs的風險、報酬約略對等於美國股票市場，但兩者之間的低相關，使得REITs能夠提供分散投資效益。

威爾夏REIT指數很類似NAREIT指數，兩者都代表所有公開掛牌的股票REITs。可是，威爾夏指數起始於1987年，在2002年之前沒有包括醫院與醫療保健機構。採用威爾夏REIT指數的優點，是該指數可供投資；換言之，有某些指數型共同基

**圖9-5　CRSP整體股票市場與威爾夏REIT股票指數之間的
　　　　風險一報酬關係，1978～2004**

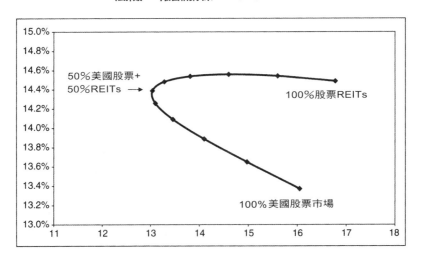

金是以該指數為基準。

房地產價格與利率走勢有關。利率下降，房地產價格會隨著需求增加而上漲。因此，很多人認為，債券報酬與REITs報酬之間應該存在顯著正相關。可是，實際資料並沒有顯示這方面的現象。請參考圖9-6，其中顯示REIT報酬與雷曼中期指數之間的36個月期移動相關程度。整個期間內，兩者之間的正相關程度並不穩定。

圖9-7顯示REITs的投資狀況，彰顯多種資產類別投資組合提供的效益。此處顯示的報酬—風險結構，是採用兩個根本投資組合，一是中期債券，另一是由20％REITs與80％一般股票

圖9-6 NAREIT股票指數與雷曼中期政府／信用指數之間的
36個月期移動相關程度

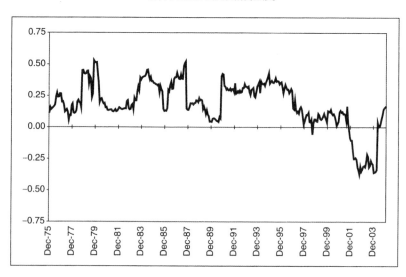

圖9-7　投資組合採用與不採用REITs的比較，1978～2004

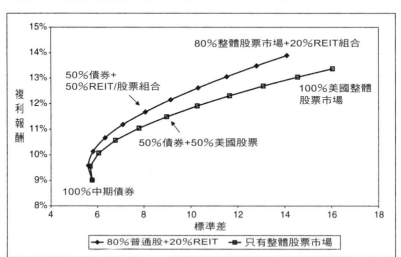

構成的股票組合。我們發現，增添REITs之後，可以降低投資組合的風險，並提升長期報酬。

　　股票REITs是一種低相關的資產類別，應該被納為潛在投資對象。目前市面上有幾種低成本的REIT指數型基金，其表現基本上反映相關的REIT指數。這些基金名稱，請參考本章最後的表9-3。

自用住宅

　　討論房地產，自然必須討論自用住宅投資，否則就稱不上完整。除了提供居住空間之外，挑選適當地點購置住宅，也是

一種可靠的長期投資。長期以來，美國自用住宅價值，每年平均增值5％。當然，某些地區的增值幅度不只如此而已。

圖9-8顯示單一家庭住宅平均價格自從1975年以來的成長狀況（根據聯邦住屋事業監督辦公室公布的資料，Office of Federal Housing Enterprise Oversight，簡稱OFHEO）。這些資料是來自兩個負責房地產抵押貸款的政府機構：Fannie Mae與Freddie Mac。住屋價格指數（HPI）主要是反映美國整體單一家庭住屋的價格變動狀況。HPI是一種再售加權指數；換言之，該指數衡量相同房地產重複轉售的價格變動狀況。

由1975年到1996年之間，HPI基本上是反映通貨膨脹。可

圖9-8 住屋價格指數vs.消費者物價指數

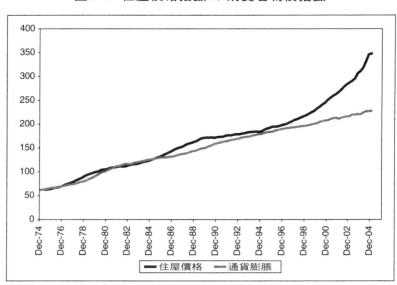

是，到了1990年代中期，住屋實質價格開始穩步上升。有些人認為，這波漲勢是由於房屋貸款利率太低而引發的房地產泡沫化行情。對於美國的某些地區來說，房價確實有泡沫化的跡象。可是，如果要說整個美國房地產都會泡沫化，恐怕是不正確的說法，因為某些地區的房價漲幅很有限。

圖9-9顯示HPI的逐年變動情況，其中有幾點值得注意。1970年代末期與1980年代初期的高通貨膨脹期間，房價曾經飆到兩位數字的成長率。1990年代初期，由於經濟衰退與波灣戰爭，房價持平。1995年之後，房價則穩定向上攀升。

我認為，2000年到2003年之間的房價漲勢特別值得留意。當時，美國的經濟狀況並不好，但房價每年的成長率卻介

圖9-9　住屋價格指數（HPI）逐年價格變動，1974～2004

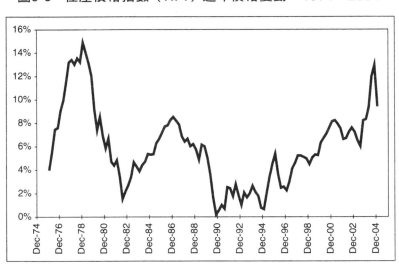

於4%到7%之間。請注意，這段期間內發生股市崩盤、經濟衰退、911恐怖攻擊事件，還有兩場戰爭。導致這段期間房地產上漲的最主要原因之一，是房地產抵押貸款利率處於歷史最低水準。請參考圖9-10的30年期房地產抵押貸款利率，這是由聯邦住宅抵押貸款公司提供的資料。

2003年7月，30年期房地產抵押貸款利率創50年的低點，使得大家都買得起房屋，需求暴增。利率在理論上不可能跌到0%。事實上，由於存在很多投資風險與管理、行政成本，30年期房地產抵押貸款利率將來不太可能跌破5%。根據這點判斷，住屋價格可能已經接近峰位。美國某些地區的房價可能會

圖9-10　聯邦住宅抵押貸款公司提供的30年期房地產抵押貸款利率

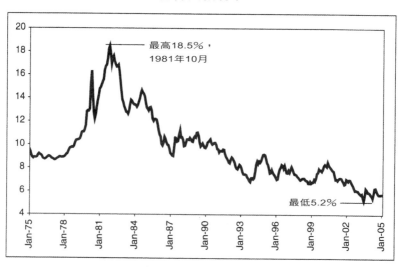

慢慢下跌，尤其是過去幾年內價格漲勢最異常的地區。

實務處理上，住宅資產應該擺在投資組合資產配置之外。購買住宅的主要理由，是替自己找到一個適合居住的場所。扣除稅金、利息、通貨膨脹與諸多費用之後，如果住宅還能增值，那純粹是額外的收穫。如果把住宅也納入投資組合內考慮，會引發一些難題，因為我們很難確定住宅的市場價值，也很難每年進行重新調整。譬如說，每年重新調整的過程中，我們不太可能買進或賣掉一部份住宅。

REIT投資：參考清單

表9-3列舉一些低成本的REIT基金，這些都是讀者能夠考慮投資的潛在對象。關於這些基金或其他低成本、免手續費基金，請查閱理查·菲力（Richard A. Ferri）的《指數型基金介紹》（All About Index Funds，McGraw-Hill, 2002）。

表9-3　低成本的REIT共同基金

股票REIT指數型基金	代碼	基準指數
先鋒REIT指數型基金	VGSIX	摩根史丹利REIT指數
道瓊美國REITi股	IYR	道瓊美國REIT指數
威爾夏REIT	RWR	威爾夏REIT指數

本章摘要

投資組合內增添低相關資產類別,可以降低整體投資組合的風險,掃升長期報酬。房地產是少數與股票／債券保持低相關的資產類別之一。相較於未持有房地產投資的股票／債券投資組合,增添房地產投資之後,投資組合的效率會顯著提升。

投資商業房地產的方法很多,但股票REITs是市場流動性最高、最方便的管道。股票REITs是由公寓、飯店、購物中心、商業大樓與其他出租房地產構成的投資組合,在集中市場掛牌交易。市面上有幾家低成本的REIT指數型基金,能夠讓投資人立即持有整體REIT市場的高度分散投資組合。

除了商業房地產之外,自用住宅也可以視為投資。一般來說,房價會跟著通貨膨脹步調成長,但利率下降期間,房價成長幅度往往更甚於通貨膨脹。自用住宅要挑選適當的地點。每個城鎮都有房價上漲速度最快的區域。可是,也有一些區域的房價漲幅已經夠大,短期內似乎不可能繼續成長。

附註

1. Brandes Institute, A Perspective on Long-Term Real Estate Returns: United States, San Diego, Ca, April 2004.

另類投資

重要概念

■ 另類投資涵蓋股票與債券之外的資產類別。

■ 很多另類資產類別很難實際進行投資。

■ 欠缺流動性與高昂成本，使得另類投資的優點相形失色。

■ 有些收費還算合理的共同基金。

　　現代投資組合理論不侷限於股票、債券與房地產。長久以來，另類資產類別在投資組合設計上扮演著重要的角色。另類資產類別的投資，包括：商品、外匯，以及類似如藝術品、金幣、葡萄酒……等收藏。

　　投資組合內增添另類資產，優點是它們與股票、債券等傳統投資之間的相關程度很低，應該具有分散投資的潛在效益；換言之，增添另類資產之後，投資組合的整體風險可能會下降，長期報酬可能提升。

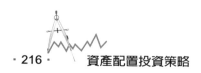
　　分散風險的效益雖然可貴，但另類資產投資涉及一些難以克服的障礙。最大的問題就是成本。不論是收藏品或投資商品期貨，涉及的成本往往遠超過分散投資的效益。

　　談到另類投資，當然一定要提到避險基金。過去十年來，很多投資人對於避險基金相當著迷，尤其是那些有錢人。避險基金之所以不同於傳統共同基金，最大的特色就是經理人可以自由挑選投資對象。避險基金不受美國證券管理委員會的規範（情況慢慢在改變中），所以其經理人可以做一大堆共同基金所不能做的事。避險基金可以持有大量而集中的股票部位；信用擴張的彈性很大；可以採用期貨、選擇權、交換交易或及他衍生性金融產品；可以放空（賣出基金所未擁有的資產）。

　　經理人的自由裁量彈性，投資人必須支付代價。相較於共同基金，避險基金的管理費用非常昂貴。另外，投資人還必須另外承擔一些費用，包括：交易成本、行政費用與績效獎金。說來也奇怪，既然收取偏高的管理費用，經理人竟然還要收取績效獎金，獎勵自己做一些原本就應該做的事？當然，如果基金的績效表現不理想而發生虧損，經理人仍然可以收取高額管理費用。

　　除了偏高的成本之外，避險基金通常也欠缺市場流動性。投資人可能要等很長一段時間，才能贖回自己的投資。某些避險基金規定，必須投資滿5年或10年，才可以贖回資本。

　　很多人誤以為避險基金屬於另類資產類別。避險基金本身

並不是另類投資。這些基金只是由有限數量的合格投資人，共同聚集資金而成立的共同帳戶。避險基金是持有投資的實體。避險基金經理人或許會投資一些另類資產，但這並不代表避險基金就屬於另類資產類別。

　　一般投資組合是否可以考慮納入避險基金或另類資產類別呢？如果各位對於某種收藏領域具備專門知識，知道什麼東西可以花小錢而賺大錢，那就可以試試。或者，如果各位可以發現某種低成本的管理基金，能夠在各位有興趣的領域內做高度分散的投資。對於這兩種情況，另類投資或許值得考慮，但配置的資本比例應該很小。

　　可是，為了取得另類投資管道，千萬不要花太多成本。這方面直接投資所需要耗費的成本，很快就會超越分散投資的效益。總之，如果心中存疑，就不要去碰。

商品投資

　　商品是指我們日常生活經常使用的東西，例如：食物、原料與能源。食物商品包括：糖、玉米、燕麥……等；原料商品包括：鋼、鋁……等；能源包括：源由、天然瓦斯、電力……等。另外還有貴金屬，例如：黃金與白銀。所有這些東西的交易，構成全球商品市場。

　　全球商品市場規模龐大，涵蓋面非常廣。由於全世界每個國家幾乎都可以由地下挖出或由地上長出某種商品，所以全球

有數以百計的商品市場。每個禮拜7天，每天24小時，隨時都有某個地方的市場在交易之中。如果各位想在晚上10點買進1盎司黃金，任何的大型商品經紀人都可以安排。如果想在半夜3點賣掉石油，這也同樣可以安排。

翻開《華爾街日報》的Money and Investing版面，就可以看到美國交易所提供的一些商品報價，包括現貨與期貨報價。現貨價格是指實體商品目前換手的價格，期貨價格則是未來特定日期交割特定數量商品的契約價格。

商品又稱為大宗商品；顧名思義，其數量很多。商品供給雖然偶爾也會短缺而造成價格上漲，但這種現象會自行修正。如果小麥因為供給相對短缺而價格上漲，農夫就會種更多的小麥。如果鋼鐵供給短缺，生產者就會開挖更多的礦藏。如果石油短缺，石油公司就會開採更多石油。總之，如果某種商品價格上漲而有賺頭，廠家就會增加供給，也會有更多競爭者加入。

另外，如果某種商品價格長期居高不下，就會出現替代品。譬如說，如果油價長期上漲，汽車製造商就會設法開發其他能源的車輛。當然，生產者與使用者可能要花很多年的時間，才能共同解決能源價格偏高的問題，但供給面遲早會迎頭趕上，或需求面會下降，使得能源價格下跌。

即使是貴金屬，供需也會自動調整。雖然生產者未必能夠找到更多的黃金礦源，但改善目前生產技術也可以增加黃金產量。另外，如果價格夠高，政府與大型機構可能會釋出大量庫存，很快就會壓低價格。最後，一旦黃金供給超過需求，價格

就會跌回真正的經濟價值。

　　圖10-1顯示1925年以來的黃金價格走勢（經過通貨膨脹調整）。幾十年以來，價格雖然偶而有突兀發展，但大體上還算平穩。長期而言，如果把儲存成本考慮在內，黃金投資人或許只能賺到通貨膨脹。

　　油價總是隨著全球供需狀況而波動。我們所支付的油價，都會反映這方面的波動。近年來的油價上漲壓力，主要來自於中國與印度等新興國家的強勁需求。雖說如此，但如同黃金價格一樣，油價也有起伏循環。請參考圖10-2的石油價格走勢圖（經過通貨膨脹調整），1981年價格一度暴漲。2004年出現另一波急漲走勢，但最高價並沒有超過1981年的峰位。就整個50年

圖10-1　黃金價格（調整為2004年價格）：黃金價格＝通貨膨脹

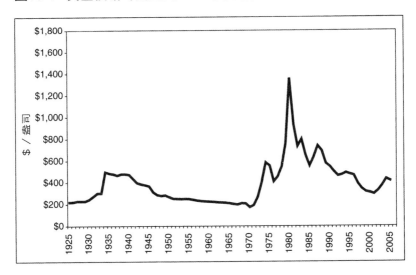

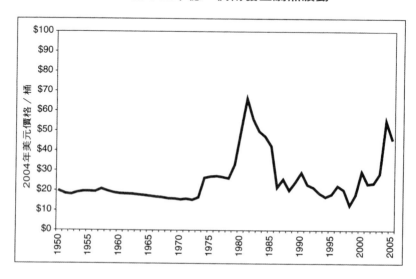

期間來看，經過通貨膨脹調整之後的現貨價格相對平穩。根據圖10-2觀察，油價基本上也是反映通貨膨脹。

　　商品市場的歷史悠久，更甚於股票市場。因此，有些商品價格資料可以回溯到百餘年前。本章採用的資料，大約涵蓋50年，這段期間的通貨膨脹還算緩和。

　　商品研究局現貨市場價格指數（Commodity Research Bureau Spot Market Price Index）是最廣泛的商品價格指數，涵蓋22種交投活絡商品的價格走勢，包括：可可豆、玉米、小牛肉、糖、小麥、粗麻、銅廢料、棉花、鉛廢料、印花布（現貨）、橡膠、鋼廢料、羊毛條、牛油、獸皮、活豬、豬油、松

圖10-2　原油價格（調整為2004年價格）：
基本上平穩，偶爾發生劇烈波動

香、獸脂、錫鋅以及基本能源相關項目。這些商品價格的資料，取自交易刊物或政府機構。圖10-3顯示1956年之後的CRB現貨指數走勢。如果想要取得路透社—CRB指數的免費資訊，請造訪www.CRBtrader.com。

1956年到1980年之間，商品價格走勢大體上與通貨膨脹一致。可是，隨後的25年期間，商品價格呈現狹幅橫向走勢。這段期間內，扣除通貨膨脹之後的商品實質價格是處於跌勢。關於商品價格為何會呈現跌勢，有很多解釋，例如：海外競爭者增加、新科技與新發明、價格控制與關稅等政府政策失敗。很多人相信，商品價格絕對會出現一波很長的多頭行情。可是，

圖10-3　CRB商品現貨價格vs通貨膨脹（消費者物價指數）

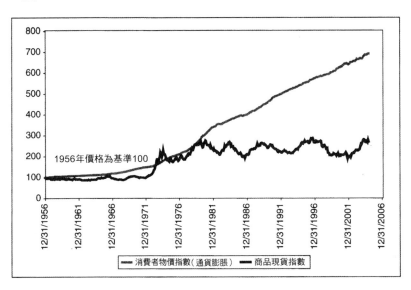

沒有人知道等待多時的大行情是否真的會發生？或何時發生？

2003年與2004年，美國商品指數急漲，某些人認為這是大行情的開端。可是，這波漲勢實際應該歸功於美元貶值，並不是全球商品供給短缺。

商品期貨

對於大多數人來說，不太可能從事實體商品交易。除非有能力儲存10,000英斗玉米或1,000桶原油，否則就很難從事商品現貨交易。如果想要從事商品交易的話，一般人都會選擇期貨契約。

期貨契約是在將來某特定日期、按照某特定價格買進或賣出特定數量之商品的契約。期貨契約屬於衍生性商品的一種；所謂的衍生性商品，是指該商品的價值是由根本資產衍生而得。就商品期貨契約來說，期貨價格一方面是取決於該商品目前的現貨價格，另一方面則取決於未來交割日的預期價格。

期貨契約就是預先決定價格而承諾將來買賣的契約。身為期貨買家，你同意按照某價格買進某標準化商品，並預付一筆款項。契約餘額則於契約交割當時付清。期貨契約的買賣雙方都有履約義務。在契約交割日之前，你隨時都可以把期貨契約賣掉，結束部位。

在集中市場掛牌交易的期貨契約，都屬於標準化商品，有一定的規格、大小、交割日等。期貨契約交易在特定集中市場

進行，買賣雙方在交易當時必須預付一筆款項，稱為履約保證金（margin）。保證金通常是契約價值的2％到7％之間。

讓我們舉例說明商品期貨契約的用途。假定某煉油廠想要鎖定3個月之後的原油進貨價格，可以買近3個月之後交割的原油契約，只需要支付一小筆保證金。這種情況下，煉油廠知道3個月之後的進貨價格，能夠預作規劃。同樣地，石油生產者也放空3個月之後交割的石油期貨，即使他手頭上並沒有石油。這種情況下，石油生產者知道他所生產的石油，在3個月之後可以按照多少價格賣出。

期貨價格取決於很多因素。最重要的影響因素，是該商品目前的現貨價格。一般來說，最近交割月份期貨契約價格會很接近現貨價格。

影響期貨價格的其他因素包括：供需展望、截至交割為止的持有成本、持有期間的利率水準等。有些時候，期貨價格會高於現貨價格；另一些時候，現貨價格會高於期貨價格。請參考圖10-4，其中顯示CRB現貨價格與1個月期CRB期貨價格之間的走勢比較。

請注意，1990年代，近月份期貨價格經常顯著低於現貨價格。這段期間內，期貨買盤預期原始物料的生產力會提高，海外供給會增加，所以預期商品價格將會下跌。最低價位大約發生在1999年2月。2000年到2004年之間，商品價格上漲，導致現貨價格與期貨價格的價差縮小，讓期貨價格得以超越現貨價格。

圖10-4　CRB商品現貨vs.近月份期貨價格比較，
1956年價格為基準100

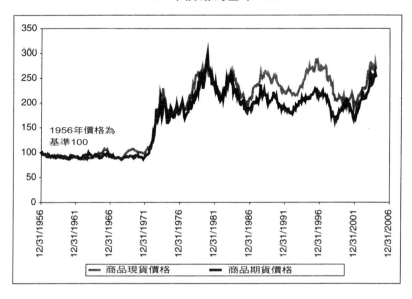

商品總報酬指數

　　圖10-5的CRB商品總報酬指數（CRB Commodity Total Return Index）可以提供一些解釋。該指數在設計上，是複製一籃可投資商品組合的報酬，但該指數本身並不可投資。這項指數的計算，綜合考慮商品價格走勢，以及即將到期之期貨記格與展延新契約價格之間的差價，再加上國庫券的收益。

　　我們稍早曾經提到，購買期貨契約需要付一筆履約保證金。一般來說，保證金大約是期貨契約價值的5％。舉例來說，

圖10-5　CRB期貨總報酬指數，假定現金部位可賺取國庫券報酬

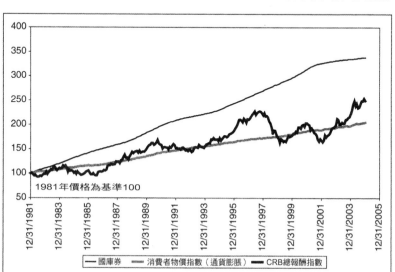

1981年價格為基準100

國庫券　　消費者物價指數（通貨膨脹）　　CRB總報酬指數

如果一個月之後交割的黃金期貨契約價值為$4,000，可能要支付5％或$200的保證金，這筆保證金可以賺取貨幣市場利息。換言之，剩下$3,800仍然保留在帳戶內，能夠做為其他用途，直到期或契約交割為止。這個月期間內的總報酬，等於黃金期貨價格變動，加上帳戶內95％現金的利息，以及該契約即將到期而繼續展延為次個交割月份契約的盈虧。

　　為了方便計算總報酬指數，假定帳戶內的95％現金投資於國庫券。所以商品指數總報酬包括：商品價格變動、該契約展延為次個交割月份契約的價差、帳戶現金與保證金賺取的利息。依此方式計算一個月期的報酬，繪製為圖形之後就如同圖10-5所示。

　　商品基金之所以對於投資人具有吸引力，主要是因為商品與股票／債券之間的價格相關程度很低。換言之，當整個證券行情走低時，不會影響商品走勢。圖10-6顯示CRB總報酬指數與美國股票／公債之間的價格走勢相關程度。

　　圖10-5與10-6呈現投資人面對的兩難處境。商品總報酬指數與其他資產類別之間的相關程度雖然很低，但其本身的歷史報酬也很低。對於任何資產類別來說，如果與投資組合其他資產類別之間的相關程度很低，雖然是一項優點，但相關程度低而不能提供報酬的話，就沒有任何意義。投資的目的是為了賺錢。商品指數與其他資產類別之間的相關程度很低，但相關程

圖10-6　CRB總報酬指數與美國股票／中期公債之間的36個月期移動相關程度

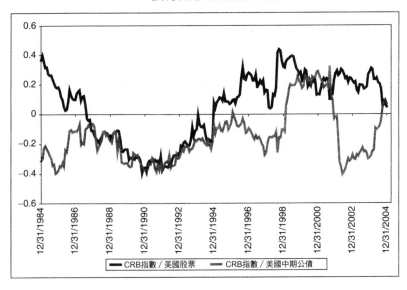

度低本身並不是我們投資的目的。除非能夠賺錢，否則就沒有投資意義。商品價格波動劇烈，如果其報酬頂多只能與國庫券利率相當，那最好還是另尋其他更具報酬潛力的對象。

如果非持有商品不可

　　如果你非投資商品不可，那也要適可而止。直接買賣個別的商品期貨契約，顯然不是好主意，因為所涉及的風險極高。比較好的辦法，是購買分散性的商品共同基金。另一個辦法，是購買與商品公司關係密切的類股共同基金。本章最後列舉一些值得考慮的低成本商品共同基金。

　　市面上有多種投資商品總報酬指數的共同基金。如果想要投資這些基金，必須瞭解各種商品指數的結構。就如同股價指數一樣，商品也有幾種不同的指數，各有不同的建構方法與邏輯。

　　最常見的三種商品指數，分別為：商品研究局指數（Commodity Research Bureau Index，簡稱路透社-CRB指數）、高盛商品指數（Goldman Sachs Commodity Index，簡稱GSCI），以及道瓊-AIG商品指數（Dow Jones－AIG Commodity Index，簡稱DJ-AIGCI）。三者之間的最大差異，是其所採用的商品權數。

　・**路透社－CRB指數是由22種商品價格構成的相等權數指數**。所謂的相等權數，是指鎳的價格上漲1％，對於整體指數的影響，就如同原油價格上漲1％一樣。

- **GSCI採用24種商品構成的市值加權指數。**由於石油全球產量總值在整體商品總值佔著重大比例,所以原油價格變動1%,對於指數的影響程度遠超過鎳價變動1%。

- **DJ-AIGCI採用19種商品構成的市值加權指數,但有一些額外限制:**任何單一商品類別(例如:能源)佔的權數比例不得超過33%,任何單一商品(例如:石油)佔的權數比例不得超過15%。針對這方面的限制,DJ-AIGCI指數每年重新調整權數。

這三種指數之間的差異,請參考表10-1,其中顯示各種商品類別在三種指數內所佔的權數比例。

這三種指數的權數結構雖然不同,但彼此之間表現的相關程度很高,而且三種指數分別與美國股票/債券之間的相關程度很低。表10-2顯示三種指數由1991之後的報酬/風險資料。

2001年到2004年之間,石油與天然瓦斯價格大漲,這使得GSCI與DJ-AIGCI總報酬指數表現相對傑出,因為這兩種指數

表10-1　商品指數權數(2005年)

商品類別	路透社-CRB 權數	GSCI權數	DJ-AIGCI 權數
能源	18%	73%	33%
穀物	17%	8%	21%
軟性商品(糖、可可)	23%	3%	9%
基本物料	12%	7%	18%
貴金屬	18%	2%	8%
牲口	12%	7%	11%

表10-2　商品總報酬指數資料

1991～2004	路透社-CRB	GSCI	DJ-AIGCI	國庫券
年度化報酬	3.6%	5.7%	6.8%	3.9%
標準差	15.9%	17.2%	17.5%	0.5%

的能源與金屬權數較大。反之，路透社-CRB指數則因為農產品與牲口權數而表現相對較差。

路透社-CRB指數的歷史悠久，源自於1940年，GSCI與DJ-AIGCI的歷史相對短暫。長期而言，我預料這些指數的總報酬表現應該差不多，大概都類似於國庫券報酬。

我們已經約略瞭解這些商品指數的情況，接下來要檢驗這些指數的投資可行性。這些指數公布的報酬數據，並不代表指數投資人的真正收穫。商品期貨管理基金每年都收取管理費，當初購買時，可能還要支付手續費。整體說來，投資成本很高。某些商品的購買手續費高達5.75%，每年還要繳納2%的管理費。但願更強烈的競爭，能夠導致投資成本降低。本章最後的表10-4提供一些成本合理的商品共同基金。

商品基金的第二個缺點，是其節稅效率很差。商品基金經常採用短線操作，因此會創造大量的分派所得。投資人如果適用高稅率，只適合透過遞延稅金退休帳戶持有這類投資。

除了直接投資商品共同基金之外，還有一種間接方法。有幾個低成本的類股指數基金，基本上都投資於商品產業，例如：礦產、能源或其他天然資源股票。本章最後的表10-4提供

一些商品類股共同基金。

避險基金投資

　　避險基金匯集投資人的資金，交由專業投資經理人負責操作與管理。避險基金產業的管理相當鬆散，允許經理人不受很多共同基金必須遵守的規範。避險基金經理人沒有必要充分披露其投資組合，這是其經理人享有的一種優惠待遇。換言之，經理人沒有必要公布其投資組合。其次，這種隱密性反而有助於推銷避險基金。基金經理人經常隱約談到他們採用的特殊投資方法，但這幾乎都是著重於推銷的伎倆。目前，市面上大約有8,000家避險基金。各位或許很難想像，但真正知道自己在做什麼的避險基金，可能不超過一、兩百家。

　　最近，證券交易委員會開始要求避險基金透露更多的操作資訊，包括基金經理人與投資人之間的利益衝突問題。由於避險基金目前管理的資產價值可能超過$1兆美元，透過信用擴張，它們實際能夠影響的金額更超過此數。單是由資產規模來說，避險基金產業就應該接受更嚴格的規範。

避險基金策略

　　避險基金運用的策略很廣泛。實際操作取決於避險基金的投資風格，經理人可能買進（做多）證券，希望透過價格上漲

而獲利，經理人也可能放空證券（未擁有證券而賣出），希望透過價格下跌而獲利。某些避險基金採用的策略，是不論行情走勢方向如何，都能夠賺取利潤。這種情況下，通常採用市場中性策略，同時持有對等數量的多頭與空頭部位，使得市場方向走勢造成的影響會彼此沖銷，只賺取價格高估獲低估證券的利潤。

對於一般投資人來說，持有避險基金存在一些優點，但也有很多缺點。低相關是其優點之一。不少避險操作策略與債券／股票資產類別之間存在偏低相關。事實上，有些避險基金經理人賺取的報酬率高於股票，而且承擔的風險更低。可是，凡事有利就有弊，避險基金的最大問題，就是投資成本昂貴。避險基金的管理費，每年平均大約是1.5％。另外還有績效獎金，平均可能是20％。而且，避險基金績效非常不穩定。今年表現特別傑出的基金，明年未必有類似程度的表現。最後，避險基金的投資門檻通常很高，通常只適合有錢人。某些基金的最低投資金額甚至高達$1,000,000。

避險基金可以分為三大類與數小類：

・**套利策略。**套利是藉由市場定價缺乏效率而賺取利潤的一種方法。純粹的套利，幾乎完全不涉及風險；只要能夠建立部位，就能保證獲利。讓我們考慮一個很簡單的情況。假定某股票在紐約證交所的交易價格為$42，在倫敦證交所的交易價格為$41.90。投資人如果在倫敦買

進1,000股，同時在紐約賣出1,000股，則買進交易必須支付$41,900，賣出交易則可以取得$42,000，兩邊相互沖銷，最終可以賺取$100利潤，而且完全不需承擔風險。事實上，這類的套利機會，隨時隨地都存在，問題是我們必須掌握資訊，而且交易成本必須夠低，才能運用這類機會。

- **事件導向策略。** 這種策略是運用上市公司宣布的一些交易或其他單一事件。「問題證券」就是一種例子，這是由宣布破產或接近破產之公司發行的證券。某些基金經理人會持有小型公司發行的問題證券，由於其持有部位很大，往往可以迫使發行公司採取某種重整行動。創業基金也是事件導向策略的例子，專門投資初創立公司。

- **方向性或戰術性策略。** 採用這種策略的避險基金數量最多。商品交易顧問（CTA）經常採用方向性策略，他們運用走勢圖與數學模型來估算全球期貨市場的走勢，然後建立多頭或空頭部位，希望藉由期貨價格上漲或下跌而獲利。總體經濟基金則屬於另一種戰術性基金。這是根據「由上而下」經濟基本面而針對外匯、利率、商品與全球股票市場建立部位。

表10-3列舉前述三種避險基金，以及它們採用的主要策略。當然，表10-3在類型與策略上，只代表一個小樣本。事實上，可供運用的策略數量，僅受限於經理人的想像力。

表10-3　避險基金類別與策略

套利策略	事件導向	方向性／戰術性
固定收益套利	合併與購併	股票多、空部位
可轉換套利	價格嚴重偏低證券	管理期貨（商品交易顧問）
特殊狀況	創業資本	總體經濟基本面策略

運用避險基金問題

　　避險基金經常具有強烈的吸引力。神秘感、高獲利潛能、與股票／債券之間的低相關，這些都是魅力的來源。可是，就作者個人觀察，避險基金對於整體投資組合的好處，基本上都是誇大與渲染。對於一般投資人來說，避險基金的缺點顯然超過其效益，例如：成本偏高、資訊不公開、風險集中、某些基金缺乏市場流動性、績效不穩定……等。

　　由於避險基金產業基本上不受規範，經理人沒有必要公開其績效表現。雖然市面上有些專門追蹤基金表現的評估機構，但這些機構公佈的資料往往「另有文章」。這些評估機構經常接受避險基金的「贊助」，因此其態度難免發生偏頗。另外，這類機構收集的資料也經常不公正，評估方法不符合邏輯。舉例來說，評估數據經常不涵蓋已經被合併或倒閉的基金。由於這種生存者偏頗（survivorship bias），會造成避險基金績效向上移動（譬如：避險基金的平均報酬率，不包含那些績效表現通常最差的被合併者或倒閉者）。當避險基金表現不好的時

候，某些經理人可以乾脆不公布該季或該月份的績效。這會造成指數表現的選擇性偏頗（selection bias）。多數評估機構允許新成立的避險基金將目前績效「回溯到過去」，當然沒有任何投資人可以實際賺到這種過去的績效。這會造成績效回溯的偏頗（backfill bias）。最後，避險基金持有某些缺乏市場流動性的證券，多數評估機構都允許避險基金自行決定其價格，這自然會造成訂價上的偏頗（pricing bias）。

如果把前述種種問題考慮在內，避險基金公布的績效，勢必會大幅向下調整。避險基金推銷者經常宣稱，其報酬媲美股票市場的長期報酬，而且風險更低。可是，如果針對種種偏頗做調整之後，避險基金的報酬或許只堪比擬中期公債，不過風險當然更高。

如果前述種種瑕疵還不能阻止各位投資避險基金，那請各位考慮避險基金績效的不穩定性質。多數避險基金的表現很不穩定，今年的績效很好，對於明年的績效幾乎沒有太大參考意義。事實上，如果某年的表現特別好，隔年通常會有平均水準以下的表現，反之亦然。

這方面的學術研究報告頗多，此處引用的報告出自喬治亞大學的維卡斯·艾格沃（Vikas Agarwal）與倫敦商學院的納拉揚·奈克[1]（Narayan Naik），顯示避險基金報酬表現非常不穩定，完全不可預期。艾格沃與奈克發現，避險基金經理人的績效穩定性，頂多只有短期意義；期間如果延伸到數年，績效就沒有穩定性可言。總之，避險基金的未來績效表現，原則上是

無法預測的；所以，我們很難判斷何者的表現會較好，何者的
表現會較差。

1990年，市面上的避險基金還不到300家，總資產不超過
$300億。現在，避險基金家數超過8,000家，總資產則超過$1
兆。避險基金的可操作機會，不太可能也按照相同速度增加。
事實上，情況可能剛好相反，操作機會可能嚴重稀釋；換言
之，愈來愈多的資金，追逐愈來愈少的機會。

根據2003年公布的美國海外基金指南（U.S. Offshore
Funds Directory）統計分析資料顯示，1990年代初期的避險基
金每年關閉率大約是2％，目前則是12％。很多避險基金已經
倒閉，還有很多即將倒閉。所以，各位目前看到的很多避險基
金，10年之後可能不會繼續存在。

如果一定要投資避險基金

如果讀者堅信避險基金是個好點子，覺得自己一定要持有
這類的基金，此處提供一些意見供各位參考。最好不要投資單
一避險基金，這等於賭博。我們沒以辦法判斷或預測某避險基
金的好日子是否即將結束。所以，投資人如果想要持有避險基
金，務必要分散風險。可是，絕大部分避險基金都設定很高的
投資門檻，小額投資人沒有能力同時投資數家避險基金。有個
簡單的辦法可以迴避這個問題：購買基金中的基金。換言之，
這是一些專門投資其他避險基金的基金；一般而言，這類基金

都會涵蓋多種不同的經理人風格與操作領域。

對於分散投資來說，基金中的基金當然絕對值得肯定，但天下畢竟沒有白吃的午餐：多一層剝削。單一基金等於剝一層皮，基金中的基金則是剝兩層皮。投資人要支付兩筆管理費，可能還要支付兩筆績效獎金。一旦支付個別基金的管理費與績效獎金，以及基金中基金的管理費與績效獎金之後，整體獲利可能被剝削得只剩下一半（當然，這是假定你夠幸運而有獲利可供剝削）。

避險基金由於成本偏高、風險不夠分散、績效非常不穩定，所以作者個人認為這類產品不適合一般投資人持有。讀者如果對於避險基金特別有興趣，可以參考羅伯・基格（Robert A. Jaeger）的《透視避險基金》（All About Hedge Funds）（中文版，請參閱寰宇出版公司）。

收藏品投資

收藏品投資往往可以提供不錯的報酬，而且也是一種嗜好。傳統的收藏品包括：藝術品、硬幣、郵票、寶石、歷史文件、古董與其他等等。可是，除了傳統收藏品之外，任何稀有或罕見物品，都可以是理想的投資對象，其獲利潛能可能更超過著名藝術家的畫作。

收藏品投資涉及一些缺點。收藏品的取得、儲存與保險，成本通常很高。另外，不適合進行長期資本報酬太低的收藏。

股票的長期資本利得可能是15％；可是，對於收藏品來說，可能是28％。

　　收藏品投資涉及一些條件。收藏品投資需要專業知識，而且還要有熱忱，必須注意很多細節。如果投資人本身缺乏專業知識，則需要仰賴專業顧問，這又增添另一層費用。收藏品的另一個缺點，是市場流動性往往不足。當你想要脫手時，可能找不到適當的買家或適當的價格。如果可能的話，要找到方便買賣的投資品。當然，現在網路上的拍賣機構（例如：eBay）在這方面可以提供不少協助。

　　當然，收藏品也有好的一面；持有過程的享受，對於某些人來說，往往足以彌補所有的缺點。你可以與親朋好友或其他同好共同品賞收藏品。**很多情況下，收藏品創造的社交效益遠超過金錢效益。**

收藏品投資績效

　　我們很難追蹤收藏品投資的表現。這方面的交易，大多在私底下進行，交易價格通常不公布或不可靠。收藏品可供參考的指數很有限。

　　紐約大學梅建萍教授（Professor Jianping Mei）與麥可・摩斯教授（Professor Michael Moses）建立一種指數反映藝術品的長期報酬。梅摩斯藝術品指數（Mei Moses Fine Art Index）追蹤1875年來紐約市場拍賣的畫作與雕刻品交易價格。圖10-7

顯示這項指數最近50年來的表現，並且與美國股票市場報酬做比較。

1954年到2004年之間，梅摩斯藝術品指數報酬稍高於美國整體股票市場。可是，藝術品指數的風險也稍高，年度標準差為23％，相對於股票市場的18％。

梅建萍與麥可‧摩斯經營一個網站，有興趣的人可以參考他們提供的資料與最新指數。網站網址為：www.meimosesfin-eartingdex.org，瀏覽資料需要登入，但不收任何費用。

PCGS硬幣天地3000指數（PCGS Coin Universe 3000 index，簡稱CU3000）。PCGS代表座落在加州新港之收藏者天地（Collectors Universe, Inc.）的專業硬幣評鑑服務部門（Profe-

圖10-7 梅摩斯藝術品指數vs.CRSP美國整體股票市場

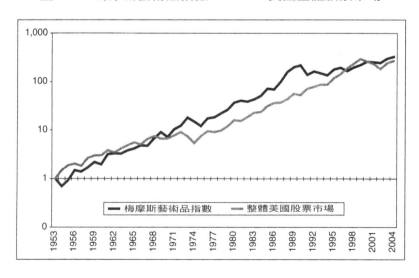

ssional Coin Grading Service）。CU3000指數涵蓋該公司精選
之3000種評鑑硬幣，大體上可以反映美國硬幣市場的行情。
PCGS提供數種指數（請造訪其網站www.pcgs.com），可以免
費瀏覽。

圖10-8比較CU3000指數與美國整體股票市場由1970年以
來的報酬。請特別注意1970年到1989年的情況，硬幣價格在這
段期間內，暴漲181倍，指數由1,000點上升到181,089點。當
然，這種漲勢不可能持續。

隨後5年內，硬幣價格暴跌將近75％。整個25年期間內，
雖然發生暴漲暴跌的走勢，但CU3000的總報酬，最終大約對
等於美國股票市場。

圖10-8　PCGS硬幣天地3000指數vs.CRSP整體美國股票市場

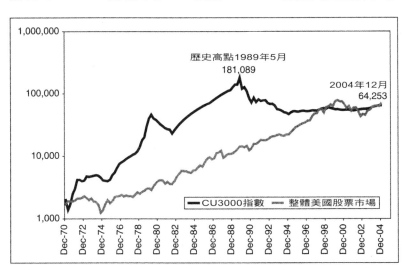

另類資產投資：參考清單

表10-4列舉本章談論之另類資產投資的一些低成本共同基金。這些基金有些透過衍生性交易工具投資商品，有些則投資

表10-4　低成本的另類資產投資共同基金

	代碼	基準指數
商品基金		
歐本海默實質資產	QRAAX	高盛商品指數
PIMCO商品實質報酬	PCRAX	道瓊-AIG商品指數
能源共同基金		
道瓊能源信託基金 i 股	IYE	道瓊美國能源部門指數
標準普爾全球能源信託基金 i 股	IXC	S＆P全球能源精選部門指數
能源SPDR信託基金	XLE	S＆P美國能源精選部門指數
先鋒能源基金	VGENX	積極管理基金
黃金與貴金屬基金		
COMEX黃金期貨信託基金 i 股	IAU	黃金與黃金期貨投資
streetTRACKS黃金股	GLD	直接投資金塊
先鋒貴金屬礦產	VGMPX	積極管理基金
美國世紀全球黃金	BGEIX	積極管理基金
基本物料		
基本物料 i 股	IYM	道瓊美國基本物料
先鋒物料VIPERS	VAW	MSCI美國可投資市場物料
綜合天然資源		
天然資源 i 股	IGE	高盛天然資源指數

於商品產業的股票。此處列舉的共同基金，只代表另類投資的一些例子，並不代表投資建議。

本章摘要

　　投資組合是否有必要納入商品與避險基金？我個人認為，這是沒有必要的。這些另類投資涉及昂貴的成本，其費用遠超過分散投資效益。雖說如此，但也不代表這方面投資絕對不可行。資產管理公司經常能夠提供新點子，如果這方面投資能夠發展某種低成本的指數型基金，或許真能發揮其與股票／債券之間低相關的效益。這些指數型基金可能包含一些低成本商品基金，以及一些低成本的套利與市場中性避險基金。

　　收藏品提供獨特的投資機會。收藏品的金錢報酬經常很可觀，觀賞價值則是額外的效益。各位可以收藏自己有興趣的東西，不只可以享受嗜好，還可以賺錢。

附註

1. Vikas Agarwal and Naranyan Y. Naik, "Multi-Period Performance Persistence Analysis of Hedge Funds," Journal of Financial and Quntitative Analysis, Vol. 35, No. 3, September 2000。

Part III
投資組合管理

符合現實的行情預期

重要概念

■ 投資計畫要建立在符合現實的行情預期之上。

■ 市場風險的穩定程度超過市場報酬。

■ 市場風險與期望報酬之間的關係很重要。

■ 市場預測具有長期意義，但沒有短期意義。

　　資產配置策略的設計、執行與維繫，需要運用一些工具。本書第III篇提供這方面的一些工具，讓投資人可以根據自己的需要設計適當的資產配置。

　　資產配置過程的最關鍵要素之一，就是投資人應該有合理的行情預期。除非投資人的行情報酬預期符合經濟現實，否則投資計畫很難成功。有些投資人可能會說，行情報酬是不可預期的。沒錯，行情報酬在短期之內確實很難預測，但長期而言，則非如此。市場的長期報酬情況，可以相當精準地預測，

而這方面的預期可以用來協助投資計畫程序。

投資分析家運用數種方法,藉以預測行情報酬。某些方法是採用「由上而下」的架構,先預測經濟變數,進而預測各種資產類別的預期報酬。另一些方法則採用「由下而上」的策略,先預測各種資產類別之個別證券的期望報酬。大多數分析家與經濟學家都同意,由模型建構方法,乃至於輸入變數方程式,種種預測方法都不相同。可是,雖然各自的預測邏輯差異頗大,但長期市場預測結果卻大體上一致。本章最後提供一份綜合性的市場風險與報酬預測。

行情報酬預測

本章準備討論兩種行情預測方法。第一種方法,稱為風險調整後報酬模型(risk-adjusted return model),透過市場歷史價格波動率,藉以預測各種資產類別彼此之間的績效關係。第二種方法是由上而下的經濟模型,透過國內生產毛額(GDP)的長期預測值,藉以預測各種資產類別的報酬。

預測市場的未來報酬,勢必要分析過去的風險與報酬歷史資料。研究經濟史,可以提供重要的資訊。預測需要將某些歷史性質延伸到未來。

行情報酬分析應該由長期觀點來進行。截至2004年為止的25年期間,美國股票與債券市場的表現非常好。股票的年度化報酬率超過13%,雖然2000年到2002年之間出現空頭市場。至

於5年期公債,這段期間的報酬則超過9%。同一期間內,通貨膨脹還不到4%,這代表股票市場的實質報酬超過9%,中期公債的實質報酬超過5%。

過去25年來,對於股票與債券投資人而言,可以說歷經美國歷史上投資報酬最高的一段期間,但我們預料未來25年幾乎不可能再度出現這種程度的投資報酬。事實上,根據最近的經濟狀況判斷,美國股票與債券的報酬表現,可能只有過去25年的一半水準。雖說如此,但相較於貨幣市場基金的表現,這等水準的報酬還是很有吸引力。

模型1:風險調整後報酬

風險調整後報酬模型,是利用市場歷史價格波動資料,藉以預測各種不同資產類別之相對未來績效。不同期間的行情報酬水準可能有顯著的差異,但報酬的波動程度卻相當穩定。長期而言,我們可以透過價格波動資料,預測特定資產相對於其他具有不同風險程度之市場的報酬。

隨著經濟環境變化,不同期間的市場報酬水準可能出現重大差異。表11-1列示1955年以來5個不同10年期間的股票/公債報酬數據。

不同10年期的報酬水準波動雖然很大,但這些報酬分配的標準差(價格波動率)卻顯得穩定得多。請參考表11-2,其中顯示相同5個10年期間之市場報酬分配的標準差。

表11-1　不同10年期間的複利報酬率

	S&P 500	5年期中期公債	國庫券
1955–1964	12.8%	2.9%	2.6%
1965–1974	1.2%	5.1%	5.4%
1975–1984	14.8%	9.1%	8.8%
1985–1994	14.4%	9.4%	5.8%
1995–2004	12.1%	7.2%	3.9%

表11-2　市場報酬分配的標準差

	S&P 500	5年期中期公債	國庫券
1955–1964	12.0%	3.0%	0.2%
1965–1974	14.6%	4.6%	0.4%
1975–1984	14.8%	7.6%	0.9%
1985–1994	15.3%	5.0%	0.5%
1995–2004	15.7%	4.6%	0.5%

　　對於S＆P500與國庫券來說，這些10年期標準差數據非常穩定。在1975年到1984年的高通膨期間，債券報酬波動格外劇烈，但隨後又恢復1975年之前的水準。

　　圖11-1比較美國股票市場年度化報酬與其標準差的10年期移動數據比較。各位不難察覺，股價報酬本身的不穩定程度，遠超過股價報酬之標準差。另外，股價報酬波動（標準差）最大的期間，也是報酬最低的期間。

　　最近50年來，債券市場報酬的波動程度，並不像股票報酬波動一樣穩定。1970年代末期與1980年代初期，由於通貨膨脹

圖11-1　CRSP整體美國股票市場指數：報酬與風險的關係

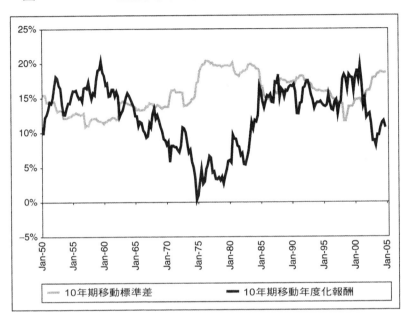

嚴重，固定收益證券價格表現脫序。跟隨著通貨膨脹的步伐，
利率也飆上歷史高水準，導致債券價格劇烈波動。到了1990年
代末期，債券價格波動回穩。圖11-2顯示各種固定收益投資的
10年期移動標準差走勢。

　　價格波動率（Volatility）本身並不是風險，而是衡量某種
經濟風險的統計值。當價格朝某個方向或另一個方向擺動時，
會造成投資人對於該資產看法的快速變動。每種資產類別都有
其本身獨特的金融風險，後者導致價格擺動。舉例來說，股票
市場的價格波動，是反映市場對於企業盈餘預期看法的變動。

圖11-2　某國固定收益證券10年期移動標準差

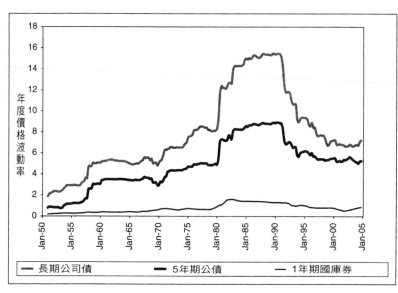

長期公司債　　　5年期公債　　　1年期國庫券

債券市場的價格波動，則是反映市場對於預期通貨膨脹看法的
變動。

　　當經濟狀況發生變化或產生不確定感，價格波動率雖然會
發生突兀變動，可是，每種資產類別之報酬的價格波動率，相
對於其他主要資產類別而言，大體上是相當穩定的。因此，投
資人可以建構某種模型，運用價格波動率歷史資料，預測未來
的期望報酬。長期而言，某市場之價格波動率，可以解釋該市
場很大成分的相對報酬（相對於其他市場之報酬）。價格波動
程度高的投資，期望報酬也較高；價格波動程度低的投資，期
望報酬也低。因此，如果我們知道某投資的價格波動歷史資

圖11-3　市場歷史價格波動率與預期報酬

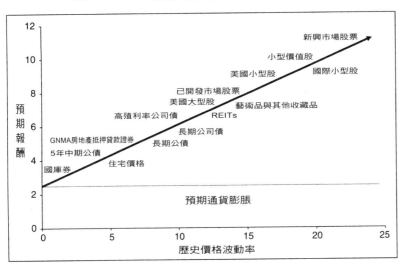

料，就可以預測該資產相對於其他資產類別的長期報酬。

　　圖11-3顯示本書稍早談到之數種資產類別的價格波動率與其投資名目報酬（包含通貨膨脹預期在內的報酬）之間的關係。資產類別的風險增加（風險也就是根據報酬分配標準差衡量的價格波動率），預期報酬也增加。

通貨膨脹影響

　　價格波動率模型的問題之一，是結果可能受到通貨膨脹影響。任何市場報酬都包括通貨膨脹在內，雖然通貨膨脹部分的報酬不代表真正獲利。投資報酬的通貨膨脹部分，雖然還是要

繳稅，但不能拿來買東西。價格波動率的模型，應該排除通貨膨脹的影響，針對實質報酬部分做預測。

圖11-4顯示通貨膨脹對於國庫券年度報酬的影響。頂端淺色的曲線，代表國庫券名目報酬率；下端深色的曲線，代表扣除通貨膨脹之後的實質報酬率。長期而言，國庫券經過通貨膨脹調整後的實質報酬率大約是1.3％。

稅金也是一個問題。過去50年來，年期國庫券的利息收益平均為5.3％，扣除通貨膨脹大約4％，實質報酬為1.3％。可是，投資人繳納的所得稅，還是針對整個5.3％課稅。當國稅局

圖11-4　1年期國庫券報酬，1955-2004

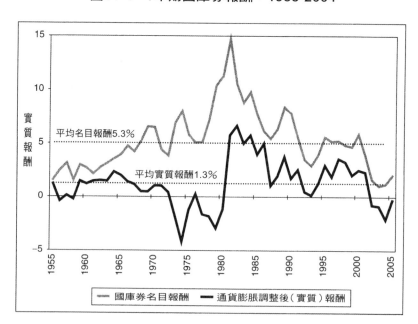

估計我們賺多少錢的時候，可沒有排除通貨膨脹因素。因此，如果投資人適用25％稅率的話，5.3％的名目報酬大約要繳納1.3％的稅金。所以，通貨膨脹4％，加上所得稅1.3％，投資人的稅後實質所得等於0，換言之，白忙一場。

國庫券被視為無風險投資，處在效率市場內，無風險就沒有報酬。實際上，如果前一段分析適用的話，國庫券的稅後實質報酬確實是0。

堆積風險溢價

任何投資都有風險。所謂的無風險國庫券，也要承擔通貨膨脹與稅金風險。任何其他資產，除了國庫券所承擔的風險之外，還要承擔其特有的風險。分析各種投資蘊含的不同風險，然後加總承擔相關風險而得到的報酬溢價（premiums），就可以估計該投資的預期總報酬。所以，透過風險堆積，我們可以估計所有資產的預期報酬。

這節將介紹如何進行風險溢價堆積程序，藉以推算預期報酬。首先由國庫券的風險與報酬開始，最後處理小型價值股的風險與報酬。國庫券被視為最安全的證券，其報酬也經常被視為「無風險」。國庫券報酬可以分為兩部分：期望通貨膨脹與實質無風險報酬。

國庫券報酬 ＝ 期望通貨膨脹＋實質無風險報酬

由於國庫券是最安全的投資，所以任何其他投資都至少要

賺取國庫券的報酬。除此之外,其他投資的風險高於國庫券,額外風險部分也應該提供對應的額外報酬。額外報酬也就是風險溢價。

投資期望報酬 = 國庫券殖利率 + 風險溢價

除了國庫券之外,任何投資都會根據其超過國庫券的風險程度,賺取預期的風險溢價。舉例來說,長期債券必須承擔契約期間風險,這是因為利率變動而造成的價格風險。債券的契約期間愈長,契約期間風險也愈大。契約期間風險愈大,預期報酬也愈高。

圖11-5顯示財政部通貨膨脹保障證券(TIPS)之外的各種不同到期契約期間風險。由於TIPS的殖利率已經扣除通貨膨脹

圖11-5　TIPS存續期間與實質碼差

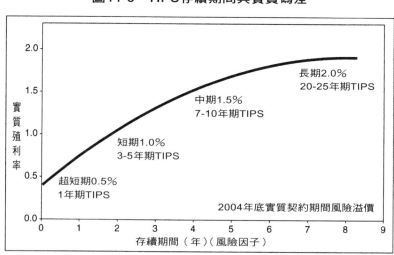

成分，所以圖11-5的曲線代表純粹的契約期間風險，一般稱為存續期間（duration）（關於TIPS的更詳細資料，請參考第8章）。

　　圖11-5顯示投資人持有固定收益證券，如何因為到期期間增長而賺取風險溢價。由短期債券延伸到中期債券，投資人所額外承擔的契約期間風險，大約可以額外賺取0.5％的風險溢價。

公債 ＝ 國庫券報酬＋契約期間風險溢價

　　公司債、市鎮債券與海外債券也都有契約期間風險，後者會反映在期望報酬內。另外，不同於美國財政部公債，這些證券還有信用降級的風險，低等級債券另有違約風險。這些風險都會導致債券價格波動。

　　投資人購買的債券如果有信用風險，就可以因為承擔該風險而賺取預期的風險溢價。表11-3顯示各種不同到期期間與信用等級之債券的信用「碼差」或期望溢價。AAA～BBB等級稱

表11-3　美國公司債相較於對等美國公債的平均碼差

信用評等	短期 （1～5年）	中期 （6～10年）	長期 （11～30年）
高級（AAA-AA） 些許信用風險溢價	0.4%	0.6%	0.7%
優良等級（A-BBB） 較高信用風險	0.8%	1.0%	1.1%
普通等級（BB-B） 信用風險與一些違約風險	2.4%	2.6%	2.7%
不良等級（CCC-C） 信用風險與顯著違約風險	6–15%	6–20%	10–20%

為投資等級，BB～C等級債券，則屬於非投資等級，也就是一般所謂的高殖利率債券或垃圾債券。

請注意，公司債除了信用風險之外，還有額外的契約期間風險。投資人持有更長期的債券，就能期待這些額外持有期間能夠賺取額外的信用風險溢價。

投資等級公司債＝ 公債＋信用風險溢價

高殖利率公司債＝ 公債＋信用風險溢價＋違約風險溢價

現在，讓我們看看股票市場。股票蘊含的風險，在很多方面都超過公司債。普通股持有人必須承擔更大的價格波動；不管股東同意與否，董事會都可以刪減普通股股息。萬一碰到公

圖11-6　10年期移動股票風險溢價
整體股票市場報酬減去長期公司債報酬

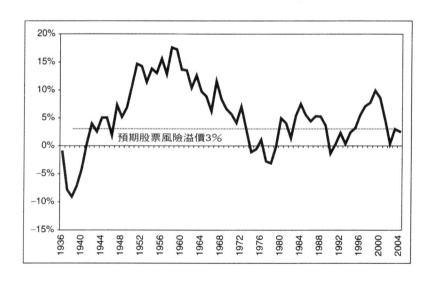

司清算，股東的清償順位也排到最後。

　　圖11-6顯示股票超過長期公司債報酬的10年期移動股票風險溢價。股票的風險溢價程度非常不穩定。股票10年期年度化報酬較債券超出的程度，由1938年的－10％到1958年的＋17％。根據股票蘊含的風險，以及股票市場目前的價位，預測長期股票風險溢價每年大約是3％。

美國股票市場報酬 ＝ 公司債期望報酬＋股票風險溢價

　　除了股票市場蘊含的風險之外，投資組合的期望報酬還適用其他的風險溢價。舉例來說，相較於大型股，小型價值股蘊含著非常明顯的風險溢價。圖11-7顯示小型價值股相較於整體

圖11-7　小型價值股風險溢價10年期移動平均
小型價值股報酬減去整體股票市場報酬

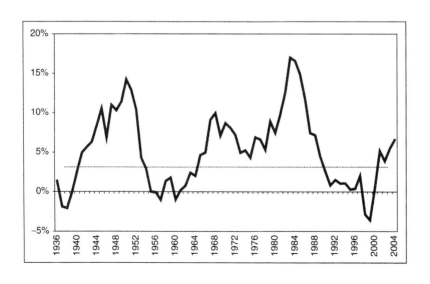

美國股票市場的風險溢價10年期移動平均。

　　小型價值股的風險溢價相當大，而且也很穩定。小型價值股表現不如整體股票市場的10年期移動期間很少。根據保守的估計，小型價值股超過整體股票市場的風險溢價長期估計值，大約是每年3％。

　　小型價值股 ＝ 美國股票市場期望報酬＋小型股溢價＋價值型股票溢價

案例：堆積風險溢價

　　表11-4舉例說明完整的風險溢價堆積程序，說明如何推演某資產的預期長期報酬。本章的預期風險溢價是作者本身的推估值，未必與其他來源的數據吻合。

表11-4　範例：堆積風險溢價，推演預期報酬

	通貨膨脹	國庫券	公債	公司債	大型股	小型股
通貨膨脹	3.0%	3.0%	3.0%	3.0%	3.0%	3.0%
無風險實質報酬		0.5%	0.5%	0.5%	0.5%	0.5%
契約期間風險（中期）			1.5%	1.5%	1.5%	1.5%
信用風險				0.8%	0.8%	0.8%
股票風險					2.0%	2.0%
小型價值風險						2.0%
總預期報酬	3.0%	3.5%	5.0%	5.8%	7.8%	9.8%

　　表11-4並沒有考慮市場上各種風險所蘊含的所有風險溢價。很多個別投資存在獨特的風險，投資人承擔這些風險，也應該取得對應的風險溢價。本章最後估計的長期市場報酬，包含其中某些風險溢價。

模型2：採用經濟因素預測報酬

　　估計市場預期報酬的第二種方法，是根據經濟成長假設而採用「由上而下」的架構。國內生產毛額（GDP）是美國境內所生產之產品與服務的總值。聯邦準備銀行會設定整體GDP成長的目標，然後藉由貨幣政策試圖進行控制。經過通貨膨脹調整之後，GDP成長率大約是3％。

　　企業創造的GDP大約有10％最終變成盈餘。長期而言，這項數據相當穩定。由於企業盈餘最終會反映在股價，經濟成長預測可以用來預測股票報酬。

　　透過盈餘成長估計股票市場報酬的簡單公式如下：

股票報酬 ＝ 每股盈餘成長＋現金股利＋市場本益比變動

讓我們解釋每個變數的意義：

1. **盈餘成長**。企業盈餘是股票市場的長期驅動力量。企業愈賺錢，股票價格愈高。盈餘是來自於GDP成長。

2. **現金股利**。很多美國企業會把一部份盈餘當作現金股利分派。2004年底，美國股票市場的股利大約是1.6％。股利成長大約是每年3％，雖然實際數據會波動。由於

稅法修正，預料未來十年的股利成長會提高。股利增加聽起來雖然不錯，但天下畢竟沒有白吃的午餐。股利分派得愈多，意味著企業保留、可供投資的資金愈少，因此未來的盈餘成長可能受到影響。

3. **市場本益比變動**。本益比是股票投資人對於每\$1盈餘所願意支付的代價。投資人如果相信企業實質盈餘成長會增加，就願意支付更多代價來換取預期盈餘流量。所以，本益比也會提高。如果經濟景氣不理想，市場本益比通常也會隨著股價下跌而下降。市場本益比變動會影響整體投資報酬，但完全不會影響股利。

每人平均GDP可以用來預測企業盈餘成長。每人平均GDP就是國內生產毛額除以總人口。每人GDP成長率與企業盈餘成長率之間的關係相當穩定，請參考圖11-8。

每人平均GDP的年度成長率與S＆P 500盈餘成長率之間的長期相關程度高達＋0.90。如果盈餘採用5年移動平均，可以減少經濟衰退造成的影響；如此一來，前述相關程度更高。

美國聯邦準備銀行與GDP成長

美國聯邦準備銀行有兩個主要任務：第一，控制GDP成長速度而達到充分就業的目的；第二，控制通貨膨脹。原則上，聯邦準備銀行把GDP成長率大約設定為每年3％（通貨膨脹調整後）。如果能夠辦到這點，就可以穩地創造工作機會，也可

圖11-8　每人平均GDP vs. S&P 500盈餘：兩者的成長率幾乎相同

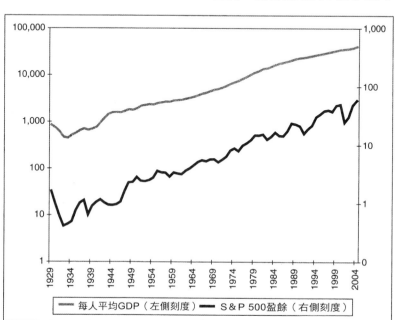

每人平均GDP（左側刻度）　S＆P 500盈餘（右側刻度）

以把通貨膨脹控制在合理範圍內。如果經濟成長速度太快，可能造成供需失調，引發通貨膨脹壓力。

　　聯邦準備銀行透過貨幣政策控制經濟成長，基本上是調整銀行間市場的隔夜貸款利率。這種短期利率可以影響房地產抵押貸款利率與其他放款利率，後者會直接影響消費者與企業界的借款行為，對於經濟活動直接造成影響。某種意義層面上，聯邦準備銀行等於是「尾巴一翹，就知道往哪裡跑」的「尾巴」。

股利與市場本益比

企業盈餘分派為現金股利的百分率大約是30%，而且持續成長中，現金股利多寡，通常取決於當期盈餘、整體經濟展望、庫藏股政策、投資機會、稅法修正，以及其他很多因素。長期而言，現金股利應該隨著盈餘而成長。圖11-9顯示1950年代以來的S＆P 500與股利成長情況。

股價對盈餘比率（P/E ratio）是衡量股票價值的常見基準，也就是一般所謂的本益比。很多投資人會留意本益比變

圖11-9　S＆P 500盈餘與股利成長

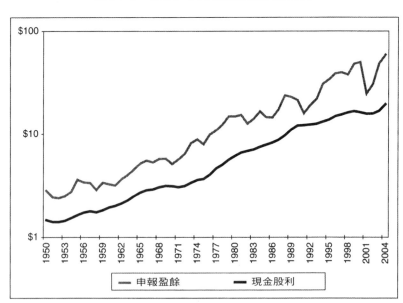

圖11-10　美國股票市場本益比，1950〜2004

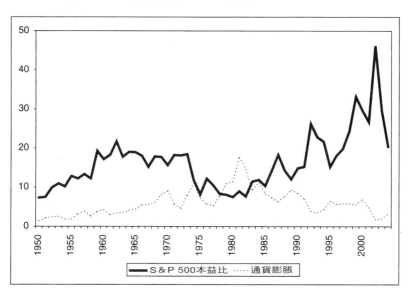

動，藉以判斷股價是否過高或過低。圖11-10顯示1950年到
2004年之間的本益比變化情況。有些期間內，本益比明顯偏
高，但從來沒有發生1990年代末期的這種投機現象。

關於本益比，有幾點值得留意：

1. **本益比會隨著通貨膨脹情況變動。**通貨膨脹上升，企業
   未來盈餘的現值減少，導致股價下跌，本益比也會跟著
   往下調整。反之，如果通貨膨脹壓力減緩，企業盈餘的
   未來購買力提高，股價也會跟著走高。

2. **如果多數投資人相信企業盈餘的成長速度將快於平均水
   準，股價將因為盈餘預期增加而上漲。**如此一來，本益

比也會跟著上升。1990年代末期，企業盈餘成長強勁，投資人相信當時的成長狀況將因為科技進步而持續下去。可是，如果盈餘成長不能按照預期發展，本益比還是要回歸常態水準。

企業盈餘會因為經濟循環而波動，所以本益比也起伏不定。圖11-11把S＆P 500價格表示為實際GDP （單位：10億美元）之百分率的圖形，如此可以清楚看到較平滑的市場價值評估狀況。觀察「股價／GDP」，可以避開本益比造成的很多雜訊。

1981年9月，S＆P 500價格大約是GDP（10億美元為單位）

圖11-11　S＆P價格表示為GDP（10億美元為單位）的百分率，
1950-2004

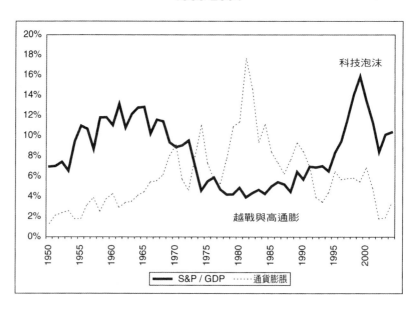

4％。到了1999年底，這個數據上升為16％，大約是1981年水準的4倍。我們可以清楚看到，1990年代末期的投機氣氛如何導致市場價值評估顯著變動，雖然這段期間的經濟活動仍然維持歷史常態水準。當經濟狀況很健全，通貨膨脹壓力不大的時候，股價／GDP百分率應該落在10％附近，也就是2005年初的水準。

短期內，股價可能受到投機氣氛影響，但長期而言，企業盈餘成長才是股價的真正推升動力。投機活動畢竟不可預測，所以沒有道理在長期預測納入投機性變數。反之，我們假定股價／GDP百分率為常數，大約落在10％，把投機因素排除在預測模型之外。

固定收益證券預測

債券報酬預測遠較股票報酬簡單。長期而言，股票報酬取決於企業盈餘成長與現金股利。債券報酬的影響因素只有一個：利率。債券長期報酬的預期方式如下：

固定收益報酬 ＝ 投資當時的殖利率＋殖利率變動

殖利率變動 ＝ 通膨、無風險實質報酬、信用碼差的變動

假定各位買進5年期公司債，當時的到期殖利率為6％，而且在該債券到期之前，市場利率都維持不變。這種情況下，該債券提供的年度化報酬率為6％。對於這個例子，我們假定所有的債券票息都根據6％進行再投資。如果利率發生變動，則

債券總報酬可能增加或減少，實際結果取決於利率變動狀況，因為債券票息再投資利率可能高於或低於6％。如果利率高於債券購買當時的水準6％，則債券票息可以按照更高利率進行再投資，總報酬就會超過6％。反之，如果利率下跌，則總報酬將低於6％。

　　利率走勢主要受到兩個因素影響：實際通貨膨脹與預期通貨膨脹。如果實際通貨膨脹轉劇，利率會走高，債券價格下跌。如果通貨膨脹壓力變得緩和（物價上漲速度減緩），利率會下降，債券價格上漲。就如同實際通貨膨脹變動一樣，通貨膨脹預期發生變動，也會造成利率變動。可是，如果預測錯誤，則利率會朝反向調整。圖11-12顯示通貨膨脹與中期公債殖利率之間的反向變動關係。

　　圖11-12凸顯美國經濟發展史上利率變動最劇烈的期間。1960年代初期到1980年代初期之間，通貨膨脹飆升到15％。這也造成債券市場的龐大賣壓。到了1982年，通貨膨脹壓力遞減，也開啟債券市場的大多頭行情。可是，這波漲勢進展得頗為緩慢，因為人們預期通貨膨脹還會捲土重來。不過這些預期並沒有成真；1980年代初期以來，通貨膨脹平均都大概落在3％左右。事實上，2003年的公債殖利率創50年來的新低。

　　影響利率的第三個因素，是無風險實質報酬率。實質報酬率是指扣除通貨膨脹之後的債券報酬率。想要瞭解無風險實質報酬率的狀況，最簡單的辦法，就是觀察財政部通貨膨脹保障證券（TIPS）。TIPS碼差之所以變動，一方面是因為稅金問

圖11-12　利率與通貨膨脹之間的變動關係

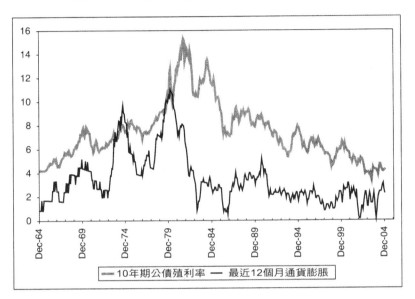

題。通貨膨脹迫使利率走高，而且也會造成TIPS本金增加。處在高通膨期間，稅金負擔也會變得較重，為了彌補稅金負擔增加，債券的實質報酬率也要提高。如同本書第8章提到的，稅金是根據公債名目報酬計算，不論這些名目報酬是來自通貨膨脹或實質報酬。

　　特定證券的利率，還會受到很多其他因素影響。公司債的信用風險，存在風險溢價。公司債相較於對等公債之間的碼差，會因為經濟狀況變動而變動。房地產抵押貸款證券存在提前清償風險。房地產抵押貸款基金的報酬率，會因為提前清償比率變動而變動。

　　預測利率走勢的最困難之處，在於幾乎不可能預測通貨膨脹變動或信用碼差變動。可是，就這方面來說，聯邦準備銀行可以提供一些協助。關於通貨膨脹，聯邦準備銀行能夠接受的區間大約在1.5％到3.5％之間。如果通貨膨脹超過4％，就會引起聯邦準備銀行的關切，通常也會採取因應的貨幣政策。

預測範例

　　本章分析一些市場報酬的影響因素，包括資產風險、利息現金付款與股利、企業盈餘成長，以及其他經濟考量。表11-5運用這些資料進行預測。通貨膨脹3％是1985年到2004年的平均水準。如果通貨膨脹較高或較低，則「通貨膨脹假定3％」欄位數據就需要做對應的修改。

　　表11-5內的數據，代表作者針對未來30年市場報酬情況所做的預測。當然，這些只是預測值，不保證精確；可是，此處的預測結果，就如同其他合理方法的預測一樣有效。

本章摘要

　　合理的行情預測，是處理資產配置的重要步驟之一。當然，沒有人可以精確知道未來30年的市場報酬或經濟表現狀況。可是，有某些相當穩定的因素，預料可以持續到將來，讓我們藉由這些因素來預測各種資產的報酬狀況。

表11-5　債券、股票、REITs、GDP與通貨膨脹的30年預測

資產類別	實質報酬	通貨膨脹 假定3%	風險＊
政府擔保固定收益			
美國國庫券（1年到期）	0.5	3.5	1.5
美國中期公債	1.5	4.5	4.8
美國長期公債	2.0	5.0	5.3
GNMA房地產抵押貸款證券	2.0	5.0	8.0
免稅中期證券（AA等級）	1.0	4.0	5.0
公司或新興市場固定收益			
中期高級公司債	2.0	5.0	5.5
長期投資等級債券	2.8	5.8	8.5
優先股（A或以上等級）	3.5	6.5	9.0
高殖利率公司債（B～BB）	4.0	7.0	15.0
新興市場債券	4.0	7.0	15.0
美國股票			
美國大型股	5.0	8.0	15.0
美國微型股	7.0	10.0	25.0
美國小型價值股	7.0	10.0	22.0
REITs（房地產投資信託基金）	5.0	8.0	14.0
全球股票			
全球已開發國家股票	5.0	8.0	17.0
全球小型股	6.0	9.0	22.0
全球新興國家股票	7.0	10.0	25.0
國內生產毛額（GDP）成長率	3.0	6.0	2.0

＊風險代表年度報酬分配的標準差。

　　預測如果要發生錯誤的話，最好是發生在保守的方向。換言之，預測要稍微保守一點；我們寧可實際狀況讓我們驚喜，而不是令人無以為對的狀況。

　　我們雖然不可能知道未來30年的市場報酬，但風險與報酬

之間的關係是可預測的。小型股的風險超過大型股,將來的表現也會相對優於大型股。公司債的風險大於政府公債,所以公司債的將來表現也會優於公債。如果我們知道相關投資的風險與對應的報酬資料,就可以建構符合個人需要的資產配置。

建構投資組合

重要概念

■ 每位投資者都應該根據自己需要設計適當的資產配置。

■ 投資組合應該很分散。

■ 整體風險不該超過個人的容忍範圍。

■ 由人生的不同發展階段考量投資，是很好的起點。

　　所謂成功的投資計畫，就是專為某個準備執行該計畫的人而設計的。每個人的資產配置，往往有某種程度的類似，但細膩之處還是各有特色。接下來的3章篇幅，準備討論如何根據個人需要設計投資計畫。

　　資產配置書籍通常都會提供一些投資組合範例，本書也不例外。本章的投資組合，是根據人生不同階段而劃分四大類。此處提供的實際範例，只代表很簡單的架構，適合參考用。

人生不同階段的投資

不同年齡有不同的財務需求，對於投資也有不同看法。我在前一本著作《保障財富》（Protecting Your Wealth in Good Times and Bad, McGraw-Hill, 2003）內，按照年齡把投資人劃分為四大類：早期儲蓄者、中年累積者、即將退休／活躍退休者，以及成熟退休者。本章內容只代表這四種階段的概略狀況，分別說明這些人應該如何管理投資組合。

投資的四個人生階段為：

- **早期儲蓄者**。這些投資人剛踏入社會，或剛成家立業，擁有的財務基礎還很有限，但充滿野心。這些人的年齡大概介於20到39之間。

- **中年累積者**。這些人的家庭與事業已經有些基礎，累積了一些財富，汽車、房子都有了。這些人的年齡大約介於40到59之間，瞭解自己當時的條件，對於未來發展也大概有了譜。

- **即將退休／活躍退休者**。這些人已經快要退休或準備退休。活躍退休者還能享受美好的生命。這個階段的年齡大約介於60到79之間。

- **成熟退休者**。這些人的活躍程度已經大不如前，各方面的需要也不同於過去，包括長期性的照顧與規劃。到了這個階段，財務問題通常都與子女或家庭其他成員共同決定。

　　不論處在哪個人生階段，投資人往往有些共同的財務目標，以及類似的關切。共同的財務目標，譬如：大家都想要擁有財務安全感，希望少繳點稅金。類似的關切，包括：擔心沒有錢，擔心沒有足夠的醫療保健準備。所以，不論人生階段如何，這些共通的財務目標與類似關切都應該涵蓋在資產配置內。

　　當拼圖拼湊完整之後，投資組合能夠在技術需求與行為需求之間取得均衡。理想的資產配置，應該有很高的數學機率來滿足個人的財務目標，而且還能符合情緒上的需要。本章打算處理資產配置決策的技術層面，至於行為層面則留待本書第13章處理。

每個階段的兩個投資組合

　　本章的剩餘部分，準備討論人生發展的四個階段。每段討論的最後，都會提供兩個投資組合範例。兩個投資組合都持有很分散的資產類別。第一個投資組合的結構比較簡單，採用4、5種低成本共同基金。第二個投資組合則屬於多種資產類別投資組合，採用9～12種低成本共同基金。

　　這兩種投資組合都可以被視為根本架構，讀者可以根據自己的需要，挑選適當的共同基金，做進一步調整。實際投資組合採用的共同基金種類，或許要設定上限，12種基金應該就能夠滿足一般的需要。基金種類超過12種，分散投資效益可能就

會遞減,因為管理上變得愈來愈複雜。

本章投資組合提到的共同基金,只是例子而已,不代表作者的建議。很多基金公司都提供各種適當的共同基金。某些情況下,各位未必能夠實際採用此處提到的共同基金。某些員工退休計畫,對於可供選擇的共同基金種類,往往會做限制。碰到這種情形,各位只能在相關限制內,做最恰當的選擇。

此處提供的投資組合範例,對於資產配置決策或許有所助益,但不能解決所有的問題。各位必須考慮投資計畫內的很多因素,例如:稅金、費用、投資風險容忍程度。後文會討論其中某些議題。

第1類:早期儲蓄者

累積財富的三要素:恆心、時間與成本控制。對於早期儲蓄者,所挑選之共同基金的報酬率雖然重要,但最重要的還是堅持執行儲蓄計畫的恆心。儲蓄而定期投資謹慎挑選的共同基金,這是累積財富的法寶,其重要性更甚於其他策略。年輕投資人擁有時間優勢,禁得起一些投資錯誤。可是,他們可能觸犯的最嚴重錯誤,可能是「不儲蓄」。最理想的情況下,年輕人應該從正式工作就開始儲蓄。如果打從一開始就養成儲蓄的習慣,應該沒有必要擔心日後的財務安全。儲蓄的金額不必很多,每年收入的10%應該就很不錯了。

時間站在年輕投資人的這邊。可是,設計一套能夠持之以

恆的儲蓄計畫，往往不簡單。收入不多，帳單堆積如山。某些地區的房租高得嚇人，經常要花掉一大部分收入。有了小孩子之後，情況更嚴重，然後還有兒女的教育費用。

　　對於早期儲蓄者來說，事業前途不確定性也是造成困擾的原因之一。很多年輕人覺得前途茫茫，不知道自己的賺錢潛力究竟如何。相較於過去，現在的年輕人經常換工作，往往會讓儲蓄計畫中斷。

　　可供運用的現金愈來愈少，事業前途又不確定，年輕人如何規劃未來呢？第一，很多雇主都提供退休計畫，允許員工在稅前基礎上參與該計畫。年輕人應該儘量利用這種機會，尤其是雇主也承諾攤分對應的部分投資。第二，年輕人應該在自己的風險容忍範圍內，擬定資產配置計畫。不要嘗試拿捏行情的轉折點，也不要追逐去年的贏家。第三，務必要搞清楚，投資成本是很重要的。避開那些收費偏高的共同基金或經紀人，你每多花一塊錢，等於就少掉一塊錢。年輕人想要穩地累積財富的話，應該有恆心地執行稅前儲蓄計畫，投資低成本共同基金構成的資產配置組合。

早期儲蓄者：股票與債券配置

　　相較於其他年齡層的人，有關年輕人的資產配置設計，困難程度往往更高。一方面，年輕人擁有很長的人生，應該選擇更積極的資產配置。另一方面，年輕人的投資經驗有限，不清

楚自己對於財富風險的容忍程度。因此,由時間角度來說,年輕人雖然應該選擇較積極的資產配置策略,但也必須確定其資產配置符合自己的風險容忍程度。

原則上,年輕人必須積極一點,因為他們有很長的時間會受到資產配置的影響。可是,把所有的資金全部投資股票,那又有些太積極了。為什麼不該完全持有股票呢?理由有兩點:

1. **多數投資人沒有辦法處理100%的股票**。這種投資組合的價值波動,不是一般人能夠承擔的,尤其在空頭市場(這個說法適用於所有階段,不只是初期儲蓄者)。碰到空頭市場,當投資組合價值持續下降,這個時候最能凸顯個人容忍風險的真正極限。很多態度過份積極的投資人,往往在這個時候放棄其策略。這種配置策略的更改,並非出自理智,而是情緒化決策,絕對不符合投資人的最佳利益。讓我們看看最近的兩個例子。第一個是1987年的崩盤,第二個是2000年到2003年的空頭市場。這兩個期間內,很多自以為能夠處理100%股票配置的投資人,最後並沒有堅持下去。他們不堪損失而減少投資部位,使得相關損失變成永遠的損失。

2. **投資組合完全持有股票,也就不可能進行再調整**。股票價格下跌時,投資人應該趁機買進更多股票。反之,當股價上漲時,則應該賣出股票。換言之,重新調整迫使投資人逢高賣出。每年定期在股票與債券之間做重新調整,可以發揮分散投資的效益,降低投資組合風險,提

　　升長期投資報酬。

　　請注意，很多早期儲蓄者因為誤解風險觀念，結果投資組合持有股票的比例不足，這會嚴重影響報酬潛能。根據TIAA-CREF機構提供的資料顯示，很多年輕人在雇主提供的退休基金內，持有很高比例的固定收益投資[1]。一旦步入中年之後，慢慢瞭解自己的風險容忍程度，投資組合內的股票成分也會隨之增加。

　　早期儲蓄者並沒有一體適用的資產配置。圖12-1顯示年輕投資人稍微瞭解財務風險的可用配置。圖12-1代表投資人只能挑選其中之一，而不能遊走於多種選擇之間。換言之，關於股

圖12-1　早期儲蓄者的資產配置區間

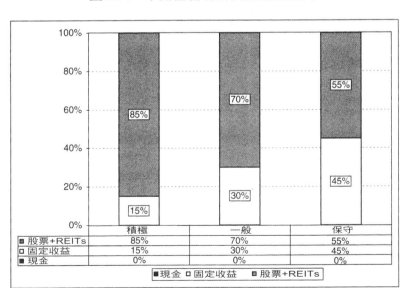

	積極	一般	保守
■ 股票+REITs	85%	70%	55%
□ 固定收益	15%	30%	45%
■ 現金	0%	0%	0%

■現金　□固定收益　■股票+REITs

票持有比例，投資人必須在85％、70％或55％之間做選擇；一旦決定之後，就必須繼續持有，不能根據自己對於行情演變的判斷，有時候持有較高比例、有時候持有較低比例的股票。

　　一般來說，年輕人適合採用股票／債券分別為70／30％的資產配置。這個70-30投資組合承擔的風險程度，遠低於完全持有股票，而且還保留重新調整的空間。換言之，這個投資組合的風險程度，一般人都可以接受，而且還保留不錯的長期報酬潛能。

早期儲蓄者：資產類別

　　一旦決定股票與債券之間的資產配置決策之後，接下來就要考慮如何選擇其資產類別。請參考表12-1與12-2列舉的兩個投資組合，前者是基本的資產配置，後者則是多種資產類別的配置。所有的投資都採用沒有手續費的低成本共同基金。

　　本章所建議的資產配置，都應該根據投資人的個別需求、稅務狀況與風險容忍程度做必要的調整。

表12-1　早期儲蓄者：基本投資組合

資產類別	百分率	低成本樣本基金與代碼
美國股票	40%	先鋒整體美國股票市場指數 (VTSMX)
國際股票	20%	先鋒整體國際投資組合（VGTSX）
房地產	10%	先鋒REIT指數基金 (VGSIX)
固定收益	30%	雷曼總體債券基金i股 (AGG)

表12-2　早期儲蓄者：多種資產類別投資組合

資產類別	百分率	低成本樣本基金與代碼
美國股票		
核心美國股票	25%	先鋒整體美國股票市場指數 (VTSMX)
小型價值股	10%	S＆P 600 / BARRA價值指數
微型股	5%	布里奇威超小型市場
房地產	10%	先鋒REIT指數基金 (VGSIX)
國際股票		
太平洋沿岸一大型	5%	先鋒太平洋股票指數 (VPACX)
歐洲一大型	5%	先鋒歐洲股票指數 (VEURX)
小型股	5%	先鋒國際探險家基金 (VINEX)
新興市場	5%	DFA新興市場* (DFEMX)
固定收益		
投資等級	10%	雷曼總體債券基金i股 (AGG)
高殖利率	10%	先鋒高殖利率公司債 (VWEHX)
通貨膨脹保障	5%	先鋒通貨膨脹保證券 (VIPSX)
新興市場	5%	培頓新興市場債券 (PYEMX)

＊DFA基金只能透過特定投資顧問購買

第2類：中年累積者

　　隨著年齡增長，一般人在生理上、情緒上、專業上與財務上都會慢慢趨於成熟。因此，到了中年，人們對於金錢的看法，可能會有不同的態度，所以也需要透過不同的財務工具來協助他們進行資產配置。

　　中年階段的某個時候，多數人都會體會到生命的限度，瞭解自己的事業有一定極限，態度慢慢傾向於保守。另外，中年人都曾經親身體驗過經濟循環，看過投資組合價值的起伏，見

過消費者物價與利息的波動。這些經驗讓中年累積者有更好的條件，能夠根據自己的長期需要設計投資組合。

人到中年，通常都會開始考慮退休生活，也會盤算相關的需要。一旦有了決定，中年累積者就會根據退休需要而開始修正投資組合。

中年投資人會有兩方面的重要體認，因此而覺得需要進行投資組合的調整。第一，他們發現自己可供生產的期間已經過了一半。第二，他們發現在剩下來的工作期間內，對於儲蓄與投資的決策必須非常謹慎。

到了中年，不只儲蓄計畫必須持之以恆地執行，有關儲蓄的投資報酬也會對於退休生活產生重大影響。因此，投資的實驗階段已經結束了。從現在開始，必須把退休儲蓄看成是嚴謹的事業來經營。中年人必須瞭解健全的資產配置原理，並且嚴格執行。健全而穩當的計畫，可以協助中年累積者達成退休目標。

中年累積者：投資架構

中年人會開始盤算，自己需要有多少錢，才能讓退休生活維持理想的水準。當然，這方面的估計很粗略；雖說如此，做一些盤算還是有幫助的。

負債匹配（liability matching）是根據將來的現金流量需求，藉以估計資產配置所需要進行的投資。換言之，根據退休

所得需求，藉以建構投資組合。負債匹配有5個基本步驟：

1. **估計未來的生活費用**。我們可以先估計目前的生活費用狀況，然後根據將來的可能變化，估計當時的生活費用。很多相關書籍或網站都提供這方面的預算工具，可以協助投資人進行個人的現金流量分析。投資人也可以聘用專業財務規劃師，協助拼湊完整的設計。

2. **估計退休期間的非投資所得收入**。非投資收入來源包括：政府社會福利與退休金。這些收入並非來自退休投資帳戶或個人儲蓄。

3. **比較退休期間的非投資所得與預期生活費用**。如果兩者之間存在資金缺口，就需要用投資收入來填補。

4. **為了填補前述缺口，估計需要多少投資**。假定你的投資頂多每年可以提供5％的收入，這意味著當時的投資必須是每年預期支領金額的20倍。舉例來說，假定預計每年需要提領的金額為$12,000，那麼退休帳戶的投資至少需要 $240,000。

5. **設計、執行與維護一套風險最低、最可能達成退休生活需求的儲蓄與投資計畫**。資產配置是投資計畫內的最重要部分之一。

前述步驟是負債匹配程序的摘要。如果想要進一步瞭解，可以參考我的前一本著作《保障財富》，也可以透過www.PortfolioSolutions.com免費下載我的《直言退休投資》（Serious Money, Straight Talk about Investing for Retirement）。

中年累積者：資產配置

　　步入中年，投資人也會跨過事業的中點。這段期間內，薪水或收入會增加，可供儲蓄的金額也會跟著提高。投資人對於自己未來也有更明確的概念，能夠根據未來的退休需要，擬定一套更恰當的資產配置規劃。

　　中年期間，退休帳戶的規模會顯著放大，但可以繼續工作的時間愈來愈短。所以，資產配置需要講究均衡。圖12-2顯示一般中年儲蓄者的資產配置區間。如同我們稍早所做的說明一

圖12-2　中年累積者的資產配置區間

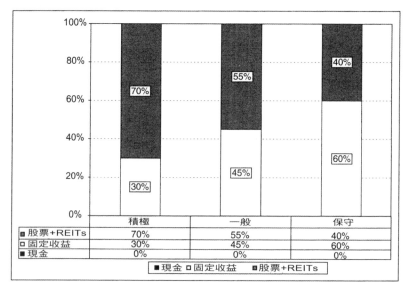

	積極	一般	保守
■ 股票+REITs	70%	55%	40%
□ 固定收益	30%	45%	60%
■ 現金	0%	0%	0%

■現金　□固定收益　■股票+REITs

樣，圖12-2代表投資人只能挑選其中之一，而不能遊走於多種
選擇之間。換言之，不能根據自己對於行情演變的判斷，有時
候持有較高比例、有時候持有較低比例的股票。沒有人可以精
準拿捏行情轉折。

　　對於中年人來說，最典型的資產配置是持有60％股票與40
％固定收益證券。沒有必要保有現金，因為投資人可以持續創
造現金；換言之，現金應該流入帳戶，不是由帳戶流出。

　　表12-3與12-4分別代表中年累積者的基本與多種資產類別
投資組合。

表12-3　中年累積者：基本投資組合

資產類別	百分率	低成本樣本基金與代碼
美國股票	30%	先鋒整體美國股票市場指數 (VTSMX)
全球股票	15%	先鋒整體國際投資組合（VGTSX）
房地產	10%	先鋒REIT指數基金 (VGSIX)
固定收益	45%	雷曼總體債券基金i股 (AGG)

　　人到中年，收入也會進入高峰期，這會影響投資選擇。稅
金是資產配置決策內的重要考量。投資人適用的所得稅率如果
到達30％，固定收益投資部分就應該考慮市鎮債券而不是課稅
債券。關於稅金對於資產配置的可能影響，細節內容請參考第
14章。

表12-4　中年累積者：多種資產類別投資組合

資產類別	百分率	低成本樣本基金與代碼
美國股票		
核心美國股票	20%	先鋒整體美國股票市場指數 (VTSMX)
小型價值股	5%	S＆P 600／BARRA價值指數
微型股	2%	布里奇威超小型市場
房地產	10%	先鋒REIT指數基金 (VGSIX)
全球股票		
太平洋沿岸一大型	4%	先鋒太平洋股票指數 (VPACX)
歐洲一大型	4%	先鋒歐洲股票指數 (VEURX)
小型股	3%	先鋒國際探險家基金 (VINEX)
新興市場	4%	DFA新興市場* (DFEMX)
固定收益		
投資等級	20%	雷曼總體債券基金i股 (AGG)
高殖利率	10%	先鋒高殖利率公司債 (VWEHX)
通貨膨脹保障	10%	先鋒通貨膨脹保證證券 (VIPSX)
新興市場	5%	培頓新興市場債券 (PYEMX)

＊DFA基金只能透過特定投資顧問購買

第3類：即將退休／活躍退休者

　　一般來說，在正式結束全職工作的前5年，就邁入即將退休期間。所謂的即將退休只是一種心態或思考模式，並沒有明確的型式或界線。這段期間內，經常思考的問題包括：什麼時候該退休、是否有足夠的財務能力因應退休需要、每年可以由儲蓄帳戶提領多少錢而不至於造成無錢可用的窘境。每個人一輩子當中，這可能是心態最保守的一段期間。

　　即將退休之前，人們的所得通常也處於或接近高峰狀態。

這個時候，房屋貸款的壓力可能已經漸漸下降或不存在了。兒女或許已經自立，或即將自立。由於收入多而生活費用相對低，這段期間往往也是儲蓄的高峰期。

由於即將邁入退休，投資組合的資產配置也需要做調整，應該轉移到退休期間實際持有的資產。整個轉移程序當然沒有必要立即完成，可以在一段很長的過渡期間慢慢完成。

這段期間內，投資人的思考與行為都傾向於保守。人們對於生涯另一階段的資金流量與相關計畫都充滿不確定感。這種憂慮會顯著影響資產配置，會把投資組合內的風險成分儘可能降低。有時候甚至會有過度反應的行為，試圖完全排除投資組合內的全部風險成分。

這段期間內，投資人沒有必要過份保守。為了排除投資組合內的所有風險，可能被迫放棄表現很好的投資，如此造成的報酬潛能損失可能無法彌補。資產配置或許需要多一些現金，但沒有必要過度反應。一般來說，經過一、兩年之後，現金流量造成的困擾就會慢慢平息，人們也會漸漸覺得習慣。

邁向退休的考量

退休期間的生活費用當然不固定，但經過一段期間調整，實際的生活費用通常都會遠低於過去。剛開始的時候，生活費用或許反而會增加，因為你可能更經常旅遊、在外用餐、整修房屋、逛街購物、甚至參加某種運動計畫、身體檢查……等，

做一些過去沒有時間可以做的事。可是，隨著時間經過，你會慢慢習慣退休生活，衣服、旅遊、食物、居住的費用都會下降，交通費用也可以節省不少。如果你原本有兩輛車，可能決定只留一輛。

如果必要的話，住宅也可以變現。目前的住宅可能太大，你可以換一間小一點的房子。換屋過程可以騰出一些資金，這些資金也可以做為收入來源。

社會福利是另一個收入來源，這個制度短期間之內不會消失。你只要有資格領取社會福利，總可以繼續拿到一些錢，雖然金額可能降低。當然，關於什麼年齡可以開始領取社會福利，領取金額多少，這方面的法令修改，勢必會影響年紀較輕的人，但通常不會影響那些已經領取社會福利的人。

如果你的父母還健在，擁有一些資產，或有其他長輩，其資產以你為受益人，那麼當他們過世之後，你可以得到一筆錢。當然，沒有人希望自己的金錢來自於別人的死亡，但這畢竟遲早會發生。所以，你還是應該把這些最終必然會發生的資金考慮進去。

預測退休現金流量的過程中，所有相關項目都應該考慮在內。如果在這方面需要專業協助，可以聯絡信譽可靠的財務規劃師。你可以在本地尋找財務規劃師，或者聯絡佳瑞特規劃網（Garrett Planning Network，電話：(866) 260-8400）。關於財務規劃師的推薦，另外兩個諮詢管道為財務規劃師協會（Financial Planner Association，電話：(800) 322-4237）與個人財務顧問

國家協會（National Association of Personal Financial Advisors，
電話：（800）366-2732）。

退休期間的提領率

　　即將退休者最經常提到的一個問題是：退休期間可以提領
多少錢，才不至於動用本金？關於這個問題，很多人曾經做過
研究；結論大體上是每年的提領率為4％。可是，實際的提領
率需要考慮很多因素：

- **什麼年齡退休？**如果很年輕就退休，由於來日方長，提
  領率可能要低於4％。反之，如果退休當時的年齡已經
  很高，提領率也可以設定得高一些。
- **過世之後，準備留下多少錢？**如果準備儘可能留下很多
  遺產給子女或其他受益人，提領率就應該低些。
- **根據估計，退休「活躍期」有多長？**隨著年齡增長，健
  康狀況與活動力會愈來愈差，這個時候的花費也會較
  少。所以，退休活躍期的花費稍微多點，應該是沒有問
  題的。

　　由投資組合提領現金，其來源有很多種，利息與股利是兩
種可能。另外，投資組合還會每年定期調整。每個人應該很容
易計算投資組合能夠提供的現金數量，不足之處可以在每年定
期調整的時候預作安排。

即將退休者：資產配置

　　由全職工作到退休之間的過渡期間，投資組合的資產配置需要重新安排。投資組合將由累積階段，邁入消耗階段。換言之，不久之後，投資組合不會有新的資金留入，而且資金要開始由投資組合流出。所以，這個時候，投資人的心態會傾向於保守，最起碼剛開始的時候是如此。對於即將退休的人，圖12-3提供一些適當的資產配置可能。

　　由於不確定感增加，退休投資組合管理應該以穩定性與安全性為優先考量。可是，退休者的投資組合還是要成長。如果

圖12-3　即將退休／活躍退休者的資產配置區間

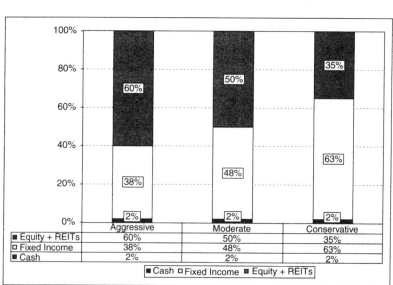

	Aggressive	Moderate	Conservative
■ Equity + REITs	60%	50%	35%
□ Fixed Income	38%	48%	63%
■ Cash	2%	2%	2%

■ Cash □ Fixed Income ■ Equity + REITs

65歲退休的話，往後平均還有20年生命（根據國稅局590號資料顯示）。因此，我們建議，這段期間的典型資產配置是：50％股票、48％債券與2％現金對等投資（例如：貨幣市場基金）。這2％現金可以提供生活費。

表12-5與12-6分別代表基本與多種資產類別投資組合。

對於剛退休的人，13％的短期債券投資有兩個功能。第一，可以減緩整個投資組合的價值波動，對於要支領現金的投資組合來說，這是恰當的。第二，相較於現金，這可以提供殖利率較高的類似投資。萬一所需要提領的現金超過2％，可以由這部分投資變現。當然，凡事有利必有弊，短期債券的殖利率畢竟不能與整體債券市場相提並論；所以，整體投資組合的表現會稍差。

即將退休的人，在剩餘的工作期間內，可以把新的投資完全擺到固定收益基金，如此就能平順過渡到創造收益的投資組合。股票基金的股利，也可以轉投資到固定收益基金。實際退

表12-5　即將退休／活躍退休者：基本投資組合

資產類別	百分率	低成本樣本基金與代碼
美國股票	35%	先鋒整體美國股票市場指數 (VTSMX)
全球股票	10%	先鋒整體國際投資組合（VGTSX）
房地產	5%	先鋒REIT指數基金 (VGSIX)
固定收益	35%	雷曼總體債券基金i股 (AGG)
短期債券	13%	先鋒投資等級短期債券 (VFSTX)
貨幣市場	2%	可以開支票的低成本貨幣市場基金

表12-6　即將退休／活躍退休者：多種資產類別投資組

資產類別	百分率	低成本樣本基金與代碼
美國股票		
核心美國股票	23%	先鋒整體美國股票市場指數 (VTSMX)
小型價值股	5%	S＆P 600／BARRA價值指數
微型股	2%	布里奇威超小型市場
房地產	5%	先鋒REIT指數基金 (VGSIX)
全球股票		
太平洋沿岸一大型	3%	先鋒太平洋股票指數 (VPACX)
歐洲一大型	3%	先鋒歐洲股票指數 (VEURX)
小型股	2%	先鋒全球探險家基金 (VINEX)
新興市場	2%	DFA新興市場* (DFEMX)
固定收益		
投資等級	10%	雷曼總體債券基金i股 (AGG)
短期債券	13%	先鋒投資等級短期債券 (VFSTX)
高殖利率	10%	先鋒高殖利率公司債 (VWEHX)
通貨膨脹保障	10%	先鋒通貨膨脹保證證券 (VIPSX)
新興市場	5%	培頓新興市場債券 (PYEMX)
現金		
貨幣市場	2%	可以開支票的低成本貨幣市場基金

＊DFA基金只能透過特定投資顧問購買

休後不久，可以把先前雇主的退休帳戶轉過來，根據當時的需
要重新建構投資組合。

第4類：成熟退休者

　　美國人的平均壽命愈來愈長，這是好消息；壞消息是：人
還是不可能永遠活下去。根據美國財政部公佈的資料，65歲退

休的人，其平均壽命為86歲，大約較1940年多出10年。另外，現在的銀髮族更健康、更活躍。他們吃得比較好、運動更頻繁，吸煙人口遠少於前一個世代。壽命延長的趨勢很明顯，甚至保險公司的精算表也把壽命延伸到120歲。

　　不幸地，我們還沒有找到長生不死藥；所以，我們不能一直活下去。到了某個時候，我們不能繼續處理財務。這是不可避免的，到了某個時候，我們的財務必須交給別人處理。這可能發生在我們還活著的時候；可是，一旦我們過世，財務勢必要由別人接手。

　　除了盡可能保持健康之外，成熟退休者最需要考慮的問題是財產規劃。換言之，如果我們不能繼續親自處理財務，誰要管理我們的財產。如果夫婦兩人都活著，這個問題很容易解決，通常是由另一半負責管理。可是，如果沒有另一半，那麼財務管理工作就要落到子女、親戚或指定代理人身上。

　　我們建議各位，在自己還能管理財務問題的時候，就指定某位子女將來負責管理你的財產。盡可能提早選定管理人，因為他需要熟悉你的財務狀況，包括你的財產規劃、投資帳戶、保險文件，而且要清楚什麼東西擺在哪裡。

　　財產由父母轉移到子女的過程，可以很平順，也可以很困擾；任何財務規劃師都會告訴你這點。為了避免不必要的困擾，必須做一些安排。以下討論幾點有關投資帳戶的相關步驟：

1. 把所有的投資帳戶集中到一、兩個保管機構，例如：嘉

信、先鋒或富達。這可以簡化投資管理工作，而且也方便繼承人將來處理財產。
2. 根據自己的想法，撰寫一份詳細的說明書，解釋你的財產將如何處理與管理。這份文件應該包含一般性的投資策略，以及相關的聯絡人。
3. 務必要讓你的子女或代理人理解根本管理原則，包括：資產配置、稅金與使用低成本共同基金。

成熟退休者：資產配置

　　成熟退休者的投資組合，其資產配置策略取決於相關資金的用途。由退休者本人來說，投資組合的資產配置應該保守一點，直到退休者過世為止。由另一方面來說，如果退休者不可能運用全部財產，則相關的資產配置策略也應該考慮受益人的需要。一般而言，投資組合管理應該同時考慮前述兩方面。圖12-4顯示一些可能的安排。

　　如同先前討論的另外三個階段一樣，圖12-4顯示三個不同型態的投資組合。如果試圖猜測行情轉折點而在三個投資組合之間遊走，絕對不是明智之舉。

　　表12-7與12-8分別代表基本與多種資產類別投資組合。

　　處在成熟退休階段的人，很多會每年捐款給慈善機構，或贈與家庭其他成員。這種情況下，現金比率就需要提高。

　　表12-7與12-8的資產配置建議，是完全以成熟退休者為考

圖12-4　成熟退休者的資產配置區間

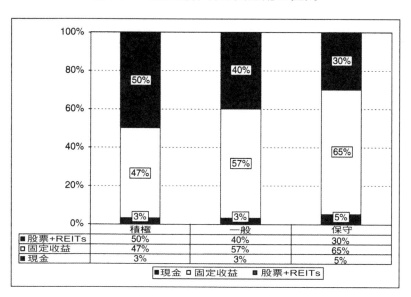

	積極	一般	保守
■ 股票+REITs	50%	40%	30%
□ 固定收益	47%	57%	65%
■ 現金	3%	3%	5%

■現金 □ 固定收益 　■ 股票+REITs

表12-7　成熟退休者：基本投資組合

資產類別	百分率	低成本樣本基金與代碼
美國股票	25%	先鋒整體美國股票市場指數 (VTSMX)
全球股票	10%	先鋒整體全球投資組合（VGTSX）
房地產	5%	先鋒REIT指數基金 (VGSIX)
固定收益	35%	雷曼總體債券基金i股 (AGG)
短期債券	22%	先鋒投資等級短期債券 (VFSTX)
貨幣市場	3%	可以開支票的低成本貨幣市場基金

量。可是，實際上往往不是如此，退休者擁有的財產，可能有大部分會轉交給繼承人。所以，投資組合可能有一部份，其資

表12-8　成熟退休者：多種資產類別投資組合

資產類別	百分率	低成本樣本基金與代碼
美國股票		
核心美國股票	20%	先鋒整體美國股票市場指數 (VTSMX)
小型價值股	5%	S&P 600／BARRA價值指數
房地產	5%	先鋒REIT指數基金 (VGSIX)
全球股票		
太平洋沿岸一大型	4%	先鋒太平洋股票指數 (VPACX)
歐洲一大型	4%	先鋒歐洲股票指數 (VEURX)
小型股	2%	先鋒全球探險家基金 (VINEX)
固定收益		
投資等級	25%	雷曼總體債券基金i股 (AGG)
短期債券	22%	先鋒投資等級短期債券 (VFSTX)
通貨膨脹保障	10%	先鋒通貨膨脹保證證券 (VIPSX)
現金		
貨幣市場	3%	可以開支票的低成本貨幣市場基金

產配置策略應該以繼承人的需要做安排。

　　對於成熟退休者，投資組合的資產配置可能需要同時由兩個角度思考。一部份是以退休者的收益需求為主要考量，另一部份則應該以繼承人的財務需求為考量。舉例來說，對於一位85歲的老人，他本身可能適合擁有30％股票與70％債券／現金。另外，假定這位老人指定他的兩個孫子為遺產受益人，兩人的年齡分別為30與34。如果這位退休者根本沒有必要由投資組合內提取現金，則投資組合或許持有50％股票與50％債券比較恰當。總之，投資組合的資產配置策略，應該根據需要做調整，不要太僵化。

本章摘要

　　對於長期投資計畫，人生的每個階段都應該選擇適當的資產配置。真正成功的投資計畫，除了要提供分散投資、穩定性、稅金管理與成長等基本功能之外，還要考慮每個當事人的需要。

　　投資人有很多共通目標，但也有不同需求。所以，好的投資組合往往會有很顯著的重疊之處，但也有各自的特色。如果你知道如何照顧投資組合，不讓情緒干擾投資決策，退休的時候就能享受美好成果，最後還能移交給你的子孫。

　　當各位開始考慮資產配置安排時，由不同的人生階段著手，是擬定策略的適當方法之一。本章把人生分為四個階段，根據每個階段的主要需求與考量，分別提出適當的資產配置與投資建議。當然，各位還要根據自己的條件做調整。

附註

1. Jacob S. Rugh, "Premium and Asset Aoolocations of Premium-Paying TIAA-CREF Participants as of March 31, 2004," TIAA-CREF Institute, www.tiaa-crefinstitute.org.

第十三章

行為財務學對於
資產配置決策的影響

重要概念

■ 行為財務學是研究投資人決策程序的一門科學。

■ 瞭解自己的風險容忍程度,這是投資成功的關鍵之一。

■ 評估投資人的風險容忍程度,可以由風險問卷做起。

■ 關於投資人的風險容忍程度,資產配置壓力測試可以協助做進一步調整。

　　關於投資組合管理,資產配置理論假定投資人會有理性行為,嚴格遵守規範。擬定資產配置決策的時候,投資人應該瞭解各種金融市場的性質,以及個別市場之間的相關程度。擬妥資產配置計畫,並付諸執行之後,投資人應該會定期做調整,確實掌握分散投資與風險控制的效益。

　　不幸地,理論與現實之間總是有一段差距。每位投資人雖然都求好心切,但其決策程序未必完全符合理性,也未必能夠

嚴格執行計畫。因此，一般人自行管理的投資組合，績效往往不如專業人士管理的投資組合。

研究者發現，投資人經常呈現顯著的非理性行為，決策程序也經常出現重複性錯誤，導致投資績效受到嚴重影響。這類行為錯誤很普遍，而且具有一致性與可預測性。

投資行為方面的研究顯示，金融市場行情並不是造成投資計畫失敗的原因；投資計畫之所以失敗，是投資人本身造成的。我經常與個人投資者相處，大約有20年的經驗，我同意前述觀察。投資人如果有計畫的話（這是很罕見的），該計畫不會造成投資失敗，而是投資人中途放棄計畫。投資人之所以半途而廢，通常是碰到艱困的市況，投資人對於原訂計畫失去信心，或是看到某個市場部門的表現特別好，試圖追求更高的報酬。一套成功的資產配置計畫，其執行者必須瞭解風險分散效益與資產重新配置背後的動態結構，也要特別留意決策過程經常發生的行為錯誤。

低估金融市場存在的風險程度，往往是造成行為錯誤的元凶。如果不確實瞭解投資組合的下檔風險程度，一旦碰到艱困市況而風險造成傷害時，投資人就會出現情緒化反應。這種情況下，一般人都會有放棄長期投資計畫的衝動，想要轉向一些更安全的短期投資。為了避免發生這類的行為，每位投資人都要確實瞭解資產配置存在的風險性質與程度，在實際執行投資計畫之前，就要確定相關風險處在自己能夠忍受的範圍內。

行為財務學

　　行為財務學是一門研究投資人決策程序如何受到心理因素影響的學科。這門新學問起源於1960年代初期，現在已經成為一個重要的研究領域，有不少專門從事這方面研究的機構，公認的專家包括：普林斯頓大學的丹尼爾·卡內門（Daniel Kahneman）、聖塔克拉大學的梅爾·史塔門（Meir Statman）、芝加哥大學的里查·塔勒（Richard Thaler）、耶魯大學的羅伯·席勒（Robert J. Shiller），以及亞摩斯·崔斯基（Amos Tversky）。崔斯基經常被視為這個領域的創始者，他過世於1996年。

　　以下列舉行為財務學的一些研究結論。不幸地，此處只能涉及很表面的現象。各位如果需要這方面的進一步資訊，請上網查詢，或運用各位本地的圖書館。

- 當股票市場處於漲勢，人們對於股票的看法總是比較樂觀；處在下跌行情中，看法則比較悲觀。
- 投資人往往過度強調最近發生的資訊，對於長期基本面則不夠重視。
- 人們通常會購買最近表現很好的投資。流入共同基金的新資金，超過80％是購買最近一年表現最好的基金。
- 一般人所謂的「好」投資或「壞」投資，往往是根據最近的價格表現判斷（換言之，自己最近賺了或賠了多少錢），而不是考慮經濟基本面。

- 人們通常不願承認自己判斷錯誤。因此，很多人願意支付高額費用給經紀人或投資顧問，讓他們做為代罪羔羊。
- 對於價格偏高的股票，投資人對於企業未來的盈餘能力總是太有信心；反之，對於價格偏低的股票，投資人對於盈餘成長潛能總是信心不足。
- 過於自信的投資人，總是相信自己擁有足夠的知識與資訊，遠超過其實際擁有的程度。所以，這些人的交易過度頻繁，績效表現不如整體市場。
- 過度自信的投資人，通常是男性。
- 相較於男人，女人對於市場通常比較有長期的看法。女人比較能夠堅持原訂的投資計畫，表現往往也比較好。

成功的資產配置，仰賴理性的決策，而且投資人必須嚴格執行決策。可是，一般人的投資決策通常不夠理性，尤其是在行情發生重大波動的時候。成功投資人不只要瞭解市場的限制，也要瞭解自己的限制，如此才能擬定適當的資產配置計畫。

一些資訊

行為財務學的研究，發現一個很有趣的現象。接受調查的投資人當中，很大比例的人，認為自己不擅長投資。根據先鋒集團（Varguard Group）調查401計畫參與者的資料顯示，85%的員工認為自己缺乏投資技巧，寧可聘用專業經理人。

　　更有趣的是，先鋒集團調查資料還顯示，401計畫內表現最差的投資帳戶，往往是那些教育程度最高、收入最多、自認為投資技巧最高明的一群人。賓州大學華頓退休金研究機構（Wharton Pension Research Council）的研究員奧麗微・米契兒（Olivia Mitchell）與史蒂芬・奧克斯（Stephen Utkus）分析高收入的人，其投資績效表現為何總是比較差的理由i。根據研究資料顯示，收入高的人，通常居於較高管理階層，他們比較相信自己能夠控制周遭的一切，包括投資在內。奧克斯認為，高收入者的自信心較強，交易更頻繁，結果造成投資績效不彰。

　　聖塔克拉大學的梅爾・史塔門教授是「遺憾恐懼症」的專家。很多人都擔心自己的判斷事後反悔或發生遺憾。對於持有的證券，很多人都擔心自己的持有成本高於市價。一些心理學家發現，損失$1的痛苦程度，大約是獲利$1之愉快程度的兩倍。

　　史塔門教授的發現，對於資產配置策略存在顯著的影響。定期調整投資組合時，投資人需要賣掉一部份表現較好的獲利資產，轉而買進表現較差的虧損資產。這對於投資人顯然有些困難，因為這等於是要放棄一些令他們覺得高興的東西，轉而持有更多讓他們覺得痛苦的東西，尤其是所打算買進的東西，行情正處於空頭市場，每個人的看法都很悲觀的時候。

　　行為金融學的研究領域很廣，影響很深遠。近幾年來，這方面出版的著述有十幾本。這方面書籍，各位可以在本地圖書館查詢。另外，網路上也可以找到很多免費資料，尤其是www.behaviouralfinance.net提供的資訊特別完整。

個人風險容忍程度

　　每個人除了根據自己的資產與未來負債狀況擬定適當的資產配置決策之外，還需要考慮自己的風險容忍程度。風險容忍程度代表價格波動或投資虧損持續累積而不至於影響投資行為的最高水準。一個理想的投資組合，空頭行情雖然會導致投資人擔心，但價格波動程度還不至於改變投資策略。投資組合蘊含的風險程度如果太高，一旦碰到價格劇烈波動，就會改變投資人的行為，結果會放棄原有的投資計畫。

　　隨著市場風險提高，如果想要改變或放棄既有的投資計畫，這種情緒性衝動通常都會造成風險進一步提升、報酬降低。人們的行為，經常在發生嚴重虧損之後變得情緒化。投資人如果已經發生嚴重虧損，當行情反轉的時候，自然不希望已經出場，否則只會承受全部的風險而沒有報酬。

　　基於巧合成分，投資人如果剛好精準判斷短期行情走勢，這通常會埋下長期虧損的種子。當投資人精準猜測行情的變化，經常會歸功於自己的投資技巧，而不是運氣。所以，投資人總是自以為能夠「判讀」行情；高估自己的投資技巧，通常都會付出慘重的代價。

行為財務學如何發揮影響？

　　究竟如何判斷自己的風險容忍程度？這是一個很棘手的問

題。大家都知道，投資免不了風險；可是，一般人都會高估自己能夠處理風險的能力，尤其是在非常樂觀的市況下。

1990年代末期，股票市場上的每個投資人幾乎都賺錢。每當股價稍微下跌，大家都說，「逢低買進」。事實上，幾乎每個投資人都認為自己非常精明。電視傳播媒體也不斷火上加油，透過「實況」轉播讓投資人相信自己掌握最新的市況。網路上有關股票的聊天室，聚集一堆從來沒有歷經空頭市場的自學分析師。當時，最流行的說法是：「這次不一樣了」，「股票價值評估模式已經發生根本變化」。

一些投機色彩濃厚的作家也不甘寂寞，想趁機撈一筆。1999年初，詹姆士・葛拉斯曼（James Glassman）與凱文・哈賽特（Kevin Hassett）出版暢銷書《道瓊36,000點》（Dow 36,000），備受好評。兩位作者引用歷史資料顯示，投資股票市場絕對沒有長期風險。他們認為，當全世界瞭解這個事實之後，道瓊工業指數就可以翻三倍。無獨有偶地，1999年9月份，查爾斯・凱德拉克（Charles W. Kadlec）出版《道瓊10,000點：事實或空想？》（Dow 100,000： Fact or Fiction）。根據該書作者預測，到了2020年，道瓊工業指數會上漲10倍。

實際情況又如何呢？那些忽略風險，或不認為風險值得考慮的人，受到了慘痛的教訓。2000年3月到2003年3月之間，道瓊工業指數下跌40％，科技類股為主的那斯達克指數則下跌80％。投資人流血殺出股票，試圖拿回一點本錢。不用說，前述兩本當年的暢銷書，《道瓊36,000點》與《道瓊10,000點：事

實或空想？》，也流落跳蚤市場，每本價格不超過$1。

投資人如果高估自己的風險容忍程度，漫長的空頭市場是最好的老師。如此得到的教訓是很慘痛的，也是很昂貴的，足以讓人長久不能忘懷。2000年到2002年之間的空頭市場，淘汰了很多過於自信的人，只留下那些保守估計風險容忍能力的資產配置者。如何擬定足以安然渡過各種經濟循環的資產配置計畫，程序顯然不簡單，但絕對值得一試。

風險容忍問卷

我們經常看到風險容忍程度的相關問卷，提供者包括共同基金公司、證券經紀商與投資顧問公司。另外，一些財務規劃書籍或投資雜誌，通常也有這類的資料。

這方面問卷調查的最主要目的，是估計投資人能夠處理風險的最大極限。問卷會詢問投資人的經驗，對於很多問題的看法，然後試圖評估投資人的風險-報酬偏好。有些問卷甚至還會根據分析結果，提供一些投資建議。如果各位好奇的話，本章末端提供一些問卷樣本供各位參考。

關於風險容忍程度的評估，問卷調查是很好的起點，但不適合做為最終結論。問卷調查的效用往往很不確定，每個人回答問題的態度，或評估答案的角度，未必相同。由於每個答案都會影響最後評估的分數，如果對於問題或答案稍有誤解，最後的結論就不準確。另外，即使是同一位投資人，在不同時間

回答問卷，結果也可能截然不同，這往往取決於答卷者當時的心情或最近的投資經驗。

問卷調查還有另一個問題，投資產品的推銷者經常誤用這些資料。問卷調查的目的，是用來決定投資人能夠容忍的最大程度風險，不是投資人應該接受的適當程度風險。雖說如此，投資產品推銷者往往會運用問卷調查資料，引導客戶建立風險程度最大的投資組合，不論客戶實際是否需要這類組合。風險程度高的產品，通常可以讓銷售者賺取較高的佣金與手續費。

雖然這些問卷調查存在一些問題，但讓投資人思考自己能夠處理的最大風險程度，這點也很重要。總之，問卷調查只是另一項工具，協助各位建立適當的投資組合。

資產配置壓力測試

一旦建立自認為符合需要的適當資產配置計畫之後，還有一項工具可以協助各位評估自己的風險容忍程度。資產配置壓力測試（Asset Allocation Stress Test）是一種模擬市況變化的簡單方法，讓各位瞭解市況發生不利發展的情況下，我們可能如何反應。

換言之，對於各種可能發生的市況，投資人誠實回答自己的反應。以下是一些簡單的例子：

> 假定你投資終生儲蓄的半數於美國整體股票市場指數型基金，另外半數投資於美國整體債券市場指數型基

金。年底的時候，假定股票基金虧損30％，債券基金
獲利10％。根據規定，當投資組合每年一度重新調整
的時候，應該把配置資產重新調整為50％股票與50％
債券。可是，由於股票部位發生嚴重虧損，你的實際
反應會如何呢？

1. 按照預期計畫，把投資組合的股票與債券比例重新
   調整為各佔50％。
2. 暫時不採取行動，直到情況明朗化之後。
3. 賣出部分股票基金，買進更多債券基金，藉以降低
   風險。

如果預定投資計畫的50％股票與50％債券資產配置，確實
符合投資人所能接受的最大風險容忍程度，那麼投資人選擇的
答案應該是1；換言之，賣掉一部份債券基金，買進更多股票
基金，使得兩者的市值比例各佔一半。反之，如果投資人決定
暫時不採取行動，或決定賣掉部分股票而轉投資債券，這意味
著預定的股票／債券各佔一半的資產配置，其風險程度已經超
過投資人能夠接受的最大程度。

我發現，一般人願意承認的風險容忍程度，或問卷調查顯
示的風險容忍程度，都有高估的現象；這也就是說投資人實際
能夠容忍的風險程度，水準都更低一些（換言之，投資人並沒
有自己想像的那麼「勇敢」）。這可能是一些行為財務研究顯示
的文化背景現象。所以，很多投資顧問機構設計的投資組合，
其風險程度往往設定在投資人能夠接受的最高水準之下。換言

之，實際投資組合應該稍微往保守方向調整，如此才能更安全一些。

　　風險容忍程度低或高並不重要，重點是投資人必須知道。瞭解自己的風險容忍程度，才能嚴格執行既定的資產配置計畫，顯著提升投資計畫長期成功的機率。

壓力測試範例

　　以下提供一個資產配置壓力測試的詳細例子。首先提供一個資產配置投資組合，然後進行壓力測試，觀察投資人如何因應行情波動。如果出現情緒性反應，則調整投資組合蘊含的風險水準。

　　某位年齡55歲左右的單身婦女，準備提早退休。退休之後，她可以每個月領取一小筆退休金，而且還有由401計畫轉過來的退休投資帳戶$300,000。這位婦女請財務規劃師針對$300,000投資帳戶提供一些建議。

　　財務規劃師認為，這位婦女每個月領取的退休金不足以因應生活費與旅行開銷。根據估計，財務規劃師認為她每個月還需要由投資帳戶支領$1,000。決定所需要的現金流量之後，接著要考慮資產配置的問題。財務規劃師解釋各種資產類別的投資報酬歷史數據，並說明現代投資組合理論的觀點，強調投資組合每年都應該重新調整。然後，財務規劃師請她填寫一份問卷調查，用以評估最大風險容忍程度。

財務規劃師計算婦人填寫之問卷調查的分數之後，認為她能夠接受比較積極的投資組合，於是建議她持有70％的股票與30％的債券。接著進行資產配置壓力測試。

建構一個持有70％股票與30％債券的虛構投資組合之後，財務規劃師運用2000年到2002年的市況來進行壓力測試，計算該虛構投資組合的每個月盈虧。此處的股票與債券投資，分別採用先鋒整體債券市場指數基金與先鋒整體美國股票市場指數基金。

根據假設，這位婦人在1999年12月持有一個價值$300,000的投資組合，由2000年1月開始，每個月底要提領$1,000，並在每年底重新調整投資組合，使得股票與債券的市值比例重新恢復70％與30％。表13-1顯示3年期投資的摘要結果。

財務規劃師與這位婦人討論2000年的投資結果，客戶還算能夠接受。雖然2000年的虧損為$11,745，總共提領了$12,000，這位婦人大體上還能接受，並且在2000年底重新調整投資組合。

2001年初，投資組合重新調整，股票與債券的市值比例恢復70％與30％。不幸地，股票市場在2001年持續下跌。到了年底，投資組合的淨值為$249,769；相較於當初的$300,000，總共短缺$50,231。這位婦人有點笑不出來了。她知道這兩年期間，自己總共提領了$24,000，但最終還是勉強同意在年底重新調整投資組合，股票與債券的比例又恢復70％與30％。

到了2002年，問題終於發生。2002年6月，投資組合淨值跌到$225,355，這位婦人有點按耐不住。到了9月份，投資組

表13-1 壓力測試1：70%股票+30%債券，2000～2002年；起始金額 S 300,000

季末	先鋒整體美國股票基金	先鋒整體債券基金	70%股票	30%債券	投資總盈虧	提領累積金額，每月 $1,000	期末價值
1999年12月			210,000	90,000			300,000
2000年3月	3.84%	2.42%	216,564	90,678	10,242	(3,000)	307,242
2000年6月	-4.39%	1.48%	205,557	90,520	2,077	(6,000)	296,077
2000年9月	0.27%	3.07%	204,612	91,799	5,411	(9,000)	296,411
2000年12月	-10.17%	3.98%	182,303	93,953	(11,745)	(12,000)	276,255
2001年3月	-12.27%	3.24%	168,151	84,062	(32,787)	(15,000)	252,213
2001年6月	7.47%	0.79%	179,212	83,226	(19,562)	(18,000)	262,438
2001年9月	-15.93%	4.29%	149,164	85,296	(44,540)	(21,000)	234,460
2001年12月	12.32%	-0.08%	166,041	83,728	(26,231)	(24,000)	249,769
2002年3月	0.97%	0.06%	175,034	73,476	(24,490)	(27,000)	248,510
2002年6月	-12.69%	2.80%	151,322	74,033	(44,645)	(30,000)	225,355
2002年9月	-16.84%	3.71%	124,340	75,279	(67,381)	(33,000)	199,619
2002年12月	7.82%	1.47%	132,563	74,886	(56,551)	(36,000)	207,449

合淨值跌破$200,000大關，成為$199,619。這位婦人終於忍不住，再也不能接受原訂的70％股票與30％債券資產配置，她表示，「按照這種情況發展下去，不出5年，我就破產了。」

回答問卷的時候，投資人很容易高估自己處理風險的能力。在前述例子中，這位婦人的年紀還算輕，非常願意接受投資風險，但畢竟還是不能承受70％股票／30％債券的風險。

財務規劃師把整個情況解釋給這位婦人聽，由於她在發生虧損的時候放棄原訂計畫，所以70％股票／30％債券的資產配置並不恰當，建議婦人採用更保守的投資組合。最後，根據財務規劃師的建議，採用股票與債券各50％的投資組合。

於是，根據這個新的投資組合，重新進行先前的資產配置壓力測試。這個時候，婦人持有50％股票與50％債券，1999年12月的起始投資金額為$300,000，每個月提領$1,000，每年底重新調整投資組合，讓股票與債券的市值比例重新恢復50％與50％。表13-2顯示相關過程。

就2002年9月份的低點來看，50％股票／50％債券投資組合的淨值為$249,585，其中只有$17,415是因為市場表現太差而造成的，其餘則是每月提領$1,000造成的累積後果。對於這樣的結果，該為婦人覺得比較容易接受，認定50％股票／50％債券資產配置比較符合其風險偏好。

成功的投資計畫，應該對於行情波動程度抱持著合理得預期，而且也要適當估計自己的風險承受能力。如果投資組合承擔太多風險，通常無法渡過不利行情的嚴格考驗，很可能放棄

表13-2 壓力測試2：50%股票+50%債券，2000～2002年；起始金額 $ 300,000

季末	先鋒整體美國股票基金	先鋒整體債券基金	50%股票	50%債券	投資總盈虧	提領累積金額，每月 $ 1,000	期末價值
1999年12月			210,000	90,000			300,000
2000年3月	3.84%	2.42%	123,108	182,856	5,964	3,000	302,964
2000年6月	-4.39%	1.48%	116,204	184,062	3,266	6,000	297,266
2000年9月	0.27%	3.07%	115,017	188,213	9,230	9,000	300,230
2000年12月	-10.17%	3.98%	101,820	194,204	5,024	12,000	293,024
2001年3月	-12.27%	3.24%	101,328	180,011	(6,661)	15,000	278,339
2001年6月	7.47%	0.79%	107,397	179,933	2,330	18,000	284,330
2001年9月	-15.93%	4.29%	88,789	186,152	(7,059)	21,000	271,941
2001年12月	12.32%	-0.08%	98,228	184,503	3,731	24,000	279,731
2002年3月	0.97%	0.06%	111,478	166,439	1,917	27,000	274,917
2002年6月	-12.69%	2.80%	95,831	169,599	(7,570)	30,000	262,430
2002年9月	-16.84%	3.71%	78,193	174,391	(17,415)	33,000	249,585
2002年12月	7.82%	1.47%	82,808	175,455	(8,737)	36,000	255,263

既有的投資計畫。反之，如果投資人預先經過壓力測試，對於自己承擔的風險已經有了心理準備，才能在各種市況下，繼續堅持資產配置策略。投資如果想要成功，嚴格執行計畫是很重要的環節。

重新調整財務風險

重新調整投資組合，是資產配置程序的基本部分之一。重新調整可以降低投資組合的風險，創造分散投資的效益，使得長期報酬提升。

重新調整的方法有很多種。最常見者，是每隔固定期間調整一次，譬如：每個月、每季或每年。第二種方法是根據百分率。投資組合的目標百分率與當時實際百分率做比較，一旦差距到達某種程度，就重新調整投資組合，使得資產配置百分率恢復目標水準。另外還有一些結構相當複雜的調整方法，同時考慮百分率差異與時間因素，調整頻率還會反映交易成本。

我建議各位不要採用複雜的重新調整策略。基於單純起見，本書一律採用每年重新調整一次的方法。我曾經比較各種不同的調整方法，發現每年定期調整一次，已經能夠充分顯示分散投資的效益，沒有必要花費太多時間與精力在這方面。

某些情況下，投資人另外有機會進行重新調整，讓資產配置比例儘可能恢復設定目標。譬如說，當有一筆新資金準備投資。這個時候，應該趁機檢視投資組合各種資產之間的配置比

例，把新資金移向適當資產。如果定期由投資組合提領資金，這也是進行重新調整的好時機。對於課稅帳戶來說，我建議投資分派的股利或利息，最好暫存於貨幣市場基金，不要自動再投資（請參考第14章）。如果不準備提領的話，投資提供的現金收益可以進行再投資。

重新調整也可以用來檢定風險容忍程度。投資組合如果處在風險容忍程度之內，在任何應該進行重新調整的時機，投資人都不會猶豫。如果對於重新調整產生猶豫，通常意味著投資組合太積極了。猶豫之所以產生，通常發生在市場出現長期的空頭行情之後。這種情況下，如果對於重新調整產生猶豫，或許就應該考慮從根本進行調整，把股票與債券之間的比例做永久性的修正。

何時應該規避風險？

規避風險是不同於風險容忍程度的概念。規避風險是投資人不要承擔太多風險的決定，即使相關風險仍然停留在最大風險容忍程度內。每位投資人都應該知道自己能夠承擔多少風險，而且也要知道什麼時候可以多承擔風險、什麼時候不行。

很多情況下，投資人不應該持有高風險投資組合。如果你累積的資產，其現金流量已經足以讓你渡過餘生，那就沒有必要去承擔自己能夠接受的最高風險。在沒有必要的情況下，投資組合如果還繼續承擔過高的風險，往往會產生負面效應，可

能會讓原本已經足以提供退休所需的投資組合，因為嚴重縮水而不再夠用。讓退休資產得而復失，這是不堪想像的經驗。

恩隆公司（Enron Corporation）的員工就非常清楚為何不該承擔沒有必要的風險。如同本書第2章談到的，恩隆公司很多即將退休的員工，其401計畫投資大量的該公司股票。當公司倒閉之後，這些人不只失業，也喪失大部分的退休儲蓄。當然，恩隆公司只是一個例子，突顯出很多人因為承擔沒有必要之風險而造成的問題。本世紀初的空頭行情裡，數以萬計（如果不是百萬計）的投資人，其承擔的風險程度都超過適當水準。

如果各位擁有一套很好的財富累積計畫，能夠讓自己渡過經濟寬鬆的退休生活，那麼承擔更高的風險，只意味著你的繼承人可能享有更多的資產。如果這是你的目標，那當然可以這麼做。可是，就身為投資顧問的我來看，對於一個退休者或即將退休的人，實在不應該承擔最高程度的風險。

反之，規避風險的鐘擺也可能朝另一個極端移動，你的投資態度也可能變得太保守。試圖消除投資組合的所有風險，也是不當的作法，即使你已經累積足夠運用的財富也是如此。首先，天下沒有所謂的無風險投資組合。所有的投資都必須面對通貨膨脹與稅金的侵蝕。投資組合內保留一些風險性資產，才能繼續賺取稅後實質報酬。其次，在你的有生之年，投資組合如果適當管理，即使在你過世之後很久，其資產可能還繼續成長。很多人遺留的資產規模，遠超過他們退休當時的水準。所

以，適當的資產配置也可以讓你的子孫受惠。

表13-3提供一個最低風險投資組合的例子。投資組合至少有20％配置於普通股或房地產之類的成長性資產。固定收益投資至少有半數投資於中期債券，才能賺取較高的殖利率。

降低投資組合實際承擔的風險，這純屬個人決策，但絕對不應該基於猜測行情轉折而這麼做。每個人都應該根據自己目前擁有的資產與未來可能發生的負債，做適當的評估，然後決定投資組合應該承擔多少風險。換言之，你經年累月創造的財務安全，在某個時機，可能應該降低風險。

表13-3　最低風險投資組合

投資類別	百分率
分散性普通股基金	15%
REIT共同基金	5%
中期債券基金	40%
短期債券基金	35%
貨幣市場基金	5%

本章摘要

成功的資產配置，需要投資人秉持理性行為，根據明確方法管理投資組合。投資人在任何市況下都能繼續堅持的投資組合，才是最棒的資產配置。這些陳述說起來很簡單，實際執行

則困難重重。絕大部分投資人在決策過程都顯得非常理智。可是，行為財務學的研究資料顯示，投資人經常出現非理性行為與情緒性判斷，嚴重影響投資績效。

很多投資組合之所以失敗，主要是因為投資人承擔的風險超過其容忍程度之外。當市況發展非常不順利的時候，投資組合承擔過多的風險，就會扭曲投資人的行為。由另一個角度說，如果投資組合承擔的風險，沒有超過投資人能夠忍受的極限，投資人就不會因為市況惡化而產生情緒性反應。

投資人可以透過一些個性測試，評估自己的風險容忍程度，決定何謂適當的資產配置。採用風險檢定問卷調查，可以評估自己能夠承受的最大風險。投資組合壓力測試，可以用來評估某資產配置是否符合投資人的需要。另外，投資組合管理涉及的普通常識成分，絕對不少於數學。心態稍微保守一點，絕對不會讓各位因此落入貧民窟。

投資組合的資產配置一旦決定之後，還需要做定期調整，如此才能發揮分散投資的效益，降低風險。重新調整的相關策略，結構可以很單純，也可以很複雜。每年定期調整一次，這可能是最簡單、最實惠的方法。

問卷樣本：
風險容忍程度

1. 對於長期投資來說，我的投資準備持有幾年：

   ☐ 1～2年

   ☐ 3～4年

   ☐ 5～6年

   ☐ 7～8年

   ☐ 9～10年以上

2. 1987年10月，股票市場曾經在一天之內下跌20%。如果我持有的投資，在短時間內下跌20%，我會：（如果你在1987年持有股票，請選擇你當時的實際反應。）

   ☐ 賣掉剩下的所有投資

   ☐ 賣掉一部份投資

   ☐ 繼續持有，完全不賣掉

   ☐ 買進更多

3. 我過去曾經投資的資產類別包括（勾選所有適用者）：

   ☐ 短期資產（現金，貨幣市場）

   ☐ 美國政府／公司債券或債券共同基金

   ☐ 大型股與股票基金

   ☐ 小型股與股票基金

   ☐ 國際股票與股票基金

4. 大體上，我偏好價值波動很小或沒有波動的投資，我也願意
　接受這類投資的偏低報酬。
　　□ 非常不同意
　　□ 不同意
　　□ 有些同意
　　□ 同意
　　□ 非常同意

5. 行情下跌的時候，我通常會賣掉一部份風險最高的資產，轉
　而投資一些比較安全的資產。
　　□ 非常不同意
　　□ 不同意
　　□ 有些同意
　　□ 同意
　　□ 非常同意

6. 我會只根據朋友、同事或親戚的建議而投資某共同基金。
　　□ 非常不同意
　　□ 不同意
　　□ 有些同意
　　□ 同意
　　□ 非常同意

7. 1994年上半年，某些債券投資價值下跌超過10％。如果我擁
　有的投資在短期內下跌10％，我會債券：（如果你在1994年
　持有，請選擇你當時的實際反應。）

☐ 賣掉剩下的所有投資

☐ 賣掉一部份投資

☐ 繼續持有，完全不賣掉

☐ 買進更多

8. 我目前與未來的收入來源（舉例，薪水、社會福利、退休金）
為：

☐ 非常不穩定

☐ 不穩定

☐ 還算穩定

☐ 穩定

☐ 非常穩定

　　這些問題的答案，以及其他資料，將協助我們根據你的風
險容忍程度設計一般性的資產配置。可是，我們還需要進行一
些其他研究，才能提出符合你需要的投資組合。

附註

1. Olivia W. Mitchell and Stephen P. Utkus, Lessons from Behavioral
Finance for Retirement Plan Design, Wharton School and Vanguard
Center for Reitrement Research, November 24, 2003。

投資經驗與專業建議

重要概念

■ 基金費用會對於投資報酬造成直接影響。

■ 稅金屬於投資費用，可以進行控制。

■ 適當的資產配置，可以減少稅金對於投資組合造成的負面影響。

■ 專業投資顧問可以提供協助。

　　成功的資產配置，就是計畫、執行與投資規範。這需要根據個人需要選擇適當投資對象，定期重新同整，嚴格控制投資費用。匯集所有這一切，就成為一門非常嚴肅的資金管理課題。

　　本章宗旨是解釋成本控制、稅金管理，以及在必要情況下，請求專業顧問的協助。任何投資策略都要考慮成本問題。你所支付的手續費與佣金愈多，所賺取的報酬就愈少。對於課稅帳戶，成本控制也應該涵蓋稅金策略。支付沒有必要支付的

稅金，可能是最沈重的成本。本章最後將討論專業投資顧問提供之協助的優點與缺點。

投資成本

「省一塊錢，就等於賺到一塊錢。」這句話特別適用於投資。關於共同基金手續費、保管費用、佣金、顧問費用或其他成本，每增加$1不必要的支出，你的退休資產就減少$1。如果想要改善投資績效，最簡單的辦法就是降低投資成本。投資人必須嚴格檢視自己持有的資產，想辦法剔除那些持有成本過高的產品，因為這會侵蝕長期績效。

投資成本會如何影響投資績效呢？成本偏高的產品，每年可能從你手中拿走數以千計的收益。讓我們看看一個例子。

假定某位年輕人今年24歲，年薪為$36,000，預估計每年加薪3％。在65歲退休之前，這位年輕人預計還可以工作40年，每年都固定撥出3％薪水用於投資；退休之後，則預計每年提領4％的退休儲蓄。假定他現在可以投資某低成本的共同基金，年費用為0.5％，或者可以投資某高費用的共同基金，每年費用為1.5％。

假定市場每年可以提供7.5％報酬率。表14-1顯示低成本共同基金組合每年可以賺取7.0％的報酬，高成本共同基金則每年可以賺取6.0％。

就目前這個例子來說，在退休之前的40年期間內，低成本

表14-1　1％成本差異可能造成的影響

	6％報酬	7％報酬	金額差異	％差異
退休帳戶價值	$1,471,394	$1,943,699	$472,305	32%
每年提領4％	$58,856	$77,748	$18,892	32%
月份提領金額	$4,905	$6,479	$1,574	32%

與高成本共同基金創造的累積報酬差異高達32％。換算成現金，則超過$472,000；對於退休者來說，這是一筆非常可觀的金額。如果以每年提領的4％款項來說，兩者的差異將近$19,000。

基金費用比較

2004年12月，晨星資料庫公布15,736種共同基金的費用資料，涵蓋所有類型與基金股（不包含大約1,500種沒有申報費用資料的基金）。大約70％屬於股票型基金，30％屬於債券型或平衡式基金。這些基金的年度費用中位數為1.42％。所有基金之中，超過10,000家收取手續費。

低成本投資對象並不難找到，只要花點功夫。所有申報費用的基金之中，大約有6％基金的年度費用不超過0.5％。圖14-1顯示一些數據供各位參考。

對於基金表現來說，基金費用會造成明確的負面影響。支

圖14-1　共同基金費用

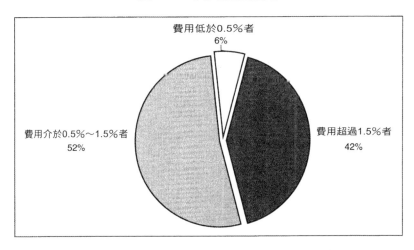

費用低於0.5%者
6%

費用介於0.5%～1.5%者
52%

費用超過1.5%者
42%

付的費用愈高，賺取的報酬愈少。圖14-2與14-3說明基金費用對於投資報酬的影響。相關數據都取自晨星公司的資料庫。圖14-2顯示1995年以來就存在之302家成長型與收益型股票共同基金的10年期報酬資料。兩個柱狀圖分別代表高成本與低成本股票共同基金的平均報酬率，線段則代表兩類基金的收費比率。

圖14-3顯示234家一般公司債基金在同一期間內的10年期報酬數據。柱狀圖分別代表高成本與低成本債券共同基金的平均報酬率，線段則代表兩類基金的收費比率。

相較於高成本基金，低成本股票、債券共同基金具有明顯的優勢。關於共同基金績效，幾乎任何稍有份量的學術研究報

圖14-2　成長型與收益型基金（1995年以來的10年期報酬）

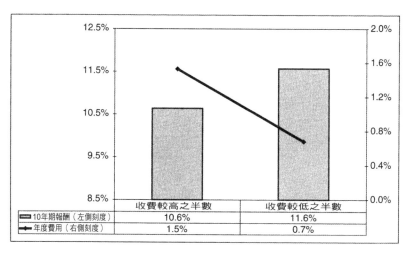

	收費較高之半數	收費較低之半數
▭ 10年期報酬（左側刻度）	10.6%	11.6%
→ 年度費用（右側刻度）	1.5%	0.7%

告都顯示類似的結論：共同基金收取的費用高低，確實會造成影響，而且是顯著的影響。

　　建構投資組合採用的共同基金，沒有理由支付偏高的費用或佣金。市面上有幾家低成本、不收手續費的基金公司。先鋒集團（Vanguard Group）就是其中之一，該公司發行的低成本基金有193家列在晨星資料庫。先鋒基金的平均費用每年為0.22％，較晨星列舉基金之平均值低1.2％。

　　很多投資人並不清楚他們實際支付多少費用給基金公司。這也不完全是投資人的過錯。很多基金公司都會故意隱藏成本。舉例來說，基金公司都會固定支付一筆「軟錢」（soft dollars；）給經紀商，用以換取經紀商研究部門、軟體與硬體的

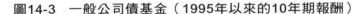

圖14-3　一般公司債基金（1995年以來的10年期報酬）

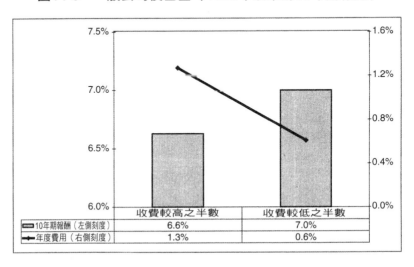

	收費較高之半數	收費較低之半數
10年期報酬（左側刻度）	6.6%	7.0%
年度費用（右側刻度）	1.3%	0.6%

支援，這些服務未必與投資人有直接關係。這些款項是以佣金費用入帳，實際上並非佣金；投資人通常不清楚這方面的成本。

　　共同基金經常隱藏成本，這是眾所周知的事情。即使是布希總統，他在2005年的國情諮文談到他本身之社會福利保險儲蓄帳戶時也提到：

> 此處的目標是退休之後的福利保險，所以個人帳戶的管理必須很謹慎。我們必須確定，資金都流向性質保守的股票與債券基金。我們必須確定，各位辛苦累積的儲蓄不會被金融機構隱藏費用蠶食。

> 　　　　　　　　　　　　　　　　　喬治・布希

過去幾年來，美國證管會與紐約總檢察長艾略特・史匹茲

（Elliot Spitzer）揭發很多這類弊案，試圖阻止投資公司透過隱藏費用等不當手段侵吞客戶資金。有幾個調查案件涉及交易不當行為與軟錢。過不了多久，這些投資公司都陸續要求和解，很多不當行為於是浮出檯面。總之，投資公司有使用不完的手段，可以讓投資人跟他們的資金說再見。

稅金也是費用

除了前述費用之外，投資人透過課稅帳戶購買共同基金，還會發生另一種成本，使得前述費用都小巫見大巫：稅金。共同基金持有者可能因為四種事件而發生稅金費用，其中三種源自於共同基金分派現金，另一種則是因為持有者贖回（賣出）共同基金。

共同基金會定期分派普通利息、股利與實現資本利得給基金持有人。利息收益視為一般所得，必須繳納聯邦所得稅，最高適用稅率可能到達35％。股利適用的稅率較低，最高為15％。資本利得也屬於課稅事件。資本利得劃分為短期與長期資本利得，前者的投資持有期間不滿一年，後者之投資的持有期間超過一年。長期資本利得適用的最高稅率為15％（如同股利一樣）。短期資本利得則視為一般所得，實際課徵稅率取決於投資人本身的所得水準，最高適用35％稅率。共同基金分配的款項，都必須繳納所得稅，即使投資人要求相關款項自動再投資於基金也一樣。

關於共同基金賺取的收益或實現的資本利得，經理人會毫不遲疑地分配給投資人。如果共同基金不分派這些收益與資本利得，則基金本身就必須繳納這些款項的35％所得稅。

每年1月底左右，投資人都會收到基金公司的報告書（Form 1099-DIV），列舉前一年份的收益與資本利得項目。報告書上列舉的分派現金，未必全部要課稅。市鎮債券基金分配的利息收益，通常免繳聯邦所得稅，但也有例外，因為某些市鎮債券分派課稅所得，有些則適用替代最低稅金（alternative minimum tax）。另外，有些共同基金每年都會讓投資人取回原始資本。這些免稅所得或資本分配也包含在前述的1099報告內。

第四個可能引發稅金負債的事件，是投資人贖回或轉換共同基金；這種情況下，基金本身的未實現資本利得，屬於課稅所得。任何投資人都必須自行留意當初購買價格與贖回價格之間的價差，然後透過固定表格（Schedule D）向國稅局申報這部分實現盈虧。即使是在相同基金家族內進行轉換，投資人還是必須申報賣出第一個基金，如果有任何實現資本利得，就必須繳納稅金。

根據美國國稅局的規定，追蹤共同基金買、賣之資本盈虧的工作，必須由投資人自行負責。投資人對於手中持有的每種共同基金，最好都採用專屬檔案夾保管資料，詳細記載每筆買賣的股數與價格。當然，共同基金與經紀商也能提供這方面的資料，但投資人有責任自行確認資料的正確性，並向國稅局申報。

資產配置節稅策略

　　資產配置是指整體投資組合分配在各種資產類別的百分率關係。資產配置則是每種投資進行的帳戶。某些帳戶類型屬於課稅帳戶，有些則屬於遞延課稅性質。不同類別的投資，往往適用不同的稅率。因此，每個人都應該選擇適當類型的帳戶，處理各種不同的投資，如此才能發揮節稅的效益。

　　由於遞延課稅與免稅投資機會持續增加，這使得傳統的資產配置策略又多一層考量。遞延課稅帳戶包括：個人退休帳戶（Individual Retirement Accounts，簡稱IRAs）、401(k)計畫、季爾計畫（Keogh plans）與403(b)計畫。遞延課稅帳戶內的投資，只有在提領的時候才需要繳納稅金。

　　羅斯IRAs允許免稅成長與免稅提領，而且還可以免繳所得稅轉移給下一代。羅斯IRA的投資只能來自於稅後所得。

　　某些投資的節稅效率較差。公司債利息適用的稅率，高於股息收益。短期資本利得適用的稅率，高於長期資本利得。由於不同投資適用不同稅率，不同帳戶適用不同課稅方式，所以投資方法必須做適當的評估，才能發揮最高節稅功能。譬如說，分派很多課稅所得的投資，應該擺在遞延課稅帳戶或免稅帳戶；反之，課稅所得分派數量不多，或長期資本利得的相關投資，都可以擺在課稅帳戶。

　　投資人應該考慮擺在遞延課稅帳戶或免稅帳戶的投資包括：

- 公司債與債券基金
- REITs或其共同基金
- 商品基金

投資人應該考慮擺在課稅帳戶的一些投資包括：

- 周轉率偏低的股票基金，包括股票指數型基金
- 市鎮債券或其共同基金
- 股息高於15％之股利減免優先股

節稅當然很好，但節稅並不容易。節稅策略往往會對於投資策略造成不利影響。讓我們考慮一些問題：

- 某些節稅策略會造成投資組合重新調整很困難。各種投資分散在數個不同帳戶，重新調整會變得困難。
- 個人適用的所得稅率會隨著時間變化。換言之，今天適合擺在某個帳戶的投資，五年之後可能就不同了。
- 今天的稅率，很可能不同於五年後的稅率。這方面的任何變化都會影響投資策略。

關於人們對於資產配置的看法，還有一點值得提醒各位。投資人經常會比較自己擁有之各個帳戶的表現，但沒有由上而下的做整體考量。單獨考慮個別帳戶的表現，投資人會把資產配置策略搞得像定時炸彈一樣。對於那些表現很差的帳戶，投資人可能會想移動相關投資，但沒有考慮整體資產配置的問題。投資人如果做資產位置考量，就必須要知道整個資產配置結構才是重點所在，不是個別帳戶。

節稅交換操作

　　股票與債券價格每天都會波動。有時候，課稅帳戶內的一些共同基金會發生虧損。一旦發生損失，「交換」共同基金往往可以發揮節稅效益。換言之，把發生資本損失的共同基金賣掉，另外買進性質相似而又「不顯著相同」的另一種共同基金，如此可以繼續保持既有的資產配置計畫，但相關損失可以用來沖銷投資組合其他部分的資本利得、分派所得，或用來沖銷每年不超過$3,000的一般所得。實現某些共同基金的損失，往往有豬羊變色的效果。

　　舉例來說，假定你擁有先鋒公司的美國整體股票市場基金（VTSMX），這部分投資發生虧損。於是，你決定賣掉VTSMX，轉而買進TIAA-CREF股票指數型基金（TCEIX）。這兩種基金的報酬很類似，但不顯著相同，因為這是由兩家不同公司管理的基金，基準指數也不同（VTSMX採用MSCI美國大盤指數為基準，TCEIX採用羅素3000指數為基準）。

　　圖14-4顯示前述兩種基金的歷史報酬資料。由於兩者屬於不顯著相同的基金（不違反沖銷性買賣規定），但報酬表現非常接近，把VTSMX交換為TCEIX，可以實現資本損失，但這部分投資還是完全擺在整體股票市場。

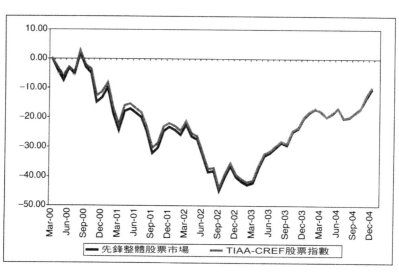

圖14-4　TCEIX與VTSMX的總報酬比較

（圖例）先鋒整體股票市場　　TIAA-CREF股票指數

定期定額投資建立不同課稅條件的部位

　　很多人每逢有多餘的資金，就會買進共同基金。我建議各位，不要在有資金的時候立即投資，而應該暫時把錢存起來，然後每季做定期定額投資。這種作法，可以建立不同課稅條件的部位。一般來說，每季買進的價格會不同，因此會有不同的課稅部位。舉例來說，不要在第一個月投資$1,000，第二個月投資$500，第三個月投資$1,500，而應該每季定期投資定額的$3,000。如此一來，比較方便進行節稅交換操作。

　　讓我們舉例說明相關的操作。假定我們在每季第一天都買

進價值$3,000的VTSMX。由1月到7月之間，總共做了三筆投資，請參考表14-2。

　　第三季的時候，假定股票市場向下修正10％，8月1日的VTSMS價格為每股$108。表14-3顯示帳戶的課稅部位狀況與價值。

　　就目前這個例子來說，整個帳戶的資本利得為$180；可是，7月1日買進的25股部分，損失為$300。如果追蹤每個部位的成本，就可以在相關退稅報表（表格D）內指定賣出7月1日

表14-2　1月到7月的三筆投資

購買日	指數型基金	淨值股數	成本	7月1日價值
1月1日	$100	30	$3,000	$3,600
4月1日	$100	30	$3,000	$3,600
7月1日	$120	25	$3,000	$3,000
7月1日的總股數與價值		85		$10,200

表14-3　8月1日的價值

購買日	成本	股數	8月1日價值	資本盈虧
1月1日	$3,000	30	$3,240	+240
4月1日	$3,000	30	$3,240	+240
7月1日	$3,000	25	$2,700	(300)
8月1日的總股數與價值		85	$9,026	+180

的投資，實現$300的資本虧損。如果不特別指定賣出7月1日的投資，國稅局會認定你賣掉最早一批投資，也就是1月1日買進的25股，這個部位的資本利得是$240（如果這部分資本利得適用35％稅金，則需繳納$84稅金）。

所以，如果在相關表格內指定賣出7月1日的投資，投資組合就可以實現$300的資本虧損，而不是國稅局認定的$240短期資本利得。資本虧損可以用來沖銷一般所得，金額可以高達$3,000。換言之，如果適用的稅率為35％，這部分虧損可以幫你節省$105的稅金。相較於國稅局認定的$240短期資本利得，如果實現$300的資本虧損，兩種處理方式會造成$189（$84＋$105）的差別。

為了不干擾原訂的資本配置，在賣掉VTSMX的同時，可以另外買進價值$2,700的TCEIX。這兩筆交易的淨結果，只是實現了$300的短期資本虧損，但仍然保有相同價值的整體股票市場投資。

實際採取節稅交換操作之前，有些問題可能要先考慮清楚。第一，交換操作涉及買賣，買賣涉及手續費與佣金成本；這方面的成本可能嚴重影響節稅效益。第二，由於國稅局沒有明白規定共同基金的沖銷性交易，什麼叫做「顯著相同」，並沒有明確的定義。因此，在進行這方面交換操作之前，最好向稅務顧問請教。稅務顧問對於稅法的解釋，未必與我相同。

指數型基金：費用低、稅金低

本書曾經多次談到指數型共同基金，這類基金試圖複製某市場指數的表現，費用通常低於積極管理基金，投資組合周轉率也比較低（這也是成本較低的理由之一）。

指數型基金有很多支持者，尤其是退休基金與保險公司等機構投資人。非常諷刺的，倡導採用指數型基金的個人投資者當中，最熱心的竟然是華倫·巴菲特（Warren Buffet），他是伯克夏·哈莎威（Berkshire Hathaway）的董事長，也是投資成功的億萬富豪。雖然巴菲特的財富大多來自精明的選股策略，但在2004年的伯克夏哈莎威公司年度報告中，他明確表示個人投資者為何應該買進指數型基金：

過去35年以來，美國經濟表現績效非常傑出。所以，投資人應該很容易賺取豐厚的報酬：他們所需要做的，就是透過低成本管道、分散投資於美國典型企業。他們沒有碰觸過的指數型基金，應該具備這種功能。可是，很多投資人反其道而行，投資結果介於平平到災難之間。

造成這種結果的原因主要有三：第一，成本太高，通常是因為交易太頻繁，或在投資管理方面的花費太多；第二，投資決策仰賴小道消息或市場流行，而不重視量化而根本的企業價值分析；第三，總是在行情大漲之後買進，在行情大跌之後賣出。投資人務必要搞清楚，情緒與費用是他們的最大敵人。如果投資人非要猜測行情轉折的話，

那就應該在大家貪婪的時候，抱持著恐懼心理；在大家覺得恐懼的時候，勇敢的貪婪。

很多資產類別或類股，都有指數型基金可供挑選。市面上有很多美國股票指數基金、國際股票指數基金、債券指數基金，甚至還有幾種黃金指數基金。不論你想投資哪種資產，通常都有指數型基金可以運用；即使目前還沒有，很可能短期之內就會推出。

晨星資料庫列舉了將近700種美國境內發行的指數基金，而且每年還有新的成員加入。這些基金幾乎涵蓋金融投資市場的每個層面，而且發行者彼此之間的競爭劇烈。標準普爾500是最常用的股票指數，晨星資料庫列舉了100多種基金試圖複製S＆P 500指數的表現。

對於投資人設定的資產配置策略，採用指數型基金的主要優點有三：

1. **反映指數表現的誤差較低**。資產配置決策過程使用的分析資料，幾乎都直接來自市場指數。所以，採用指數型基金的結果，通常最符合資產配置分析結論。投資實際結果與預先分析結論之間的任何誤差，都代表一種風險。

2. **指數型基金費用較低**。一般來說，股票或債券指數型基金的費用都較低。收費最低的指數型基金，每年費用甚至只有0.1％，所有共同基金平均水準則是1.4％。可是，請注意，並不是所有的指數型基金費用都很低。某些投資公司發行的指數型基金，收費超過1.0％，雖然這些基金的投

資對象與其他低成本基金完全相同。所以，投資人必須自行留意。

3. **稅務負擔較輕**。相較於積極管理的基金，指數型基金的投資組合周轉率明顯較低，相對不容易出現資本利得，投資人也比較不容易分派這類課稅所得。

有關指數型基金的進一步資料，包括個別指數的詳細分析與結構，請查閱理查·菲力（Richard A. Ferri）的《指數型基金介紹》（All About Index Funds，McGraw-Hill, 2002）。指數型基金市場擴充非常快速，每隔幾個星期就會推出新的產品。讀者可以留意這方面的新聞報導，或直接到晨星網站（www.Morningstar.com）瀏覽。關於指數型基金產品的另一個相關網站是：www.Indexuniverse.com。

聘用投資經理人注意事項

對於很多投資人來說，資產配置處理程序是很麻煩、很無趣的事情。由設計、執行、追蹤、重新調整、稅務管理，乃至於偶爾要重新評估策略，都要花費不少時間與精神；對於很多人而言，這是能免就免的負擔。

投資人如果不自行管理投資組合，或基於身體或法律理由不能自行處理，解決的辦法之一，是聘請專業經理人代勞。一位勝任的經理人，可以協助擬定與執行資產配置計畫、追蹤相關發展、定期做重新調整，並且在必要情況下修正資產配置策略。

聘用專業投資經理人有些好處：

1. **規劃與執行**。經理人可以協助客戶瞭解現金流量需求，然後根據其需要設計一套適當的資產配置計畫，並且執行與管理該計畫。當客戶的條件發生變化，經理人也可以建議做適當的調整。

2. **一貫性策略**。投資成功的關鍵之一，就是嚴格執行計畫。換言之，投資人必須按照計畫進行，定期調整投資組合。確保這些程序都能完成，正是專業經理人的任務。

3. **設定絕緣器**。當市況非常不確定的時候，投資人需要有管道可以獲得心理抒解。打一通電話給投資顧問或財務規劃師，或許就可以讓投資人恢復平靜，不至於採取情緒化行動。

4. **全年無休**。某些時候，多數投資人都會因為一些雜務而不能專心留意行情變化。投資經理人是全年無休的工作者。

聘請投資經理人的最大關鍵，就是如何找到好的經理人。就如任何行業一樣，專業顧問也具有各種不同的型態、規模與條件。各位如果有這方面的需要，記得要在證管會的網站（www.SEC.gov）查詢投資顧問的背景資料。對於任何投資顧問的能力只要產生任何疑惑，永遠都還有其他適合的對象。

投資顧問通常都是根據帳戶價值收取某個百分率的收費。費率或許十分合理，但也可能很貴。絕對不要支付過高的管理

費用。一般來說，最低收費大約是每個家庭每年為0.5％。如果你打算往來的投資顧問收費高於0.5％，不妨嘗試議價。總之，你可以找到很多收費合理的投資顧問，沒有必要支付偏高的費用。

　　請留意你的往來對象。某些人雖然自稱投資顧問，實際上卻是靠著推銷投資產品賺取佣金的人。根據定義，凡是靠著產品佣金收入賺錢的人，不可能提供客觀的意見。如果某人賴以維生的產品收取偏高的佣金費用，我們很難期待這種人會建議買進價格低廉的其他產品。

　　如果你考慮某位投資顧問，就應該完全清楚他將如何收費，必須知道你的投資組合到底要支付哪些費用。總之，投資顧問費用必須合理，不能存在利益衝突。所有的收費資料都必須是列載於書面文件上。任何投資顧問如果不能辦到這些，就應該另外尋找其他更適合的對象。

本章摘要

　　壓低投資費用，嚴密控制稅金，這是投資計畫得以成功的重要條件。你所支付的費用與稅金愈多，長期投資報酬受到的影響愈大。如何把資產配置在數個投資帳戶而充分發揮節稅效益，整個處理程序並不簡單。另外，交換操作一些虧損的基金，實現資本損失，如此可以沖銷其他所得的稅金負擔。

　　成功的資產配置策略，取決於投資人對於多種資產等級、

低成本管理投資組合方法具備信心。唯有具備信心，才能夠在各種市況下，繼續堅持既定的資產配置。在個人的風險容忍程度內，設計適當的低成本投資組合，這是投資計畫得以因應不同市況的最大保證。

　　本書探討了資產配置的很多重要領域，談論的工具與策略都是管理投資組合的有效方法。學習資產配置原理，設計符合自己需要的投資計畫，然後去執行與管理，儘可能壓低成本。這些原則可以讓各位在未來投資活動中保持領先。

附錄A・低成本共同基金公司*

電 話

American Century Investments	Phone: 800-345-2021
AON Funds	Phone: 800-266-3637
Armada Funds	Phone: 800-342-5734
Barclays Global Investors	Phone: 800-474-2737
Bridgeway Funds	Phone: 800-661-3550
California Investment Trust Group	Phone: 800-225-8778
Deutsche Asset Management	Phone: 800-730-1313
Dreyfus	Phone: 800-373-9387
E*TRADE Funds	Phone: 800-786-2575
Fidelity Group	Phone: 800-544-8888
Financial Investors Trust	Phone: 800-298-3442
Galaxy Funds	Phone: 800-628-0414
Harris Insight Funds	Phone: 800-982-8782
Nationwide Funds	Phone: 800-848-0920
Schwab Funds	Phone: 800-435-4000
Scudder Funds	Phone: 800-621-1048
StateStreet Global Advisors	Phone: 800-843-2639
Strong Funds	Phone: 800-368-1030
T. Rowe Price Funds	Phone: 800-638-5660
Transamerica Premier Funds	Phone: 800-892-7587
USAA Group	Phone: 800-382-8722
Vanguard Group	Phone: 800-662-7447
Vantagepoint Funds	Phone: 800-669-7400
Wachovia Funds	Phone: 800-994-4414
TD Waterhouse Funds	Phone: 800-934-4448
DJ Wilshire Target Funds	Phone: 888-200-6796

*至少有某些基金不收手續費、年度費用低於0.5%的基金公司。

附錄B · 研究網站

投資顧問網站

Morningstar.com

這個網站提供的新聞與分析，讓個人投資者能夠瞭解行情、股票與共同基金的概況。

Vanguard.com

除了是購買指數型基金的最好去處之外，先鋒公司提供的「教育、規劃與建議」（Education, Planning and Advice）部門，內容也是網路上最棒者之一。另外，「純聊天圖書館」（Plain Talk@Library）也提供很多資訊。

EfficientFrontier.com

威廉·伯恩斯坦（William Bernstein）與蘇珊·莎琳（Susan F. Sharin）主編的「效率前緣：資產配置線上實務雜誌」（Efficient Frontier: An Online Journal of Practical Asset Allocation）。伯恩斯坦主編的線上季刊是指數型基金投資人的必讀刊物。

Dfafunds.com

戴明孫基金顧問（Dimensional Fund Advisors）透過投資顧問提供的特殊指數型基金。該公司倡導的投資組合三維建構方式，已經受到全世界的認同。

iShares.com

透過巴克萊（Barclay）的i股網站，各位可以進一步瞭解交易所掛牌的基金，以及一些有用的投資組合管理工具。

Ssga.com

全球有很多交易所掛牌基金是由State Street Global Advisors負責管理。這個網站提供一些工具與資訊。

PorfolioSolutions.com

這是一家著名投資顧問公司「投資組合解決之道」（Portfolio Solutions, LLC）經營的網站，該公司擅長資產配置與低成本投資管理，提供一些有用的資訊。

其他資訊網站

Indexinvestor.com

提供相當豐富的資產配置與指數型基金資訊。

IndexUniverse.com

提供一些有關行情與指數型基金的新聞、資訊與分析。

Spglobal.com

標準普爾公司針對其全球性指數提供的深入分析與評論。

Barra.com

Barra是美國股票市場指數資料的主要提供者之一。該公司與標準普爾配合，提供很多成長型與價值型指數基金的績效衡量基準。

DowJones.com

　　道瓊公司提供很多市場資訊，尤其是經濟與全球性資訊的各種圖表。

MSCI.com

　　摩根史丹利資本國際（Morgan Stanley Capital Internaitonal，MSCI）透過這個網站提供很多資訊，包括運用的方法與分析。

Russell.com

　　提供各種羅素指數的相關資訊。

Wilshire.com

　　充分解釋道瓊威爾夏指數的結構，還有歷史數據。

附錄C‧建議讀物

《The Intelligent Asset Allocator》, by William J. Bernstein.
分析資產配置策略，適用於中階或高階投資者。（中文版，即將由寰宇出版公司出版）

《The Four Pillars of Investing: Lessons for Building a Winning Portfolio》, by William J. Berstein.
適用於各種程度的資產配置讀物。

《Common Sense on Mutual Funds》,（共同基金必勝法則(上)(下)，中文版，請參閱寰宇出版公司）by John C. Bogle.
探討低成本共同基金的一些投資觀點。

《The Art of Asset Allocation》, by David M. Darst.
適合中、高階投資人的資產配置資訊。

《Winning the Loser's Game》,（擺脫永遠的輸家，中文版請參閱寰宇出版公司）by Charles Ellis.
探討投資人如何提升報酬、降低風險的經典讀物。

《All About Index Funds》, by Richard A. Ferri, CFA.
探討低成本指數型基金投資的專書,可以視為本書的輔助教材。

《Protecting Your Wealth in Good Times and Bad》, by Richard A. Ferri, CFA.
任何投資人都終身適用的投資與儲蓄手冊。

《Asset Allocation: Balacing Financial Risk》, by Roger C. Gibson.
簡單解釋資產配置概念。

《A Random Walk Down Wall Street》, by Burton G. Malkiel.
解釋目前金融市場與其驅動力量的讀物。

《The Coffeehouse Investor》, by Bill Schultheis.
對於不願傷腦筋的投資人,這是一本不錯的資產配置讀物。

《Stocks for the Long Run》, by Jeremy Siegel.
投資經典讀物,市場資料回溯到200年前。

《Mutual Funds: Profiting from an Investment Revolution》, by Scott Simon.
作者是投資顧問,與大家分享一些低成本指數型基金的資產配置觀念。

名詞解釋

12b-1 Fee（12b-1費用）　某些共同基金收取的年度費用，藉以支付市場行銷成本。該費用直接取自基金資產，減少持股者的總報酬。

Active Management（積極管理）　績效表現試圖超越金融場平均報酬的投資策略。積極經理人仰賴研究、行情預測與本身的經驗判斷，然後買賣適當的證券。

Alternative Minimum Tax（替代性最低稅賦，AMT）　一種獨立的稅制，目的是確保富有個人或機構最起碼要支付某最低水準的聯邦所得稅。某些證券籌措之資金，是做為私人營利目的者，需要課徵替代性最低稅賦。

Annualize（年度化）　調整某較短期間的數據，使其適用於整個年度，這種調整程序通常是為了在相同的年度基準下進行比較。舉例來說，某投資組合的6個月期間周轉率為36％，年度化周轉率為72％。

Ask Price（賣出報價）　證券賣出的價格。對於不收手續費的共同基金來說，賣出報價也就是基金淨資產價值，也就是買進報價。

Automatic Reinvestment（自動再投資）　一種安排措施，使得某投資工具分派的股利或收益，自動用來購買該投資工具的額外股份。

Average Coupon （平均息票利率）　整個投資組合之債券的平均利率（息票利率）。

Average Effective Maturity（平均有效到期期間）　貨幣市場或債券基金之所有證券的加權平均到期期間。（對於貨幣市場工具或債券持有人來說，到期日可以取回本金。）平均到期期間愈長，基金價格受到利率變動影響的程度愈大。

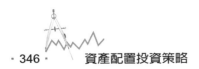

Back-End Load（後付手續費）　　某些共同基金規定客戶贖回時必須支付手續費，又稱為或有遞延手續費（contingent deferred sales charge）。

Benchmark Index（基準指數）　　用以衡量基金經理人表現的價格指數。

Beta（貝他值）　　衡量整體市場（或基準指數）價值每變動一點，對於投資組合每股價值的影響程度。整體市場（或基準指數）的貝他值被設定為1.00；這種情況下，如果某投資組合的貝他值為1.20，代表整體市場價值每變動10％，投資組合價值將呈現相同方向的變動12％。

Bid-Ask Spread（買一賣報價的價差）　　證券掛牌交易價格會顯示買方願意支付的最高價格與賣方願意接受的最低價格，兩者之間的差距，便是買一賣報價的價差。

Blue Chip Stocks（藍籌股）　　一些股利支付或盈餘成長紀錄很穩定的老牌著名企業。

Bond Covenant（債券契約）　　債券契約上列舉的一些契約條款。積極條款註明某些積極行為，負面條款則列舉一些限制行為。

Book Value（帳面價值）　　扣除負債與無形資產之後的企業資產。

Broker/Broker-Dealer（經紀人／經紀一交易商）　　協助一般大眾買賣共同基金或其他證券的個人或機構。

Capital Gain / Loss（資本盈虧）　　類似如共同基金、股票、債券等資產賣出價格與當初購買成本之間的差價。

Capital Gains Distributions（資本利得分派）　　基金公司投資組合全年內實現的資本利得，扣除對應的實現資本損失，相關餘額分派給基金投資人。

Cash Investments（**現金投資**） 類似如商業本票、銀行承兌匯票與國庫券等短期債務工具，到期期間不滿一年者。又稱為貨幣市場交易工具或現金準備。

Certified Financial Planner（**合格財務規劃師，CFP**） 通過財務規劃師標準委員會之考試合格的投資專業人士，考試項目包括：稅法、證券、保險與房地產規劃。

Certified Public Accountant（**合格會計師，CPA**） 通過政府認證合格的會計師。

Chartered Financial Analyst（**特許財務分析師，CFA**） 經由財務分析師協會認證合格的投資專業人士，在經濟學、證券投資、投資組合管理與財務會計方面都有合格知識者。

Closed-End Fund（**封閉型基金**） 發行股數固定的共同基金，通常在某證券交易所掛牌。

Commodities（**商品**） 在商品交易所掛牌，沒有經過加工處理的大宗物資，例如：穀物、金屬、礦產。

Consumer Price Index（**消費者物價指數，CPI**） 衡量消費物品與服務之一般價格變動狀況的標準。消費者物價指數通常也就代表通貨膨脹。

Correlation Coefficient（**相關係數**） 衡量兩個變數之變動關係的係數，讀數介於+1與－1之間。

Cost Basis（**成本基準**） 投資的原始成本。就稅務上來說，證券賣出價格扣除成本基準，就代表資本盈虧。

Country Risk（**國家風險**） 由於政治事件（戰爭、選舉）、金融問題（通貨膨脹惡化、政府無力清償債務）或天然災害（地震、旱災）等因素而削弱某個國家之經濟力量、導致該國投資下跌的風險。

Coupon / Coupon Rate（**息票／票息利率**） 相關債券在到期之

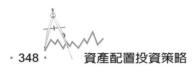

前，債券發行者承諾支付給投資人的利息。

Credit Rating（信用評等） 經過謹慎的財務分析，評估企業償債能力的等級。

Credit Risk（信用風險） 債券發行者不能按時支付利息或本金的風險。又稱為違約風險。

Currency Risk（外匯風險） 美國人投資外幣計值的資產，可能因為美元升值而使得外幣計值報酬減少。也稱為匯兌風險。

Custodian（保管機構，監理人） 或是負責保管金融資產的銀行、代理機構、信託公司或其他組織，也可能是負責監督少數股東保管帳戶的人。

Declaration Date（宣布日） 公司或共同基金董事會宣布下次分派股利之相關資訊的日期。

Default（違約） 沒有按時支付本金或利息。

Depreciation（貶值） 投資價值減少。

Derivative（衍生性金融商品） 某金融契約，其價值是根據或衍生自傳統證券（股票或債券）、資產（某商品）或市場指數（例如：S&P 500）。

Discount Broker（折扣經紀商） 協助客戶買賣證券而收取佣金費用的專業經紀商，但其收費水準低於一般綜合經紀商。

Distributions（分派） 這有兩種意思，一是由個人退休帳戶提領資金，一是共同基金分派股息或資本利得。

Dividend Reinvestment Plan（股利再投資計畫） 持股者將所分派之股利自動再投資於公司股票。

Dividend Yield（股息殖利率） 將股票每年支付的股息，除以當時股價，如此計算的利率稱為股息殖利率。對於股票共同基金來

說，這個數據代表基金持有之股票的平均股息殖利率。

Dollar Cost Averaging（定期定額投資）　每隔固定期間、投資一筆固定金額的方法。透過這種程序，投資人可以在價格較低時，買進較多股票，在價格較高時，買進較少股票。

Earnings per Share（每股盈餘）　企業盈餘除以普通股發行股數。

Enhanced Index Fund（加強型指數基金）　指數型基金大體上會反映基準指數的表現，但另外透過信用擴張、期貨契約、交易策略、資本利得管理與其他方法強化基金的表現，試圖取得更好的績效。

Exchange-Traded Fund（掛牌基金）　在集中市場掛牌交易的指數型基金，最常見者為那斯達克100指數追蹤股票（Nasdaq 100 Index Tracking Stock，QQQ），以及追蹤S＆P 500指數的標準普爾信託憑證（Standard and Poor's Depositary Receipts，SPY）。

Efficient Market（效率市場）　股票市場會反映所有投資人已知的資訊，這稱為效率市場理論（某些專家並不認同）。根據這種理論的說法，投資人擁有的資訊不可能勝過整體市場，投資績效也不可能長期擊敗市場。

Equivalent Taxable Yield（對等課稅殖利率）　相較於對等免稅債券，課稅債券需要賺取額外的殖利率。

Exchange privilege（轉換特權）　某基金家族的投資人，可以在相同家族內免費轉換其他基金的特權。

Ex-Dividend Date（除息日）　共同基金之報價扣除分派股息與資本利得的日子，這些款項將支付給投資人。換言之，除息日的基金報價會突然減少，減少程度也就是投資人持有每股基金所能夠得到的分派金額。這個日子又稱為再投資日（reinvestment date）。

Expense Ratio（**費用比率**） 投資組合淨資產用來支付年度費用的平均百分率。此處所謂的費用，包括：管理費、行政費、任何的12b-1費用，這些都會直接影響投資人的報酬。

Federal Reserve（**聯邦準備銀行**） 控制美國貨幣供給與信用狀況的中央銀行。聯邦準備銀行的七位理事，是由美國總統任命，對於美國貨幣與經濟政策有很大的影響力。

Fee-Only Advisor（**只收費用的顧問**） 財務顧問對於某投資計畫管理，同意按照小時數收費或按照管理資產總值的某個百分率收費。

First-In, First-Out（**先進先出，FIFO**） 當投資人賣掉共同基金，計算資本盈虧之稅金的一種方法。這種方法假定最先買進者也會最先賣出。

Front-End Load（**前置手續費**） 某些共同基金或投資工具，在購買當時就收取手續費。

Full Faith and Credit（**完全誠信信用**） 政府發行債券用以擔保支付利息與本金的保證。

Fund Family（**基金家族**） 某機構發行的一系列基金，家族基金通常可以免費轉換，透過合併對帳單顯示多種投資。

Fundamental Analysis（**基本分析**） 分析企業之財務報表與營運狀況，藉以預測未來股價走勢的方法。

Futures / Futures Contracts（**期貨／期貨契約**） 在未來某特定時間，按照預定價格，買賣特定數量之商品（例如：穀物或外匯）的契約。

Global Fund（**全球性基金**） 投資美國境內與海外企業股票的共

同基金。

Gross Domestic Product（國內生產毛額）　美國勞工每年生產的所有物品與服務之總值。這是衡量美國經濟狀況的主要指標之一，由美國商業部每季公布相關數據。過去稱為全國生產毛額（GNP）。

Hedge（避險）　一種投資策略，利用某項投資沖銷另一項投資的風險。

High-Yield Fund（高殖利率基金）　主要投資信用評等為BB級或更低之債券的共同基金。由於高殖利率債券的投機成分較濃，所以其價格波動與風險程度都超過其他債券基金。

Index Providers（指數供應商）　提供與持續更新股票／債券指數的機構，例如：標準普爾公司、雷曼兄弟公司、摩根史丹利公司、羅素公司與威爾夏公司。

Indexing（指數化）　一種投資策略，其目的是複製一籃股票或債券的平均績效。一般是根據預定比例關係，購買少量的每種股票或債券。

Inflation Risk（通貨膨脹風險）　由於物價普遍上升而造成某項投資之報酬的實質購買力下降。

Interest-Rate Risk（利率風險）　證券或共同基金可能因為利率變動而導致價值下跌的風險。

International Fund（國際型基金）　投資美國境外證券的共同基金。投資海外市場會增添一些額外風險，例如：匯率風險、政治風險。過去，由於存在這些風險，使得海外股票價格波動程度超過美國股票。

Investment Advisor（**投資顧問**）　負責處理投資組合例行投資決策的個人或機構，也稱為投資經理人。

Investment Grade（**投資等級**）　經由獨立信用評估機構認定為信用素質最好的債券。

Junk Bond（**垃圾債券**）　信用評等為BB級或更低的債券，也稱為高殖利率債券，因為這類債券的素質較差、風險較高，必須提供較高的報酬，否則投資人不願持有。

Large-Cap（**大型股**）　一般來說，公司股票市值超過 $100億（各家指數提供者或基金採用的標準未必相同），就屬於大型股。

Liquidity（**流動性**）　證券在市場上的流通程度；換言之，證券按照合理價格變現的能力。

Load Fund（**收費基金**）　收取手續費（銷售佣金）的共同基金，可能發生在基金購買時（費用前置）或在基金贖回時（費用後置）。

Long-Term Capital Gain（**長期資本利得**）　證券或共同基金持有時間超過一年，其賣出賺取的價差獲利。

Management Fee（**管理費用**）　共同基金支付給投資顧問，用以酬謝其管理基金資產的工作，也稱為顧問費（advisory fee）。

Market Capitalization（**市場價值**）　將公司的普通股發行股數，乘以當時的每股市場價格，如此計算出來的公司總價值，簡稱為市值。

Maturity / Maturity Date（**到期／到期日**）　貨幣市場交易工具或債券發行者承諾清償本金（面值）的日子。

Median Market Cap（**市值中位數**）　投資組合內的所有股票，其

市場價值（發行股數乘以每股價格）的中位數。半數的股票組合會有較高的市值，另外半數的股票組合會有較低的市值。

Mid-Cap（**中型股**）　公司普通股市值介於$20～100億之間，但各家指數提供者或基金採用的標準未必相同。

Municipal Bond Fund（**市鎮債券**）　投資州政府、地方政府發行之免稅債券的共同基金。這類基金分派給投資人的利息收益，通常不需繳納聯邦所得稅（甚至可能不需繳納州政府與地方政府所得稅）。

Mutually Exculsive（**互斥**）　一旦某事件發生，就會自動排除另一種事件發生的狀況。如果某投資屬於某指數的成分，就會自動排除它是另一種指數的成分。

National Association of Securities Dealers（**證券交易商國家協會，NASD**）　由證券商與交易商組成的機構，宗旨在於保障投資大眾利益，防止發生欺騙行為。

Negative Correlation（**負相關**）　兩個呈現負相關的投資，其價值通常會朝相反方向發展。

Net Asset Value（**淨資產價值，NAV**）　共同基金擁有資產的市場總價值，扣除其負債，然後除以發行股數。每股淨值也就是基金價格。

No-Load Fund（**不收手續費的基金**）　不收取手續費（銷售佣金）的共同基金。

Nominal Return（**名目報酬**）　還沒有經過通貨膨脹調整的投資報酬。

Noncorrelation（**不相關**）　價格走勢完全沒有關連的投資。

Open-End Fund（**開放型基金**）　能夠每天新發行或贖回其股份的

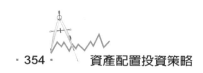

共同基金。每天市場交易結束之後,這類基金都會公布當天的淨資產價值(NAV)。

Operating Expenses(營運費用) 共同基金用以支付公司經營的費用。盈餘是扣除營運費用之後的淨額。

Option(選擇權) 選擇權持有人有權利(但沒有義務)在某特定日期或之前,按照固定價格買進或賣出特定數量的證券。

Overlap(重疊) 兩個指數或共同基金彼此之間並不互斥的情況。兩個指數或共同基金之成分的重疊程度,通常都表示為市值的百分率。

Payable Date(支付日) 分派股利或資本利得給投資人的日子。對於共同基金而言,通常是在登記日之後的2到4天之內。一般來說,宣布股票股利或債券利息的日子,也會提到支付日。

Portfolio Transaction Costs(投資組合交易成本) 證券買賣的相關成本,包括:交易佣金、購買與贖回費用、轉換費用與其他雜項費用。共同基金的公開說明書會另外列舉這些費用,不包含於基金費用比率。這部分成本不包含在買一賣報價的價差內。

Positive Correlation(正相關) 兩種投資之價值經常朝相同方向變動的關係。

Premium(溢價) 某證券價格超過該證券或同類對等證券之面值或贖回價值的程度。這可能意味著該證券受到投資人的特別青睞。保險領域裡,Premium是指保費而言。選擇權交易方面,Premium是指權利金(選擇權價格)。

Price-to-Book Ratio(股價對帳面價值比率) 股票每股價格除以每股帳面價值(淨值)的比率。對於投資組合來說,這是所持有股票之股價對帳面價值比率的市值加權平均數。

Price-to-Eanrnings Ratio（**本益比**） 股票每股價格除以每股歷史盈餘的倍數。對於投資組合來說，本益比是指所有持股的市值加權平均數。本益比可以用來衡量整體市場對於該股票未來潛能的估計；本益比愈高，代表市場對於該公司未來盈餘能力的預期愈高。

Prospectus（**公開說明書**） 共同基金提供給潛在投資人的一份正式文件，內容包括該基金的投資目標、相關政策、風險、成本與過去績效等資料。潛在投資人開戶或購買基金之前，基金公司必須提供公開說明書，並且向證管會申報。

Proxy（**代理委託書**） 股東提供給代理人（例如：基金公司或公司管理階層）的授權書，授權代理人參加股東會議。

Quantitative Analysis（**計量分析**） 就證券分析而言，這是透過明確的計量方法，估計一些重要因素，例如：資本成本、資產價值，或預測銷貨金額、營運成本、企業盈餘與獲利。配合一些定性分析或主觀評估（譬如：管理效力），計量分析有助於提升投資決策。

Real Estate Investment Trust（**房地產投資信託基金**） 管理房地產投資組合，至少分配其95％淨盈餘的公司。這類基金通常專門從事某特殊類型的房地產投資，舉例來說，某些可能投資辦公大樓、購物中心與飯店，另一些則提供資金給營建商（房地產抵押貸款REIT），還有些則購買房地產公司股票（股票REIT）。

Real Return（**實質報酬**） 考慮通貨膨脹調整之後的投資報酬。舉例來說，某期間的名目投資報酬可能是8％，扣除通貨膨脹3％之後，實質報酬為5％。

Record Date（**登記日**） 這個日期將決定哪些投資人有權利取得公司或基金即將分配的股利或資本利得。

Redemption（贖回）　取回證券投資的本金。債券可以在到期日或之前贖回；共同基金持有人決定賣出時，可以按照淨資產價值贖回投資。

Redemption Fee（贖回費用）　當投資人決定賣出其持有的共同基金時，有時候必須支付贖回費用，通常是因為持有期間不滿特定期間。

Registered Investment Advisor（合格投資顧問）　證管會註冊有案的投資專業人士，可以推薦投資產品給客戶。

Reinvestment（再投資）　運用投資收益繼續進行投資。很多共同基金與投資服務機構，允許投資人的股利或資本利得分派自動再投資。

Return of Capital（資本報酬）　沒有分派的盈餘與獲利。這是投資人本金賺取的報酬。

Risk Tolerance（風險容忍程度）　投資人在等待投資獲利的過程中，願意忍耐投資價值減少的程度或能力。

R-Squared（R平方）　一種統計數據，衡量投資組合表現能夠被整體市場（或基準指數）績效解釋的程度。如果投資組合的總報酬剛好等於整體市場或基準指數的總報酬，則R^2為1.00。如果投資組合報酬與整體市場報酬之間全然沒有關連，則R^2為0。

Sector Diversificaiton（類股分散）　投資組合擁有的股票，按照某個百分率組合分散投資於各種不同的產業。

Sector Fund（類股基金）　專門投資某些類股的共同基金。相較於整體市場基金，這類專門基金的價格波動程度較大，比較容易受到特定產業表現的影響。

Securities and Exchange Commission（證券交易委員會，SEC）

負責管理共同基金、合格投資顧問、股票／債券市場、經紀人─交易商的聯邦政府機構。SEC（證管會）是根據1934年證券法案成立的機構。

Sharpe Ratio（夏普率）　風險調整之後報酬的一種衡量值。夏普率等於資產超額報酬（超過國庫券等無風險資產報酬的程度）除以其標準差。這個比率也可以針對某基準或指數做計算。

Short Sale（放空）　在未實際持有的情況下，預先賣出證券或選擇權的行為，通常是預期放空對象價格將下跌，所以預先高價賣出，試圖將來低價買回，賺取價差利潤。對於一般證券，放空者必須先借券賣出，並承諾於將來買回證券清償借券。這種操作方法往往被視為高風險行為。

Short-Term Capital Gain（短期資本利得）　持有證券或共同基金的期間不滿一年，其實現的獲利屬於短期資本利得，稅務上視為一般所得。

Small-Cap（小型股）　公司發行股票之市值不滿$20億者（某些共同基金或指數提供者可能採用不同標準）。

Standard Deviation（標準差）　衡量基金報酬偏離報酬平均數的程度。標準差愈大，代表基金價格偏離其報酬平均數的程度愈大，價格波動程度也愈大。

Style Drift（風格漂移）　隨著時間經過，基金慢慢偏離其設定目標的傾向。

Swap Agreement（交換交易契約）　某種契約安排，用以交換兩種證券或兩種投資組合之收益流量（譬如：不同幣別計值的利息流量）。

Tax Deferral（遞延稅金）　遞延支付投資所得的稅金。舉例來

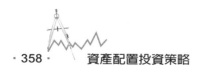

說，一般個人退休帳戶並不需立即支付利息、股利或資本利得的稅金，直到實際提領這些款項時，才需支付稅金。

Tax Swapping（節稅交換操作） 基於節稅目的，賣掉某虧損的基金，同時買進另一種類似而不顯著相同的基金。

Taxable Equivalent Yield（課稅對等殖利率） 相較於類似的免稅投資工具，對等之課稅工具所支付的較高殖利率。這取決於投資人適用的稅率。

Tax-Exempt Bond（免稅債券） 債券的利息付款不需繳納聯邦政府所得稅（有些甚至不需繳納州政府與地方政府所得稅）的債券，通常是由州政府或地方政府發行。

Total Return（總報酬） 共同基金之淨資產價值在某段期間內的變動百分率，但期末淨值需要針對股利與資本利得再投資做調整。

Transaction Fee／Commission（交易手續費／佣金） 類似如經紀商、仲介或銀行等中介機構，因為推銷證券而收取的費用。

Treasury Security（財政部發行證券） 由美國政府發行的可轉讓證券，本金與到期日都為固定。財政部發行證券可以免繳州政府與地方政府所得稅，但必須繳納聯邦政府所得稅。這類證券包括國庫券（到期期間一年或以內）、中期公債（到期期間介於1年到10年）與長期債券（到期期間超過10年）。

Trunover Rate（周轉率） 顯示過去一年內交投情況的數據。周轉率高的投資組合，其交易費用通常也比較高，也更經常分配資本利得給投資人（對於非退休帳戶來說，屬於課稅所得）。

Unit Investment Trust（單位信託基金） 在證管會登記有案的投資公司，買進固定而不進行操作的收益證券投資組合，然後把投資組合分割為股份單位賣給投資人，每單位價值通常至少是$1,000。

單位信託基金通常透過經紀人等中介商銷售。

Unrealized Capital Gain / Loss（**未實現資本盈虧**） 證券價格變動而造成的盈虧，如果證券並沒有實際賣出，則相關資本盈虧只有帳面意義。投資組合經理人一旦把證券賣掉，則資本盈虧就被「實現」，證券的實現盈虧分派給投資人，都屬於課稅所得。

Volatility（**價格波動率**） 證券、共同基金或指數價值的波動程度。如果表示為數學方式，通常是以標準差或貝他值代表價格波動率。基金的價格波動率愈大，則其波動的高、低點差距愈大。

Wash Sale Rule（**沖銷性賣出規範**） 根據美國國稅局的規定，納稅者所申報之投資賣出損失，不得在賣出日之前、後30天內買進相同或基本上相同的投資。

Yankee Dollar / Bonds（**洋基美元／債券**） 由外國銀行或企業在美國境內發行之美元計值定期存單或債券等債務工具。

Yield Curve（**殖利率曲線**） 透過曲線圖形，說明各種不同到期期間（由短期到長期）債券與其殖利率之間的關係。換言之，這條曲線可以顯示短期利率與長期利率之間的關係。

Yield to Maturity（**到期殖利率**） 假定證券持有至到期日，其投資報酬率稱為到期殖利率。

寰宇圖書分類

技　術　分　析

分類號	書　名	書號	定價	分類號	書　名	書號	定價
1	波浪理論與動量分析	F003	320	35	20招成功交易策略	F218	360
2	亞當理論	F009	180	36	主控戰略即時盤態	F221	420
3	多空操作秘笈	F017	360	37	技術分析‧靈活一點	F224	280
4	股票K線戰法	F058	600	38	多空對沖交易策略	F225	450
5	市場互動技術分析	F060	500	39	線形玄機	F227	360
6	陰線陽線	F061	600	40	墨菲論市場互動分析	F229	460
7	股票成交當量分析	F070	300	41	主控戰略波浪理論	F233	360
8	操作生涯不是夢	F090	420	42	股價趨勢技術分析——典藏版（上）	F243	600
9	動能指標	F091	450	43	股價趨勢技術分析——典藏版（下）	F244	600
10	技術分析&選擇權策略	F097	380	44	量價進化論	F254	350
11	史瓦格期貨技術分析（上）	F105	580	45	EBTA：讓證據說話的技術分析（上）	F255	350
12	史瓦格期貨技術分析（下）	F106	400	46	EBTA：讓證據說話的技術分析（下）	F256	350
13	甘氏理論：型態 - 價格 - 時間	F118	420	47	技術分析首部曲	F257	420
14	市場韻律與時效分析	F119	480	48	股票短線OX戰術（第3版）	F261	480
15	完全技術分析手冊	F137	460	49	統計套利	F263	480
16	技術分析初步	F151	380	50	探金實戰‧波浪理論（系列1）	F266	400
17	金融市場技術分析（上）	F155	420	51	主控技術分析使用手冊	F271	500
18	金融市場技術分析（下）	F156	420	52	費波納奇法則	F273	400
19	網路當沖交易	F160	300	53	點睛技術分析─心法篇	F283	500
20	股價型態總覽（上）	F162	500	54	散戶革命	F286	350
21	股價型態總覽（下）	F163	500	55	J線正字圖‧線圖大革命	F291	450
22	包寧傑帶狀操作法	F179	330	56	強力陰陽線（完整版）	F300	650
23	陰陽線詳解	F187	280	57	買進訊號	F305	380
24	技術分析選股絕活	F188	240	58	賣出訊號	F306	380
25	主控戰略K線	F190	350	59	K線理論	F310	480
26	精準獲利K線戰技	F193	470	60	機械化交易新解：技術指標進化論	F313	480
27	主控戰略開盤法	F194	380	61	技術分析精論（上）	F314	450
28	狙擊手操作法	F199	380	62	技術分析精論（下）	F315	450
29	反向操作致富	F204	260	63	趨勢交易	F323	420
30	掌握台股大趨勢	F206	300	64	艾略特波浪理論新創見	F332	420
31	主控戰略移動平均線	F207	350	65	量價關係操作要訣	F333	550
32	主控戰略成交量	F213	450	66	精準獲利K線戰技(第二版)	F334	550
33	盤勢判讀技巧	F215	450	67	短線投機養成教育	F337	550
34	巨波投資法	F216	480	68	XQ洩天機	F342	450

智　慧　投　資

分類號	書　名	書號	定價	分類號	書　名	書號	定價
1	股市大亨	F013	280	27	圖風勢——股票交易心法	F242	300
2	新股市大亨	F014	280	28	從躺椅上操作：交易心理學	F247	550
3	金融怪傑（上）	F015	300	29	華爾街傳奇：我的生存之道	F248	280
4	金融怪傑（下）	F016	300	30	金融投資理論史	F252	600
5	新金融怪傑（上）	F022	280	31	華爾街一九○一	F264	300
6	新金融怪傑（下）	F023	280	32	費雪‧布萊克回憶錄	F265	480
7	金融煉金術	F032	600	33	歐尼爾投資的24堂課	F268	300
8	智慧型股票投資人	F046	500	34	探金實戰‧李佛摩投機技巧（系列2）	F274	320
9	瘋狂、恐慌與崩盤	F056	450	35	大腦煉金術	F276	500
10	股票作手回憶錄	F062	450	36	金融風暴求勝術	F278	400
11	超級強勢股	F076	420	37	交易‧創造自己的聖盃（第二版）	F282	600
12	非常潛力股	F099	360	38	索羅斯傳奇	F290	450
13	約翰‧奈夫談投資	F144	400	39	華爾街怪傑巴魯克傳	F292	500
14	股市超級戰將（上）	F165	250	40	交易者的101堂心理訓練課	F294	500
15	股市超級戰將（下）	F166	250	41	兩岸股市大探索（上）	F301	450
16	與操盤贏家共舞	F174	300	42	兩岸股市大探索（下）	F302	350
17	華爾街財神	F181	370	43	專業投機原理 I	F303	480
18	掌握股票群眾心理	F184	350	44	專業投機原理 II	F304	400
19	掌握巴菲特選股絕技	F189	390	45	探金實戰‧李佛摩手稿解密（系列3）	F308	480
20	高勝算操盤（上）	F196	320	46	證券分析第六增訂版（上冊）	F316	700
21	高勝算操盤（下）	F197	270	47	證券分析第六增訂版（下冊）	F317	700
22	透視避險基金	F209	440	48	探金實戰‧李佛摩資金情緒管理（系列4）	F319	350
23	股票作手回憶錄（完整版）	F222	650	49	期俠股義	F321	380
24	倪德厚夫的投機術（上）	F239	300	50	探金實戰‧李佛摩18堂課（系列5）	F325	250
25	倪德厚夫的投機術（下）	F240	300	51	交易贏家的21週全紀錄	F330	460
26	交易‧創造自己的聖盃	F241	500	52	量子盤感	F339	480

共　同　基　金

分類號	書　名	書號	定價	分類號	書　名	書號	定價
1	柏格談共同基金	F178	420	4	理財贏家16問	F318	280
2	基金趨勢戰略	F272	300	5	共同基金必勝法則-十年典藏版（上）	F326	420
3	定期定值投資策略	F279	350	6	共同基金必勝法則-十年典藏版（下）	F327	380

投 資 策 略

分類號	書　名	書號	定價	分類號	書　名	書號	定價
1	股市心理戰	F010	200	21	震盪盤操作策略	F205	490
2	經濟指標圖解	F025	300	22	透視避險基金	F209	440
3	經濟指標精論	F069	420	23	看準市場脈動投機術	F211	420
4	股票作手傑西・李佛摩操盤術	F080	180	24	巨波投資法	F216	480
5	投資幻象	F089	320	25	股海奇兵	F219	350
6	史瓦格期貨基本分析（上）	F103	480	26	混沌操作法 II	F220	450
7	史瓦格期貨基本分析（下）	F104	480	27	傑西・李佛摩股市操盤術 (完整版)	F235	380
8	操作心經：全球頂尖交易員提供的操作建議	F139	360	28	股市獲利倍增術	F236	430
9	攻守四大戰技	F140	360	29	資產配置投資策略	F245	450
10	股票期貨操盤技巧指南	F167	250	30	智慧型資產配置	F250	350
11	金融特殊投資策略	F177	500	31	SRI 社會責任投資	F251	450
12	回歸基本面	F180	450	32	混沌操作法新解	F270	400
13	華爾街財神	F181	370	33	在家投資致富術	F289	420
14	股票成交量操作戰術	F182	420	34	看經濟大環境決定投資	F293	380
15	股票長短線致富術	F183	350	35	高勝算交易策略	F296	450
16	交易，簡單最好！	F192	320	36	散戶升級的必修課	F297	400
17	股價走勢圖精論	F198	250	37	他們如何超越歐尼爾	F329	500
18	價值投資五大關鍵	F200	360	38	交易，趨勢雲	F335	380
19	計量技術操盤策略（上）	F201	300	39	沒人教你的基本面投資術	F338	420
20	計量技術操盤策略（下）	F202	270	40	隨波逐流～台灣50平衡比例投資法	F341	380

程 式 交 易

分類號	書　名	書號	定價	分類號	書　名	書號	定價
1	高勝算操盤（上）	F196	320	8	PowerLanguage 程式交易語法大全	F298	480
2	高勝算操盤（下）	F197	270	9	交易策略評估與最佳化（第二版）	F299	500
3	狙擊手操作法	F199	380	10	全民貨幣戰爭首部曲	F307	450
4	計量技術操盤策略（上）	F201	300	11	HSP計量操盤策略	F309	400
5	計量技術操盤策略（下）	F202	270	12	MultiCharts快易通	F312	280
6	《交易大師》操盤密碼	F208	380	13	計量交易	F322	380
7	TS程式交易全攻略	F275	430	14	策略大師談程式密碼	F336	450

期　　貨

分類號	書名	書號	定價
1	期貨交易策略	F012	260
2	股價指數期貨及選擇權	F050	350
3	高績效期貨操作	F141	580
4	征服日經225期貨及選擇權	F230	450
5	期貨賽局（上）	F231	460

分類號	書名	書號	定價
6	期貨賽局（下）	F232	520
7	雷達導航期股技術（期貨篇）	F267	420
8	期指格鬥法	F295	350
9	分析師關鍵報告（期貨交易篇）	F328	450

債　　券　　貨　　幣

分類號	書名	書號	定價
1	貨幣市場&債券市場的運算	F101	520
2	賺遍全球：貨幣投資全攻略	F260	300

分類號	書名	書號	定價
3	外匯交易精論	F281	300
4	外匯套利 ①	F311	480

財　　務　　教　　育

分類號	書名	書號	定價
1	點時成金	F237	260
2	蘇黎士投機定律	F280	250
3	投資心理學（漫畫版）	F284	200
4	歐尼爾成長型股票投資課（漫畫版）	F285	200

分類號	書名	書號	定價
5	貴族・騙子・華爾街	F287	250
6	就是要好運	F288	350
7	黑風暗潮	F324	450
8	財報編製與財報分析	F331	320

財　　務　　工　　程

分類號	書名	書號	定價
1	固定收益商品	F226	850
2	信用性衍生性&結構性商品	F234	520

分類號	書名	書號	定價
3	可轉換套利交易策略	F238	520
4	我如何成為華爾街計量金融家	F259	500

選　擇　權

分類號	書名	書號	定價	分類號	書名	書號	定價
1	股價指數期貨及選擇權	F050	350	7	交易，選擇權	F210	480
2	股票選擇權入門	F063	250	8	選擇權策略王	F217	330
3	技術分析＆選擇權策略	F097	380	9	征服日經225期貨及選擇權	F230	450
4	認購權證操作實務	F102	360	10	活用數學・交易選擇權	F246	600
5	選擇權交易講座：高報酬／低壓力的交易方法	F136	380	11	選擇權交易總覽（第二版）	F320	480
6	選擇權訂價公式手冊	F142	400	12	選擇權安心賺	F340	420

金　融　證　照

分類號	書名	書號	定價	分類號	書名	書號	定價
1	FRM 金融風險管理（第四版）	F269	1500				

另　類　投　資

分類號	書名	書號	定價	分類號	書名	書號	定價
1	葡萄酒投資	F277	420				

國家圖書館出版品預行編目資料

資產配置投資策略 / Richard A. Ferri, CFA 著 ; 黃嘉斌
　　譯. -- 初版. -- 臺北市：麥格羅希爾，寰宇, 2007. 11
　　　面；　公分. -- (寰宇投資策略；245)
　　　譯自：All about asset allocation : the easy
way to get started
　　　ISBN 978-986-157-481-3 (平裝)

　　1. 投資管理　2. 資產組合

563. 5　　　　　　　　　　　　　　　　　96022108

寰宇投資策略 245

資產配置投資策略

　　4 5 6 7 8 9 0　Y C　2 0 1 3

作　　者　　Richard A. Ferri,CFA

譯　　者　　黃嘉斌

主　　編　　柴慧玲

美術設計　　黃雲華

合作出版　　美商麥格羅・希爾國際股份有限公司台灣分公司
暨發行所　　台北市 100 中正區博愛路 53 號 7 樓
　　　　　　TEL: (02) 2311-3000　　FAX: (02) 2388-8822
　　　　　　http://www.mcgraw-hill.com.tw

　　　　　　寰宇出版股份有限公司
　　　　　　台北市 106 大安區仁愛路四段 109 號 13 樓
　　　　　　TEL: (02) 2721-8138　　FAX: (02) 2711-3270
　　　　　　E-mail: service@ipci.com.tw
　　　　　　http://www.ipci.com.tw

總 代 理　　寰宇出版股份有限公司

劃撥帳號　　第 1146743-9 號

登 記 證　　局版台省字第 3917 號

出版日期　　西元 2007 年 11 月　初版一刷

　　　　　　西元 2013 年 4 月　初版四刷

印　　刷　　盈昌印刷有限公司

定　　價　　新台幣 450 元

ISBN：978-986-157-481-3

讀者回函卡

　　親愛的讀者，為了提升對您的服務品質，請填寫下列資料，以傳真方式將此資料傳回寰宇出版股份有限公司。就有機會得到本公司的贈品及不定期收到相關之新書書訊與活動訊息。

您的基本資料：

姓　　名：_____

聯絡電話：_____　手　機：_____

E - mail　：_____

您所購買的書名：_____

您在何處購買本書：_____

您從何處得知本書訊息：（可複選）

☐ 本公司網站　　　　☐ _____ 書店　　　☐ _____ 報紙

☐ 本公司出版目錄　☐ _____ 老師推薦　☐ _____ 雜誌

☐ 本公司書訊　(學校系所_____)　☐ _____ 電視媒體

☐ _____ 廣告 ☐ 親友推薦　　　　☐ _____ 廣播媒體

☐ 其他

您對本書的評價：(請填代號 1.非常滿意 2.滿意 3.尚可 4.需改進)

內　　容：____ 理由：_____

版面編排：____ 理由：_____

封面設計：____ 理由：_____

譯　　筆：____ 理由：_____

您希望本公司出版何種類型的書籍？_____

_____

您對本公司的建議(含建議翻譯之書籍或推薦作者等)：_____

_____

_____

寰宇出版股份有限公司

地址：106臺北市大安區仁愛路四段109號13樓

電話：(02)27218138轉333或363　　　傳真：(02)27113270

E-mail：service@ipci.com.tw